财政部规划教材

全国中等职业学校财经类教材

会计电算化

第四版

史　红　主编
徐　沉　副主编

中国财政经济出版社

图书在版编目（CIP）数据

会计电算化/史红主编．—4版．—北京：中国财政经济出版社，2011.1
财政部规划教材　全国中等职业学校财经类教材
ISBN 978－7－5095－2633－0

Ⅰ．①会…　Ⅱ．①史…　Ⅲ．①计算机应用－会计－专业学校－教材　Ⅳ．①F232

中国版本图书馆CIP数据核字（2010）第226001号

责任编辑：张　铮　　　责任校对：李　丽
封面设计：陈　瑶　　　版式设计：董生萍

中国财政经济出版社出版

URL：http：//www.cfeph.cn

E－mail：cfeph@cfeph.cn

社址：北京市海淀区阜成路甲28号　邮政编码：100142

发行处电话：88190406　财经书店电话：64033436

北京中兴印刷有限公司印刷　各地新华书店经销

787×1092毫米　16开　17.25印张　418 000字

2011年1月第4版　2011年11月北京第2次印刷

定价：33.00元

ISBN 978－7－5095－2633－0/F·2236

（图书出现印装问题，本社负责调换）

本社质量投诉电话：010－88190744

编写 说明

本书是财政部规划教材，由财政部教材编审委员会组织编写并审定，作为全国中等职业学校财经类教材。

当前，会计信息对经济状况的把握和管理起着越来越重要的作用。特别是随着计算机及网络技术的高速发展和普及，会计技术、手段也产生了跨跃性的变革。为了更好地体现中职教育职业能力培养目标的要求，适应当前社会发展对初中级应用型会计人才的需要，我们编写了这本适合当前中职学校就业需求及在职在岗人员工作应用中自学、继续教育培训所需的会计电算化教材。

本教材在充分吸纳了现有会计电算化教材长处的基础上，作了以下的探索和创新：

一是会计电算化软件的选用适合今后中职生就业岗位的电算化软件发展实际。本教材选择了知名度较高、功能模拟较全面的用友电算化软件。并且，在众多的用友电算化软件系列中，又充分考虑了当前中职学生将来面临的就业方向——中小贸易企业和制造企业，也充分考虑了企业的发展前景——逐步走向 ERP 管理，所以筛选了用友公司为中小企业量身打造的普及型 ERP T6 财务软件，它还包容了行政、事业、财政、金融等众多的行业会计制度和核算体系。

二是本教材以一个会计电算化专业实习生的视角开始，通过任务引领的方式组织教材体系和进程，更能体现当前中职学生的认知能力和水平，有针对性地缩短了学生的专业学习与实际岗位技能的差距。

三是本教材体系分岗位，按从简到难的方式，针对各个岗位业务流程提出“操作任务”，通过“操作向导”、“想想试试”、“教师点拨”、“知识链接”、“常见问题”及“教学小结”等师生互动方式引导学习者进行会计电算化业务学习与实践，通过完成单项任务初步掌握会计电算化业务与技能，并结合各个任务完成过程中的关键技能点或知识点的适时点拨、对常见问题和错误的分析说明，及时引导学习者的良性思维养成；最后通过配套的综合实训使学习者较熟练地掌握不同模块、不同岗位的业务技能。

四是为了更加符合初学者和初入职场的新会计人员认知能力和工作实际，本教材没有完全按照电算化会计的业务流程，即一开始不是从只有主管人员才能接触到的、较为繁杂的建账和初始化设置开始，而是先从一般会计新人最可能接触到的、相对较简单的日常账务处理开始入手学习和实践。但为了使学习者对会计电算化的完整业务流程有明确的认知，同时强化学生实际岗位业务技能，本教材在完成各岗位模块单项任务的学习实践后，还设计了一个完全的按业务流程、包含主要模块的综合实训任务，让学习者在完成全部单项任务学习后得以通过强化训练巩固技能。

五是本教材突破了教、学、做相统一的难点，针对实际工作岗位业务技能需要及学生认知能力不同层次来设计教材内容和教、学、做的模式，把操作任务、教学设计、思路分析、操作实践及发散思考等功能有机结合到一起，特别强调了业务技能操作思路的养成和岗位技能动手能力的强化实践。

本书由云南文山财校高级讲师史红担任主编，云南财经学校高级讲师徐沉担任副主编。史红负责编写：情景导入和第 1 章、第 2 章、第 4 章；云南普洱财校高级讲师周瑞敏老师负责编写第 3 章、第 5 章；徐沉负责编写第 6 章、第 7 章；贵州财校高级讲师石林艳负责编写第 8 章；综合实训部分由云南文山财校高级讲师孙益民负责编写。广西桂林财贸管理干部学校高级讲师郑建学参与了教材大纲及部分初稿的撰写。

限于作者水平，书中错漏之处在所难免，敬请社会各界专家和读者提出宝贵的批评指正意见，以求逐步完善。

编　者

2010 年 10 月

目录

本书情景导入

财经学校电算化会计专业的学生小赵经过在校两年的专业学习，今天开始顶岗实习了。学校为她联系的实习单位是教学演示公司。

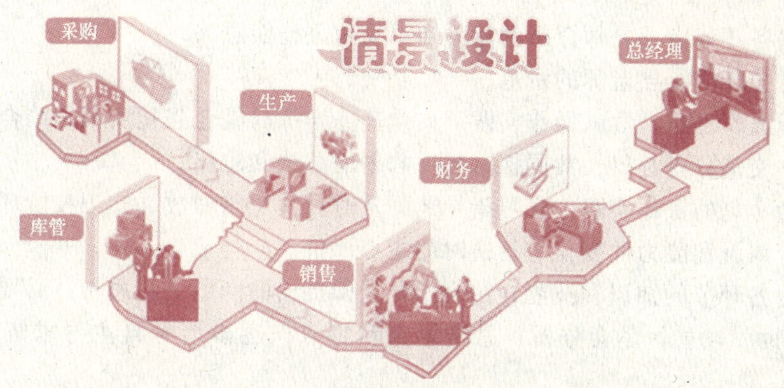

一大早小赵就来到了教学演示公司，办公室刘主任接待了她，并带她参观了企业。参观结束，刘主任带小赵来到财务科，将财务科人员介绍给了小赵，他们分别是：孙主管、王会计、李出纳、张审核；又带她到了信息中心，把系统管理员陈管理介绍给小赵。以后的一年时间，小赵将在财务科和信息中心跟随这五位实习指导老师进行会计电算化业务和系统管理的学习。所有的会计电算化业务将按照以下岗位角色来进行处理：孙主管、王会计、李出纳、张审核和陈管理。

教学与实习环节设计

在观摩了几位会计电算化不同岗位人员一段时间的业务处理后，小赵开始跟随几位不同岗位人员进行分角色实践。

为了更好地帮助小赵熟悉了解会计电算化的全部业务，五位实习老师经过商量一致认为，系统管理和初始化设置既繁且杂，虽然是会计电算化业务的起点，但初到企业工作的新会计人员一般是不需要处理这些事务的。所以，大家决定第一步先让小赵实习总账系统日常账务处理，第二步再实习总账系统期末处理，待她对会计电算化有了初步的认识和了解，对使用计算机及财务软件进行会计业务处理有了初步的认识，对会计电算化软件的应用思路也有了一定的积累，具备了学习实践总账“系统管理”工作及“初始化设置”的思维和认知条件后，第三步再让她实习总账系统管理及初始化设置，第四步再进入报表实习，第五步再进行工资管理的实习，第六步再实习固定资产，最后实习应收应付往来业务。当所有模块全部进行了实习实践之后，再让她按照完整的业务流程顺序进行全面、综合的训练。通过综合训练使小赵最终理顺电算化会计的业务流程，建立良好的岗位角色观念及操作思维，熟练掌握会计电算化技能，成为企业合格的技能型人才。

教学指导

各环节实习指导老师根据各个环节任务的难易程度、重要程度及在整个内容中的位置，通过示范、讲解、分析、指导、启发、引导等方式指导小赵的整个实习活动。指导过程强调启发、引导、总结，强调思路的养成，强调以学生为主的互动活动。

学习方式

听——听取各环节指导老师介绍的相关知识及相关技能思路；

看——观看各环节指导老师的示范；

做——分析操作思路，尝试操作实践，单项任务训练与综合强化实训相结合进行实践；

交——同学交流分享心得，共同探讨解决问题的办法和思路；

评——结合小赵的操作实践，实习指导老师及时对其思路养成、知识技能环节、应用实践等情况和能力的变化进行适时的指点评价；

想——针对各环节的知识和技能，结合指导老师提出的问题进行思考，必要时查询相关“帮助”功能，学会分析、总结思路和特点，逐步培养自主寻求解决问题的能力；

改——对存在问题进行修正处理；

思——总结反思学习过程，养成分析问题、处理问题的能力和良好的操作思维，通过实习锻炼并提高思维及操作能力，而不单纯是完成任务。

第1章 认识会计电算化

学习目标：

通过本章学习主要使学生了解电算化会计的相关概念，认识会计电算化的相关知识及系统安装的过程方法。重点解决三个问题：

□ 会计电算化是什么？

□ 会计电算化能做什么？即会计电算化的功能作用有哪些？

□ 会计电算化怎么做？即会计电算化的主要操作流程和规范。

实习情景

小赵今天是第一天到实习单位实习，在去实习单位的路上，小赵回顾了一下在学校学过的会计电算化课程，估计实习指导老师会提出问题。果然，到了实习单位，实习指导老师孙主管问到了会计电算化是什么、会计电算化能做什么，以及会计电算化怎么做三个问题。由于小赵平时学习认真且善于总结，她系统扼要的回答得到了实习指导老师的肯定。

第一节　会计电算化是什么

一、什么是会计电算化？

会计电算化是将计算机信息技术和网络技术应用到会计工作中，替代人工记账、算账、报账、管理、监督，更加科学、有效、及时、准确地对经济活动进行全面的监督和管理，更加有效地进行分析、预测和决策全过程的总称。即利用计算机信息系统，按照会计的原则和方法，对发生的经济业务进行记录、核算、管理、监督，生成相关会计信息和财务分析报告，为管理和决策活动提供参考的经济活动。

二、会计电算化有何特点

- 会计数据处理的集中化、自动化。
- 会计数据处理方法和流程的规范化。
- 会计人员分工的明确化。
- 内部控制制度的完善化。
- 会计信息的优质化。
- 会计数据存储介质的多样化。
- 会计数据资源的共享化。
- 会计数据传输的快捷化。
- 对会计人员要求的现代化。

三、会计电算化与传统会计有什么区别

（一）会计岗位及人员性质不同

传统会计：一般按会计业务类型划分为成本、工资、固定资产、资金、材料、综合等会计岗位，并且全部由专业会计人员组成。

电算化会计：一般以会计数据处理的环节划分为：系统维护、系统管理、系统操作等全新的岗位。会计电算化工作不仅需要会计专业人员，也需要计算机专业人员，更需要既懂计算机又懂会计的复合型人才。

（二）会计数据处理方式和程序不同

传统会计：处理工具是算盘或计算器；信息处理的载体是手工填制的单、证、账、表，每一笔经济业务都得由手工在不同载体中重复记录，费时、费力、易出错；手工会计由原始凭证开始，经过填制记账凭证、审核凭证、登记账簿、编制会计报表等账务处理程序，而且必须保持同一经济业务在所有会计信息中的同一性。

电算化会计：处理工具是计算机和网络；信息处理的载体主要是电子单、证、账、表，只要保证数据输入这个环节的正确性，计算机就可自动完成记账、算账、对账、结账、转账以及编制报表和财务分析等工作，省时省力；会计电算化由输入记账凭证开始，经过计算机自动数据处理和输出程序，极大地减少了差错发生的可能。

（三）会计核算的形式和方法不同

传统会计：手工会计必须严格按照会计制度和会计准则规定的会计核算形式和方法进行各环节的业务处理。

电算化会计：电算化后会计人员一般不用考虑具体的核算形式和方法，只需要按照会计软件提供的核算形式和方法，执行指定功能即可。

（四）内部控制制度不同

传统会计：手工会计的内部控制主要是通过凭证传递的相互校验、核对来进行，即通过制单、审核等不同岗位分工互相监督牵制，必须确保证证、证账、账表、账实各环节核对相

符。通过核算数据资料的传递、交换，建立相互联系、相互牵制的工作关系。

电算化会计：会计电算化除岗位责任制外，还包括会计电算化操作管理、计算机硬软件和数据管理、电算化会计档案管理等内部管理制度。电算化后原来证、账、表之间因多次书写的差错已经不复存在，同时在录入数据的环节也设置了自动校验平衡关系等控制手段。数据处理的自动化，使内部控制工作由程序部分替代，大幅度减少了人为差错的影响，控制范围也更大、更严格。

（五）数据的存储介质不同

传统会计：传统会计数据都是存储在纸质介质上，大量的凭证、账簿、报表无论保存还是查询都很繁琐。

电算化会计：电算化条件下会计数据可全部存放在硬盘、磁带、微型胶片等磁性介质及光盘等激光介质上，同时按财政部《会计电算化工作规范》要求至少必须打印出记账凭证、总分类账、现金银行存款日记账等纸质档案。由于磁性和激光介质具有容量大、易保管、易查询等特点，所以电算化会计档案具有体积小、易保存、查询便利快捷等特点。

（六）会计工作环境不同

传统会计：对工作环境没有太大要求。

电算化会计：对工作环境要求很高，既要求配备和使用计算机，更要求具备相应的计算机工作环境和严格的计算机及网络安全措施。

第二节　会计电算化能做什么

一、会计电算化的内容

会计电算化内容具体包括会计核算、会计控制、会计分析、会计检查及会计预测与决策等五个方面。

从微观角度来说，会计电算化是指基层企事业单位在建立了会计电算化信息系统之后所进行的组织、管理工作。包括利用各种方法和手段，对实现会计电算化工作后的人、财、物等要素进行有效的计划、组织、协调和控制。

从宏观角度来看，随着会计电算化的发展，会计电算化的内容也大大丰富了，包括会计电算化工作的组织和规划、会计电算化信息系统的建立和管理、会计电算化人才的培训、会计电算化制度的建立、计算机审计等。

二、会计电算化系统的模块及功能

（一）会计电算化系统主要功能模块

总账处理子系统是会计核算软件的核心模块，该模块以记账凭证为接口与其他功能模块有机地连接在一起，构成完整的会计电算化系统（见图 1－1）。

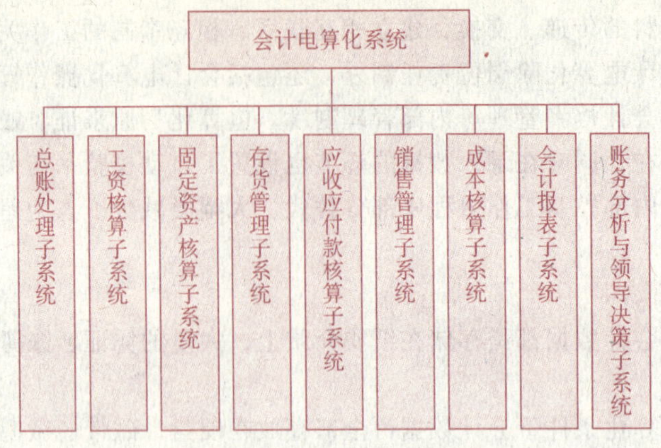

图 1－1　会计电算化系统

（二）会计电算化系统模块的功能

总账处理子系统： 主要完成总账系统的凭证填制、审核、记账、对账及结账，并接收来自其他子系统的数据。

应收应付款核算子系统： 主要对客户的应收款业务及供应商的应付款业务进行细化核算，详细反映各客户、供应商与企业发生的所有经济业务信息，生成记账凭证传递到总账子系统。

工资核算子系统： 可对企业职工个人工资信息情况进行全面详细的管理，通过输入职工工资变动原始资料，完成工资计算，自动生成工资分配、费用计提等，完成工资的核算与发放功能，生成凭证传递到总账和成本核算子系统。

固定资产核算子系统： 与采购、库存、总账等子系统相互传递资产设备库存的信息，记录、核算、提供各项固定资产增减变动、折旧计提核算信息，生成记账凭证传递到总账和成本核算子系统。

采购管理子系统： 通过对采购各环节的订单、发票、入库等原始凭证的录入，形成采购管理信息，向库存管理子系统传递采购入库单，向应付款子系统传递采购发票，接收应付款系统提供的采购发票核销情况，形成采购记账凭证，传递到总账子系统。

存货管理子系统： 用于核算各种出入库材料、物资、半成品、产成品等物料的成本，对出入库情况进行实时监控和统计。可接收采购、销售等子系统的数据，生成成本核算记账凭证，传递到总账子系统。

销售管理子系统： 用于核算企业产品销售订单、销售出库、销售发票及收款情况，与应收账款子系统和存货子系统连接传递数据，核算销售收入、成本及销售税金等业务，生成相关记账凭证，传递到总账子系统。

成本核算子系统： 用于确定企业的成本核算方法，对工资、固定资产、存货等子系统提供的人工费、折旧费、材料费等成本项目进行自动计算，自动生成凭证传递到总账系统，并为存货系统提供入库产品成本信息。

资金管理子系统： 提供与银行的数据接口，从而实现对每笔资金的管理，支持对整个集团资金进行统一规划和运作。

会计报表子系统： 用于从总账系统及各子系统中获得数据，自动编制各类会计报表。可进行报表格式设计、公式定义、数据计算并生成各类对内、对外的报表信息。支持企业集团、跨国公司等不同类型企业的报表合并。数据传递到财务分析和领导决策子系统。

财务分析与领导决策子系统：与总账、报表子系统连接，可对企业的经营活动进行分析和科学管理，对未来的生产经营活动进行预测和科学决策，是企业领导和科学决策的好助手。

第三节　会计电算化怎么做

一、会计电算化系统的实施

一个单位要实施会计电算化，需要完成以下几个步骤：

1. 制订会计电算化实施计划。这是一项系统工程，涉及整个单位的各个方面，需要投入很多的人力、物力和财力。通过实施计划来保障会计电算化工作的组织、实施，确保会计电算化顺利建成。

2. 配备计算机软、硬件系统。根据会计电算化功能及业务需要，按计划购置计算机及网络硬件系统，配置安装相应的计算机操作系统及相关应用软件。

3. 按计划通过购买商品化软件或定点开发软件或二者相结合配置会计电算化财务系统软件。

4. 培训会计电算化工作人员。

5. 建立会计电算化管理制度。

6. 完成手工会计向会计电算化转换前期的数据分类、整理、汇总等前期准备工作。

7. 按会计电算化操作流程实施会计电算化。并按《会计电算化规范》要求，手工账和计算机账并行三个月后无异常再甩掉手工账（简称“甩账”），会计电算化账独立运作。

二、会计电算化的操作流程

会计电算化主要完成以下内容，其操作过程如下：

（一）新用户的操作流程（见图1－2）

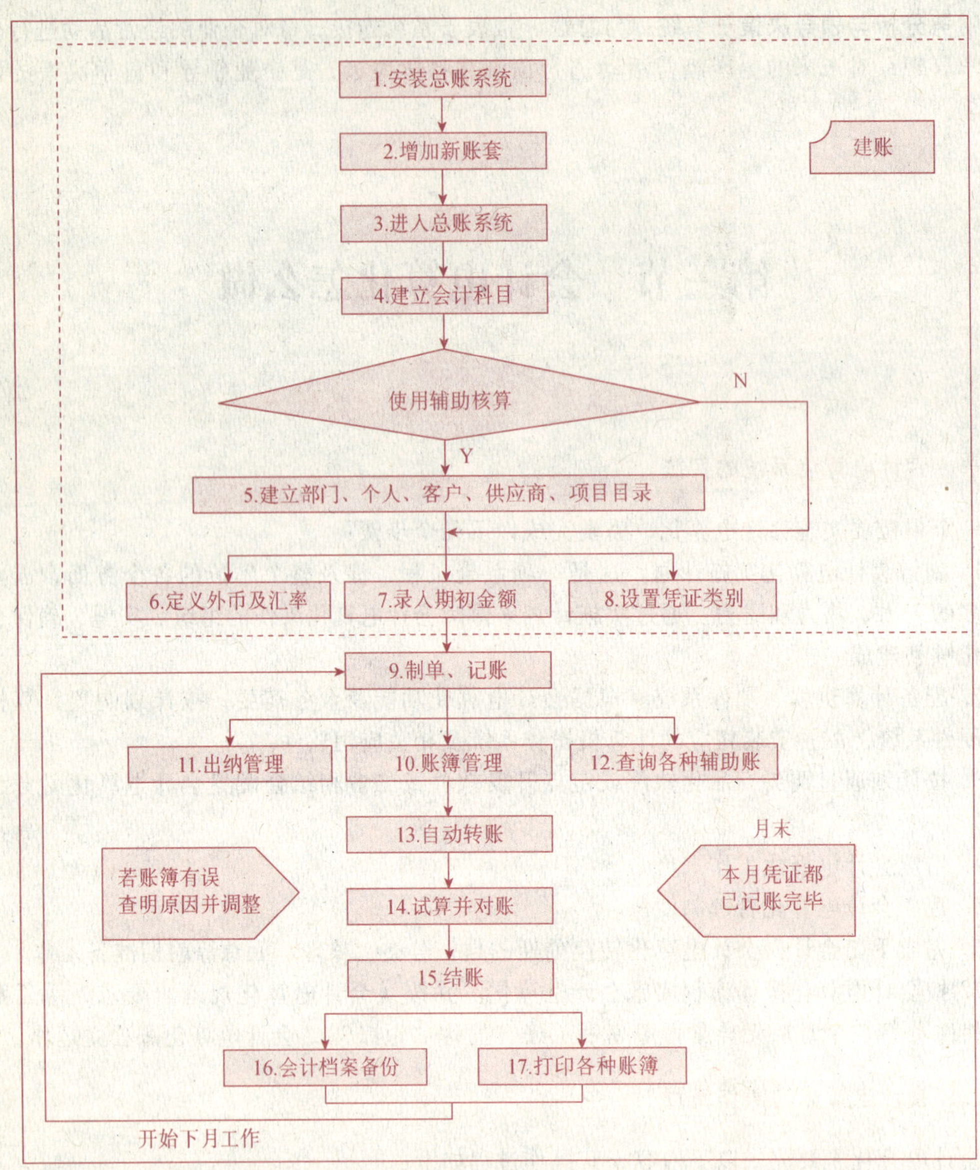

图1－2　新用户流程

（二）老用户的操作流程（见图1-3）

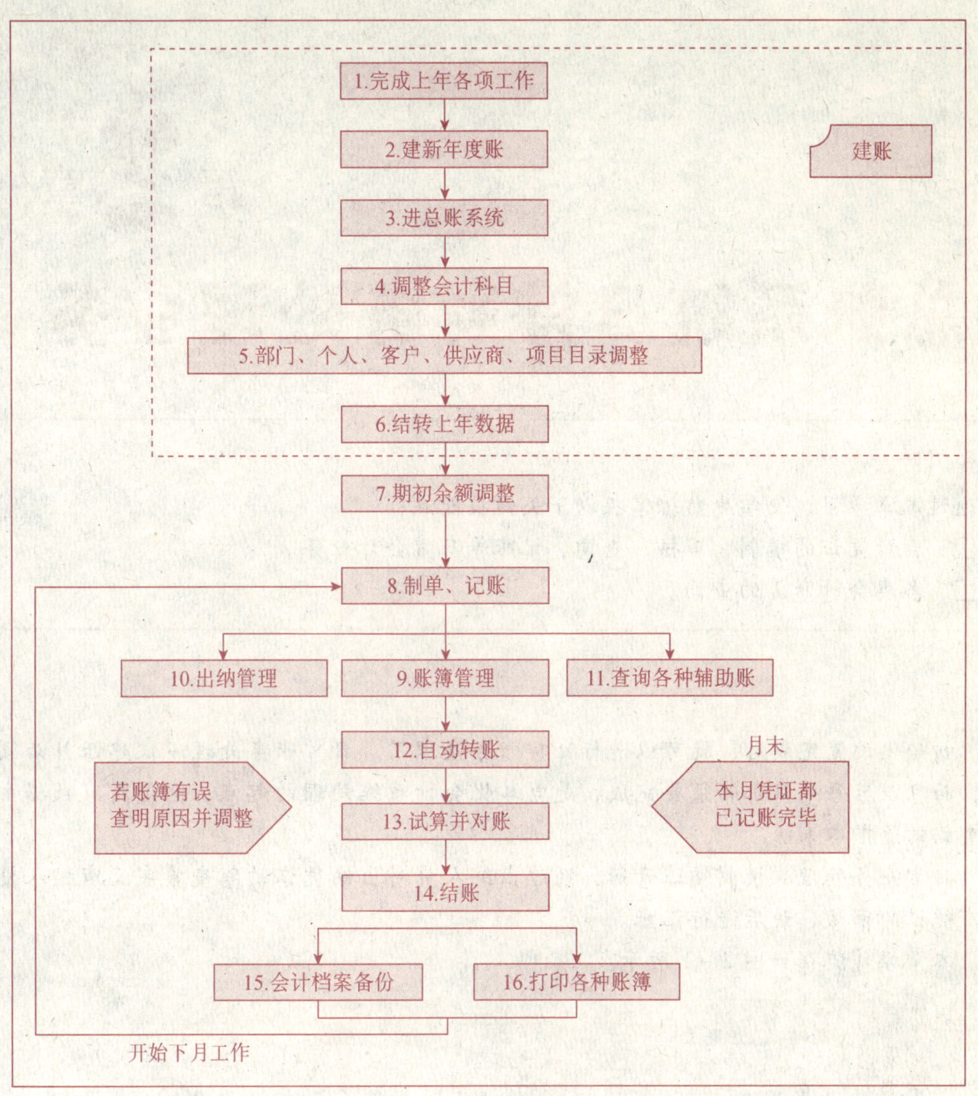

图1-3 老用户流程

第2章

总账系统日常财务处理业务

学习目标：

通过本章学习，使学生熟练掌握以下关键技能点：

□ 会计凭证的填制、审核、查询、记账等日常会计业务。

□ 各类会计账簿的查询。

课前导读

初始化设置完成后，就可以进行日常账务处理了。日常账务处理不仅建账月必须要做，而且以后每个月都必须要完成，是电算化会计系统处理的起点，也是所有数据生成和查询的最根本来源。

日常业务处理从填制凭证开始，经过出纳人员对出纳凭证的审查签字及审核人员对所有凭证的审核，最后进行记账。

本章操作流程如图 2－1 所示。

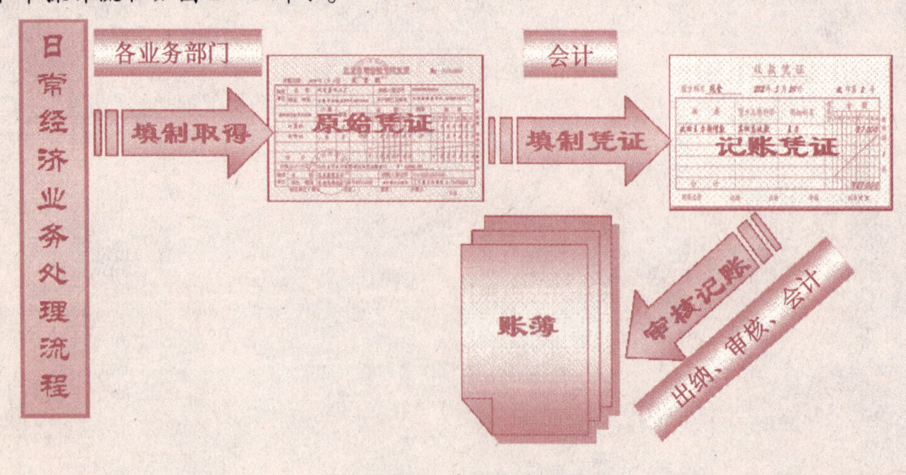

图 2－1 日常业务流程图

实习情景

指导老师们为小赵准备了系统建账和初始化设置的所有基础备份数据。小赵在接到新账套的数据后就开始在王会计的指导下进行了日常账务处理实践。

老师点拨

操作思路分析：所有凭证的操作，基本思路均为：以有操作权限的操作员身份进入“企业流程”主界面→单击左边“业务”选项卡中的【财务会计】，展开【总账】下的【凭证】；或在右边“应用流程图”中双击【财务核算】，打开“财务核算”→双击【凭证处理】→再根据业务内容选择相应命令进入相应环境进行处理。见图 2－2。

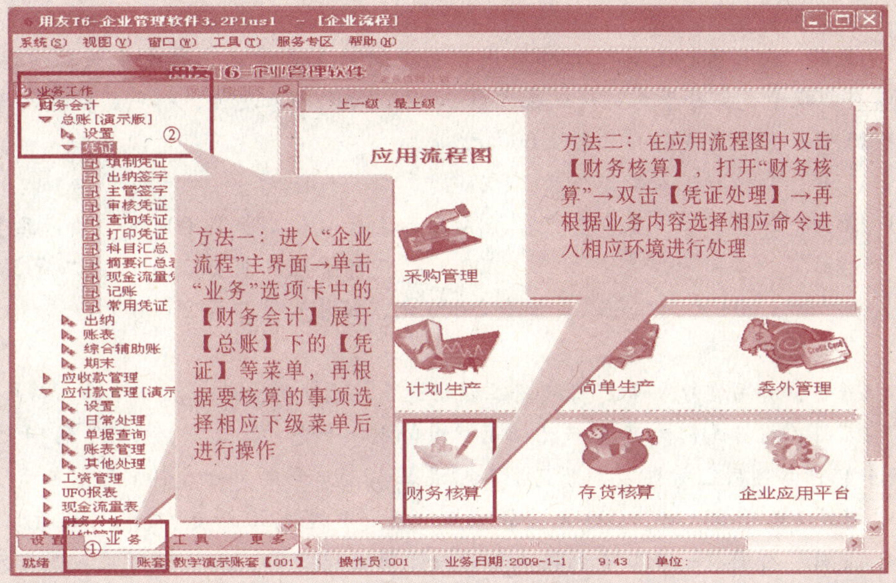

图 2－2　业务处理操作基本思路图

第一节　凭证处理

凭证处理主要包括凭证的填制、修改等工作，一般由会计进行操作。凭证处理的前提条件是账套已经建好，并且各种初始化设置工作已经完成，特别是会计科目的编码级长、会计科目的设置定义、凭证的类别设置、结算方式、指定会计科目等基础信息必须设置正确完整，才能开始会计日常账务处理工作，特别是会计凭证的填制处理工作。只要有一个环节设置不完整、不合理都有可能导致凭证处理进行不下去的现象。

一、凭证的填制

操作任务

2009年1月1日，小赵开始进行凭证填制的实践：

1月1日，收到投资者A公司转账支票投资100万元，票号为z1012，附件2张。

1月3日，刘采购报销差旅费600元，交回剩余现金100元。

1月5日，收到长风公司租用办公设备的租金1 000元，现金收讫。

1月10日，销售A产品400件，每件120元，计48 000元；销售B产品500件，每件250元，计125 000元；计提增值税29 410元，款项已通过银行汇票收存实践支行。

1月13日，向北京长生有限责任公司购买甲材料120千克，每千克买价运杂费22元；乙材料200千克，每千克买价运杂费计30元，货款尚未支付，材料已验收入库。

1月15日，用现金支付广告费1 000元。

1月17日，向银行借入短期借款20万元。

1月18日，计提工资，其中生产车间A产品生产工人工资39 000元，B产品生产工人工资55 000元，车间管理人员工资3 000元，厂部管理人员办公室人员工资5万元，财务科人员工资3 000元，工会人员工资2 000元，销售人员工资2 000元。工资已转银行发放。

1月20日，公司在建一号厂房领用工程物资5万元。

1月25日，生产车间生产A产品领用甲材料400千克，按实际成本22元/千克，计8 800元；B产品领用乙材料200千克，实际成本30元/千克，计6 000元；车间管理部门领用乙材料100千克，计3 000元；管理部门领用甲材料50千克，计1 100元。

1月28日，公司将一项非专利技术转让给上海世纪公司，价值取得收入5万元，应交营业税5%，计2 500元。该项非专利技术账面余额45万元，累计摊销1万元。收益计入营业外收入。

1月28日，将库存现金1 000元存入银行。

操作向导

方法一：以会计身份登录进入“企业流程”主界面→单击左边“业务”选项卡中的【财务会计】→单击【凭证】下的“填制凭证”，进入“填制凭证”对话框→填制凭证内容。

方法二：以会计身份登录进入“企业流程”主界面→进入“凭证处理”→双击【编制记账凭证】，打开“填制凭证”对话框。

1. 单击【增加】，增加一张新凭证，依次从上到下、从左到右选入或输入凭证类别、制单日期、附件张数等相关内容（见图2－3）。

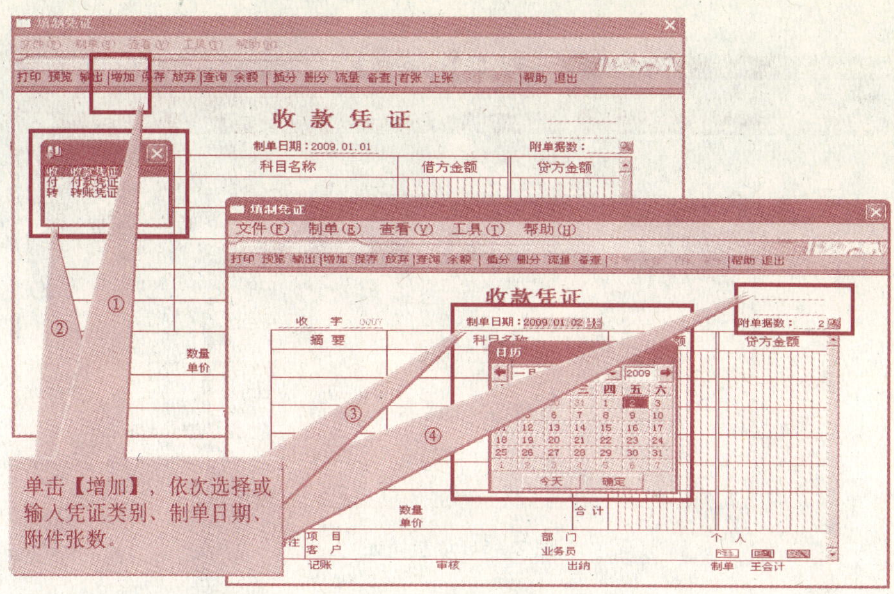

图 2-3　填制凭证

2. 输入摘要或通过向导选入“常用摘要”（见图 2-4）。

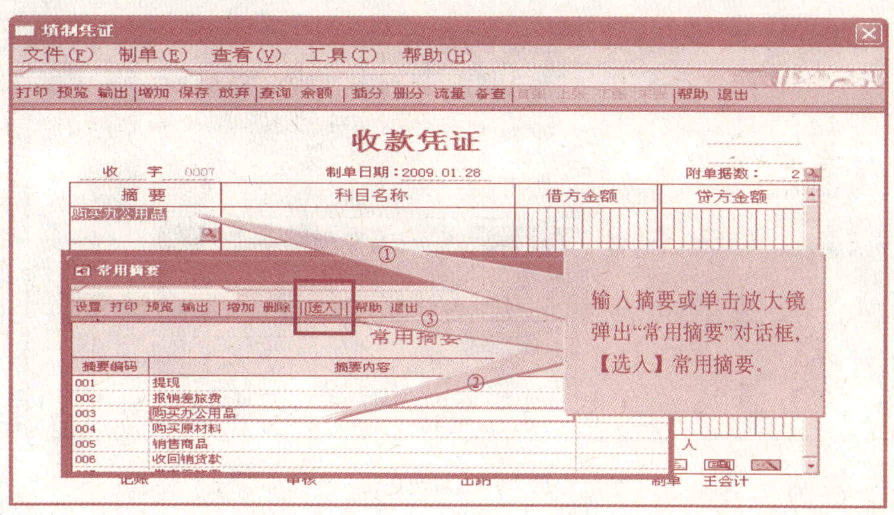

图 2-4　填制凭证

3. 输入科目代码或通过向导选入会计科目，见图 2－5。

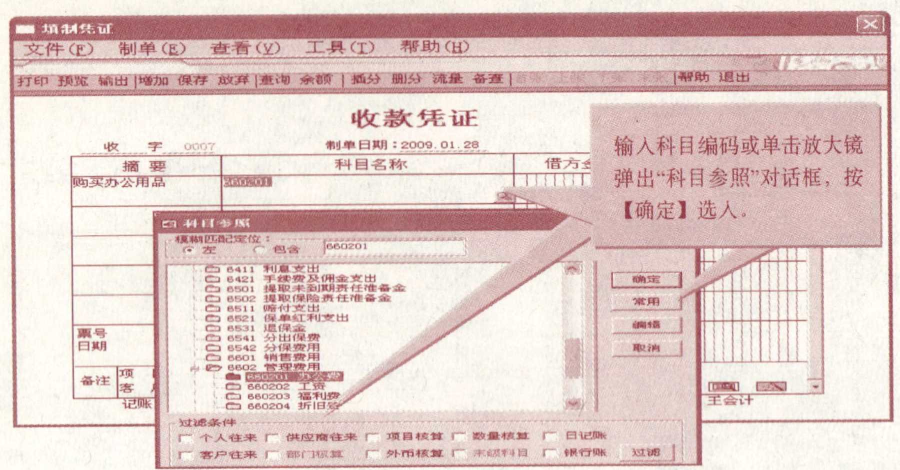

图 2－5 填制凭证

4. 如果有结算方式、现金流量项目、数量、项目目录、部门、个人、客户、供应商等辅助科目时，输入科目后，系统会自动弹出相应辅助核算的明细参照录入对话框，可根据需要在其中选入或输入相应辅助项目明细内容（见图 2－6）。

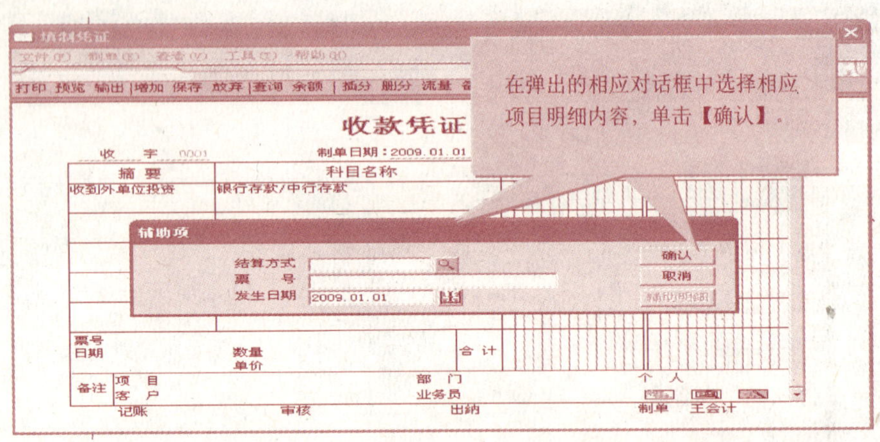

图 2－6 填制凭证

5. 输入科目借贷方发生额，完成凭证输入后单击【保存】，弹出凭证确认对话框，单击【确定】保存此凭证（见图 2－7）。

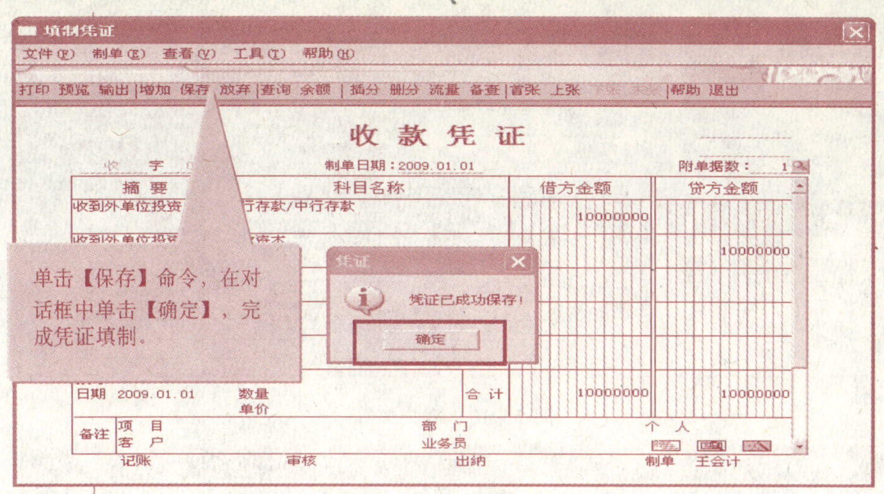

图 2-7 填制凭证

老师点拨

常见辅助选项对话框有：结算方式、现金流量表、客户往来、供应商往来、项目核算、部门核算、个人核算、数量核算及外币等。

各种对话框操作方法类似，同学们务必看清对话框，并对对话框的提示作出正确的反应。主要辅助核算对话框详见图 2-8 至图 2-16。

图 2-8 结算方式

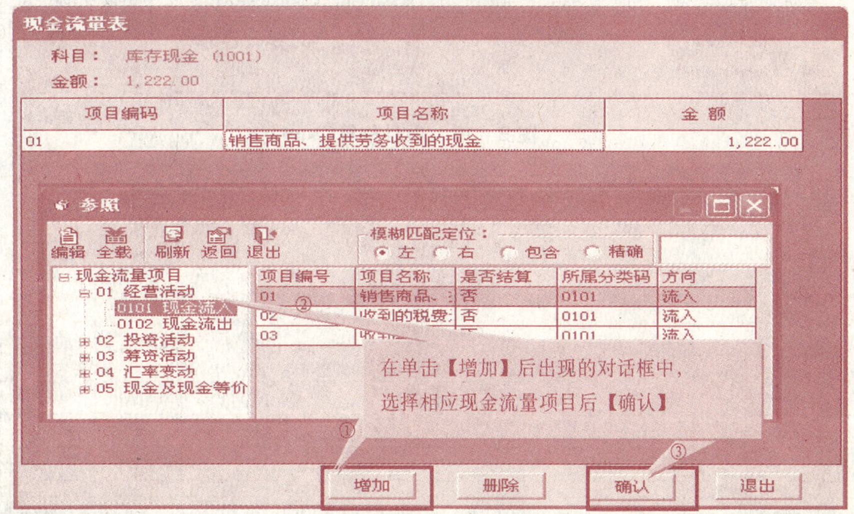

图 2-9 现金流量

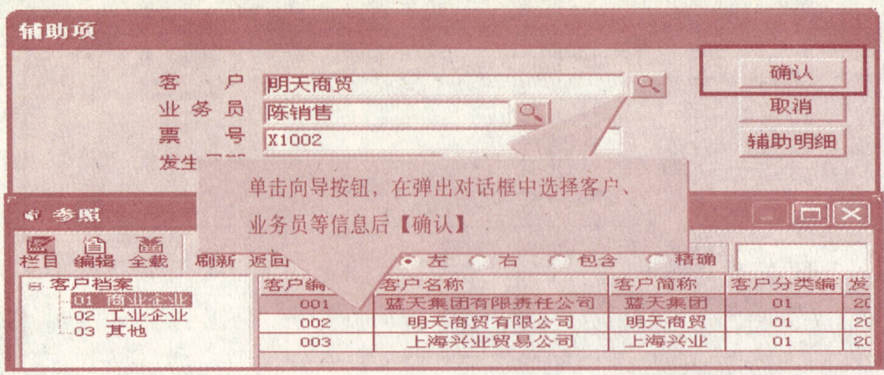

图 2－10　客户核算

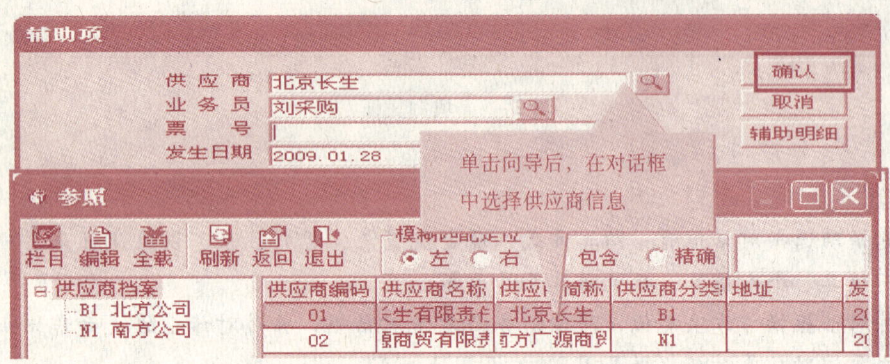

图 2－11　供应商核算

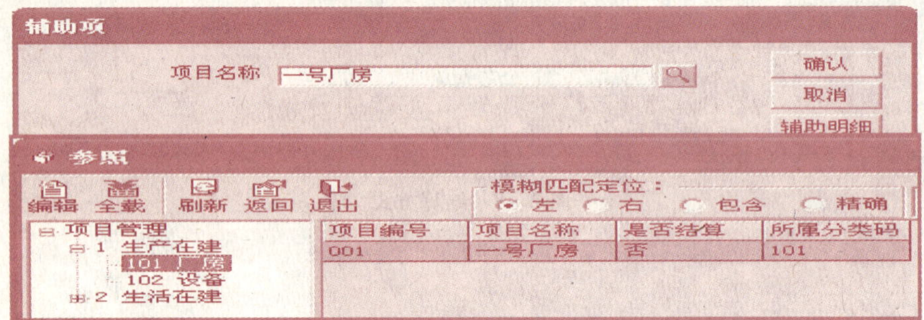

图 2－12　项目核算

辅助项

部　门 办公室

确认　取消　辅助明细

参照

栏目 编辑 全载 刷新 返回 退出　模糊匹配定位：左 右 包含 精确

部门编码	部门名称	负责人	编码级次	是否末级	部门属性	电话	地址	备注	信用额度
1	行政管理		1	否					
101	办公室		2	是					
102	财务科		2	是					
103	工会		2	是					
2	生产部		1	否					
201	产品生产车间		2	是					
3	销售部		1	是					
4	采购部		1	是					
5	仓管部		1	否					

图 2－13　部门核算

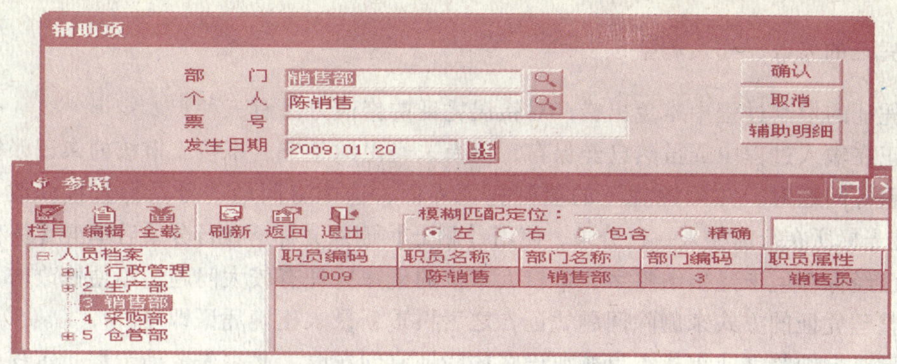

图 2－14　个人核算

图 2－15　数量核算

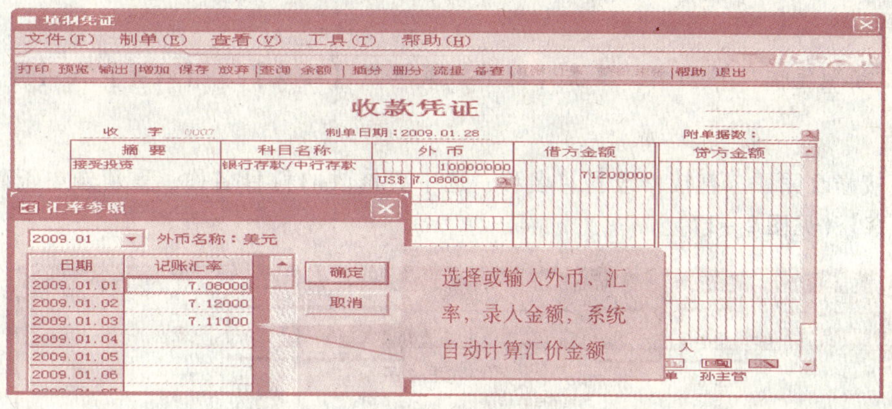

图 2－16　外币核算

想想试试

1. 现金送存银行和从银行提取现金两笔业务，借贷方不是现金就是银行存款，这时应该选择哪种记账凭证进行填制？

2. 李伟出差归来报销差旅费 800 元（出差前预支 1 000 元），余款交回现金。如采用收、付、转专用凭证记录经济业务，应如何填制该笔业务？

3. 每个企业都必须采用收、付、转三种专用凭证吗？

4. 是否所有记账凭证后都附有原始凭证？是否所有记账凭证都必须根据原始凭证填制？

5. 当一笔业务用一张凭证不够填写时，该怎么办？凭证应怎样编号？

二、凭证的修改、作废和整理

会计凭证的填制过程中难免出错，对错误凭证的修改方法有三种：

一是正在输入过程中或虽然已经保存，但尚未经出纳签字、审核人审核的未记账凭证有错、漏、重等问题时，在问题凭证的填制凭证界面，选中有问题的分录行直接修改、使用【插分】在光标所在行前插入一行分录、使用【删分】删除光标所在行分录后单击【保存】。

二是已经保存但未经出纳签字、审核人审核的记账凭证有较大问题，不便修改时，可采取作废并整理凭证的方式来删除问题凭证，之后再重新录入正确凭证即可。

三是已经出纳签字或审核人审核或记账的凭证有问题时，必须先取消记账、审核、出纳签字等，再按前述两种方法之一进行修改后重新保存。

操作任务

2009 年 1 月 28 日，小赵在按发生的经济业务输入凭证时发现：

1. 正在输入的收款凭证：主营业务收入 A、B 产品均输成了 A 产品，立即直接进行了修改。

2. 已经保存的收款凭证：第四号凭证是多余的，采用作废/整理方式进行了处理。

操作向导

在“填制凭证”界面中，单击【制单】菜单下【修改】或【放弃】或【作废/整理】。

1. 直接修改凭证。直接修改科目名称：选中要修改的科目名称，重新选中正确科目，单击【保存】（见图 2－17）。

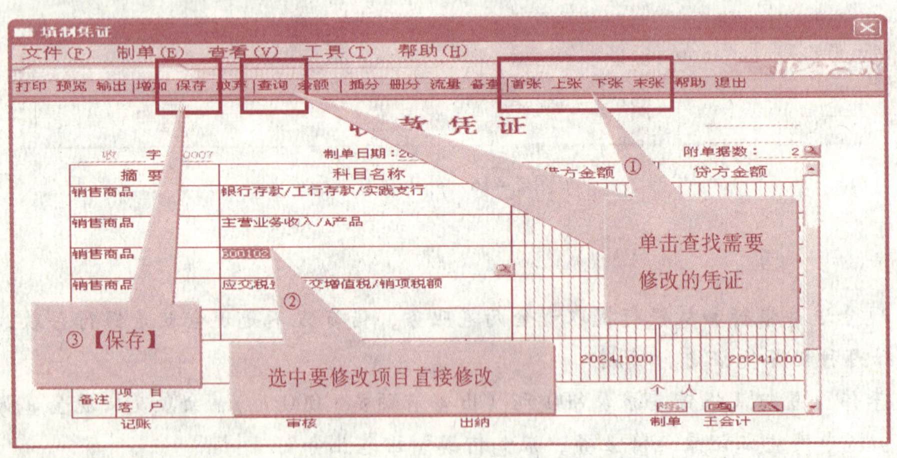

图 2－17　凭证修改

2. 放弃保存凭证。对正在输入的凭证不保存，单击【放弃】。

3. 作废和整理凭证。

（1）填好的凭证如果存在无法直接修改的错误时，在凭证填制界面，单击【制单】菜单下的【作废/恢复】命令，在凭证左上角打上红色的“作废”标记（见图 2－18）。

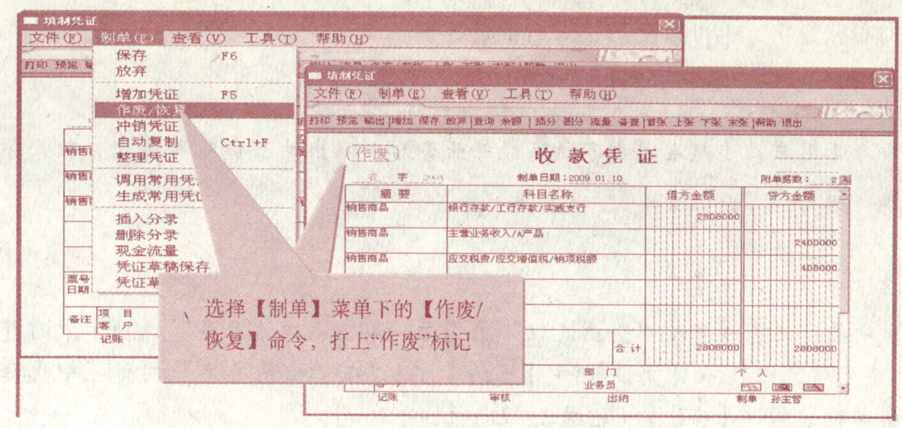

图 2－18　凭证作废

（2）单击【制单】菜单下的【整理凭证】命令，弹出“请选择凭证期间”对话框，选择要作废凭证所在的会计月份，单击【确定】，弹出作废凭证确认选择对话框（见图 2－19）。

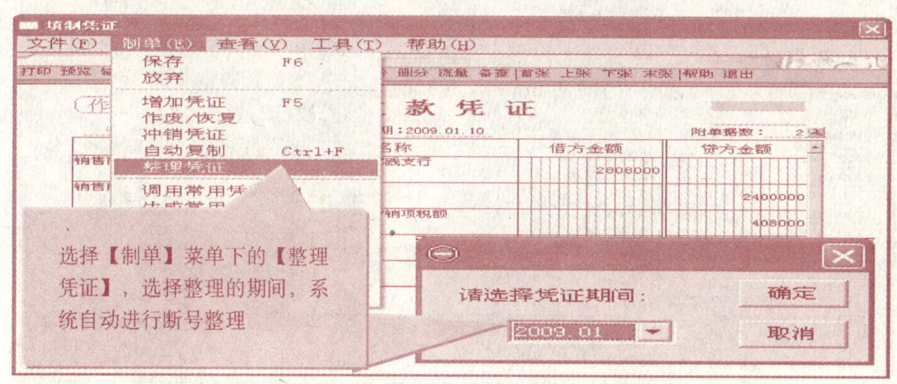

图 2－19　凭证整理

（3）确认无误后，单击【全选】或在“删除?”框中双击“Y”标记后，单击【确定】。单击【是】完成删除，并自动把删除凭证的编号向后移动，以保持编号的连续性（见图 2－20）。

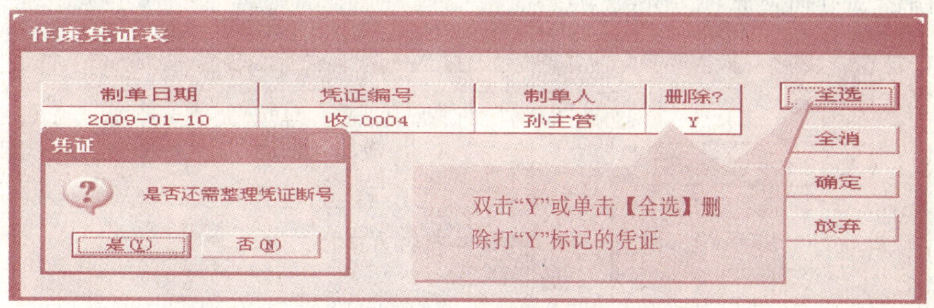

图 2－20　凭证断号整理

三、凭证的出纳签字

出纳签字是对涉及出纳业务的收、付款凭证的确认，是出纳凭证管理的一个重要手段。

可逐张核对单张签字，也可以全部核对后批量签字。

操作任务

2009 年 1 月末，小赵在完成了所有经济业务后，以出纳身份对所有收付款业务凭证进行了确认签字。

操作向导

以出纳身份注册→进入“企业流程”主界面→单击左边“业务”选项卡中的【财务会计】，展开【总账】→【凭证】→【出纳签字】，在“出纳签字”对话框中选择签字月份要签字的信息→【确认】（见图 2－21）。

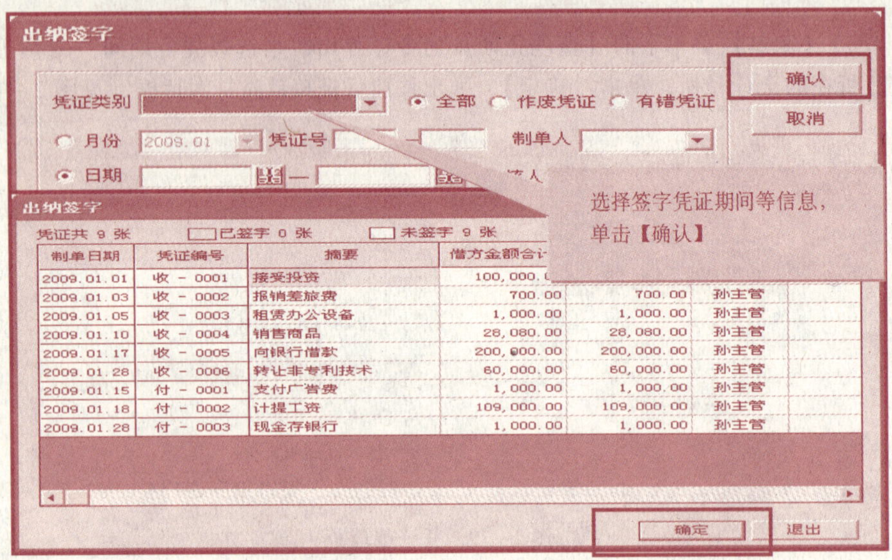

制单日期	凭证编号	摘要	借方金额合计		
2009.01.01	收 － 0001	接受投资	100,000.(		
2009.01.03	收 － 0002	报销差旅费	700.00	700.00	孙主管
2009.01.05	收 － 0003	租赁办公设备	1,000.00	1,000.00	孙主管
2009.01.10	收 － 0004	销售商品	28,080.00	28,080.00	孙主管
2009.01.17	收 － 0005	向银行借款	200,000.00	200,000.00	孙主管
2009.01.28	收 － 0006	转让非专利技术	60,000.00	60,000.00	孙主管
2009.01.15	付 － 0001	支付广告费	1,000.00	1,000.00	孙主管
2009.01.18	付 － 0002	计提工资	109,000.00	109,000.00	孙主管
2009.01.28	付 － 0003	现金存银行	1,000.00	1,000.00	孙主管

图 2－21 选择出纳签字凭证

在出纳签字界面签字（见图 2－22）。

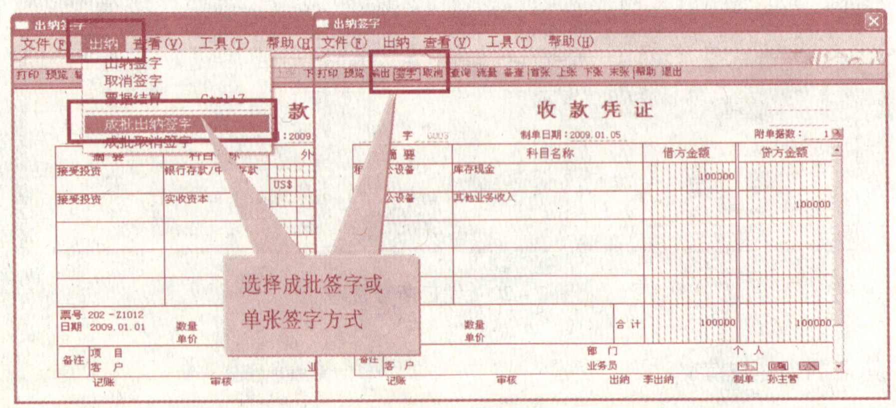

图 2－22 出纳签字

四、凭证的审核

凭证审核是会计内部控制制度的一个重要环节，是按照财会制度，对制单员填制的记账凭证进行检查核对，审核记账凭证是否与原始凭证相符，会计分录是否正确、合法。审查发现有问题的凭证，应交与填制人修改后，再重新审核。系统为了确保审核内部控制的有效性，规定只能由具有审核权的人才可以使用该功能，并且要求审核人和制单人不能是同一个人。

操作任务

2009 年 1 月末，小赵在完成了所有经济业务后，以审核人身份对所有业务凭证全部进行了审核签字。

操作向导

重新注册更换操作员为审核员→进入“企业流程”主界面→单击左边“业务”选项卡中的【财务会计】，展开【总账】→【凭证】→【审核凭证】，在“凭证审核”对话框中选择审核月份凭证信息→【确认】。其余操作方法同出纳签字，不再重述。但审核凭证多了个“对照式审核”方式，主要用于对金额有特别控制的单位，如金融企业，通过二次输入科目，对照避免输入金额上的错误（见图 2－23 至图 2－25）。

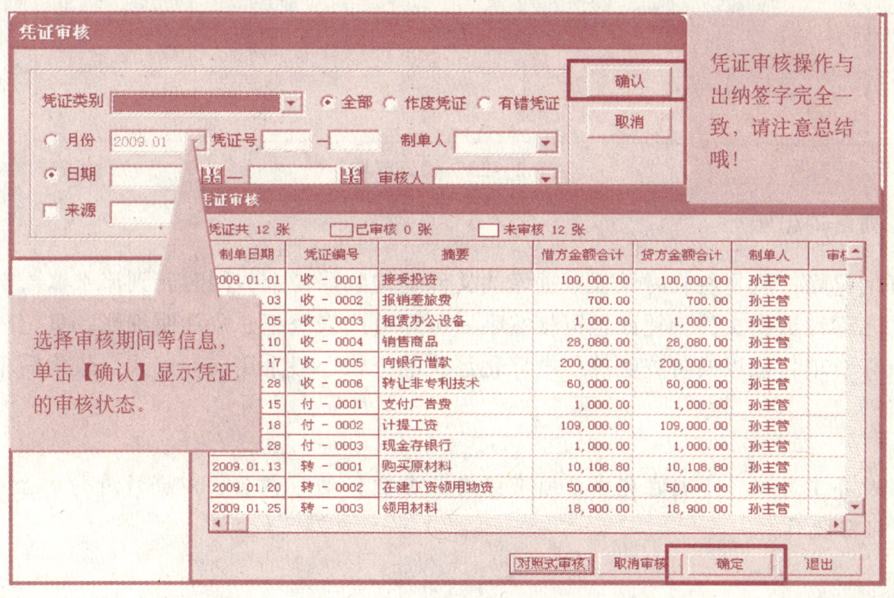

图 2－23　选择审核凭证

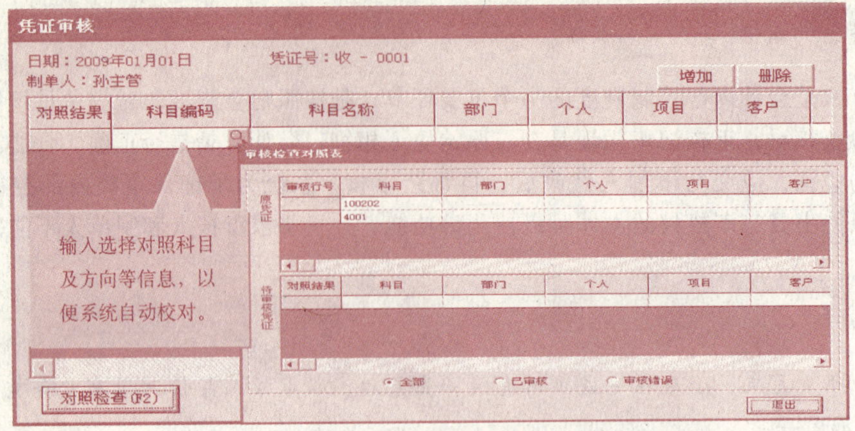

图 2－24　凭证审核（对照检查）

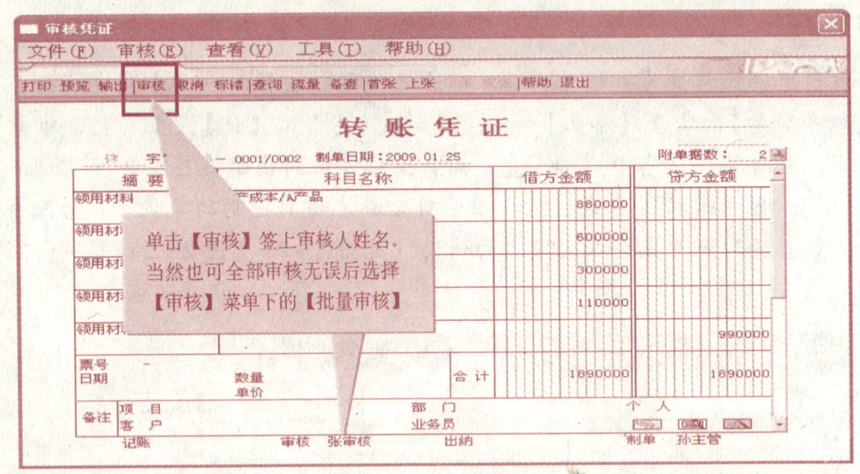

图 2－25　凭证审核

五、凭证的记账

凭证的记账，就是将临时凭证数据库的文件登记到账簿上，同时转到流水账数据库中保存，成为永远性数据文件。凭证经审核签字后，即可用来登记总账和明细账、日记账、部门账、往来账、项目账以及备查账等。电算化系统的记账一般采用向导方式，较为简单直观。

操作任务

2009 年 1 月末，小赵在完成了所有经济业务凭证的审核后，以会计身份对全部凭证进行了记账操作。

操作向导

重新注册更换操作员为会计→进入“企业流程”主界面【总账】→【凭证】→【记账】→在“记账”对话框中选择记账凭证范围→【下一步】→显示要记账凭证的报告→【下一步】完成记账（见图 2－26）。

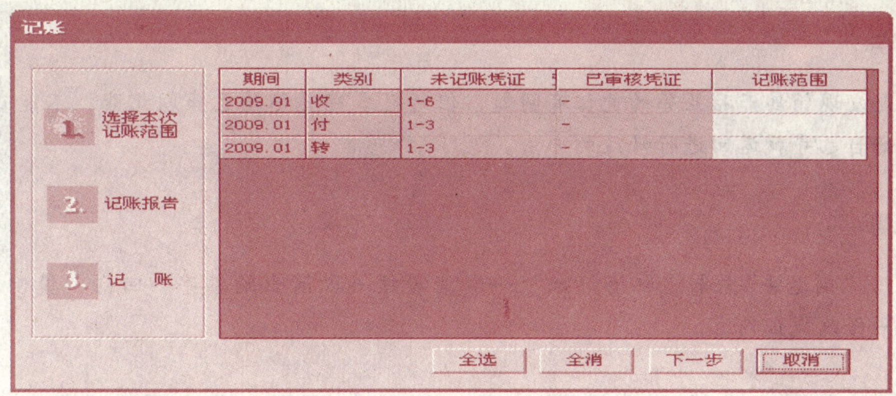

图 2 - 26 选择要记账凭证

1. 在要记账凭证的报告对话框中选择【 下一步】(见图 2 - 27)。

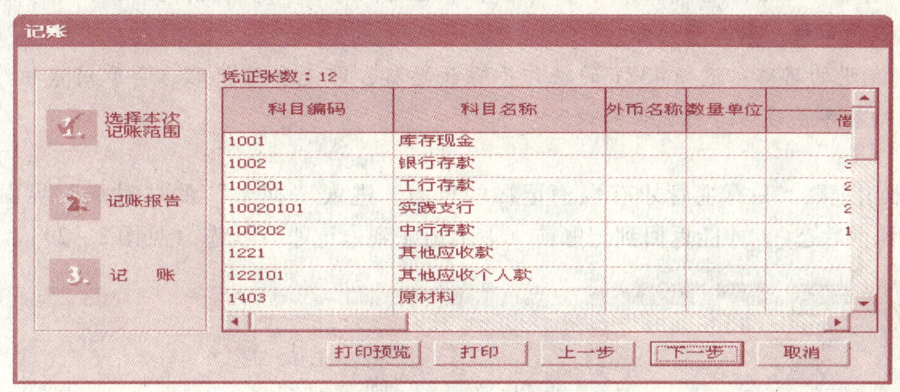

图 2 - 27 记账报告

2. 单击【记账】，系统开始自动记账。报告记账完成（见图 2 - 28）。

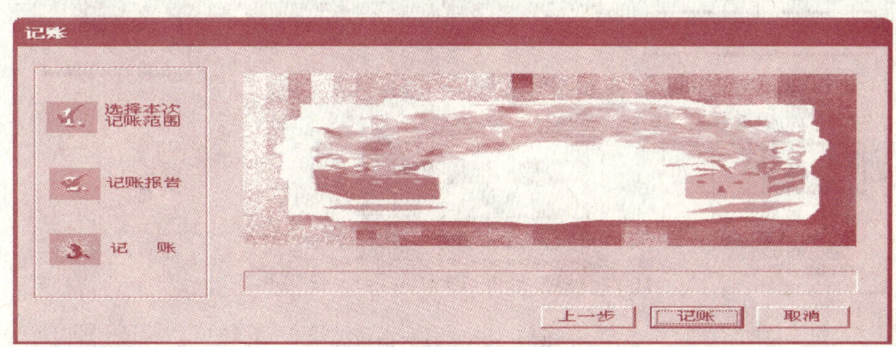

图 2 - 28 自动记账

六、取消记账

如果记账后发现凭证填制有问题，需要进行修改，应该怎么办？

操作任务

小赵发现销售产品业务的凭证有问题，但所有本期凭证均已审核记账，不能直接修改。只好自己寻找返回进行修改的办法。

操作向导

采用“倒退法”，先“取消记账”→取消审核→取消出纳签字→回到“填制凭证”对话框→修改凭证内容。

教师点拨

采用“倒退”的思路进行操作：“原路”返回，千万不能采取“跳跃”的方式哦！

- 前进的思路：遵循1234的操作步骤和思路，即第一步填制凭证，第二步出纳签字，第三步审核，第四步记账。
- 倒退的思路：遵循4321的操作步骤和思路，即先取消记账，再取消审核，然后取消出纳签字，最后进行凭证修改。

1. 取消记账。只有主管才有取消记账的权力。进入“期末”的“对账”界面，激活“恢复记账前状态”，才能返回到记账前（取消记账到未记账）状态（见图2－29）。

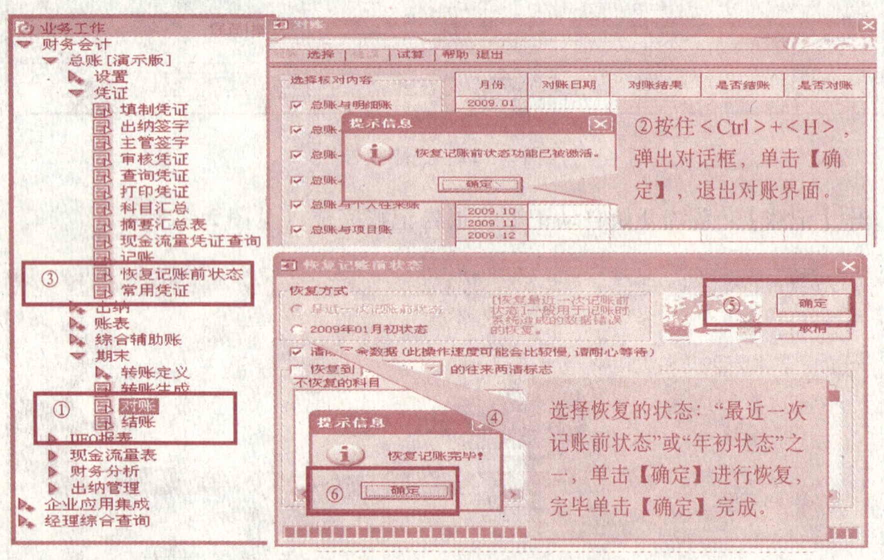

图2－29 取消记账

2. 取消审核。并不是谁都可以取消审核的，要注意谁审的凭证，谁才有权力取消审核！而且在何处审核的就去何处取消审核。可批量取消，也可单张取消（见图2－30）。

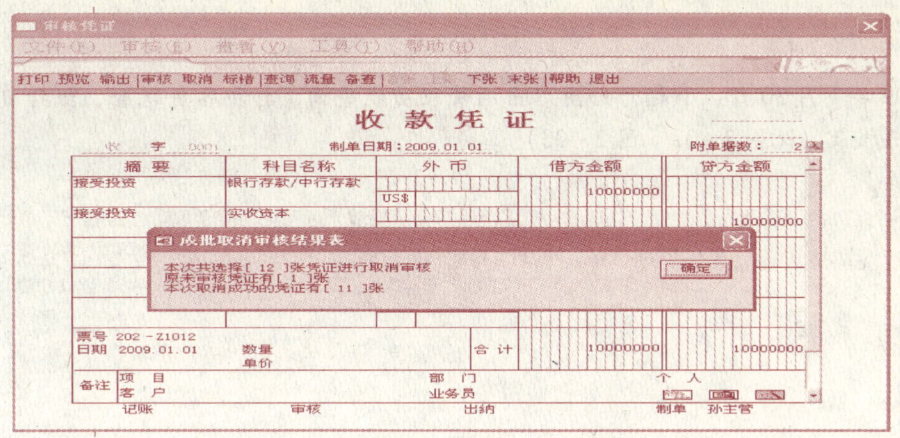

图 2－30　取消审核

3. 取消出纳签字。谁签的字谁才有权取消。可批量取消，也可单张取消（见图 2－31）。

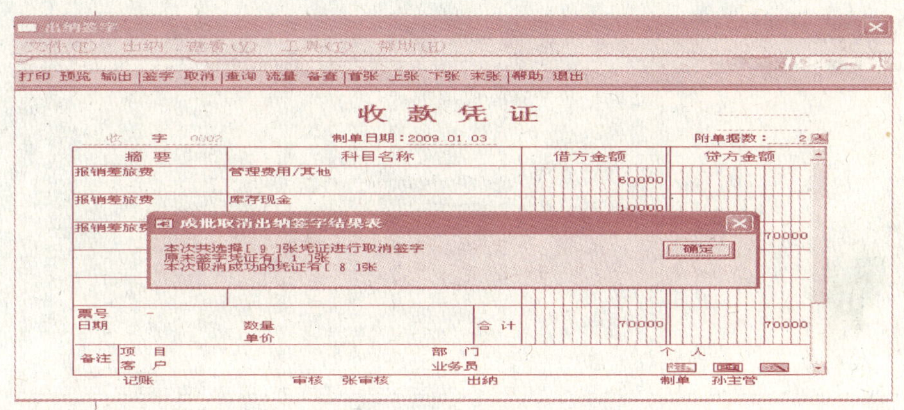

图 2－31　取消出纳签字

第二节　出纳管理

出纳管理主要用于对现金、银行存款的所有业务内容和过程进行查询、管理、监督、核对。主要包括现金和银行存款日记账、资金日报表的查询，支票的管理登记，银行存款的对账等工作。一般由出纳进行操作。

一、现金、银行日记账、资金日报表

查询现金、银行存款日记账和资金日报表的前提条件是，必须在“会计科目”设置界面中通过单击【科目】菜单下的【指定现金科目】菜单，预先指定现金总账科目为“库存现金”，银行总账科目为“银行存款”。可选择已保存的查询条件或设置新查询条件进行查询。

操作任务

2009 年 1 月 30 日，小赵开始使用出纳管理功能查询、打印各种现金、银行日记账和资金日报表（见图 2－32、图 2－33）。

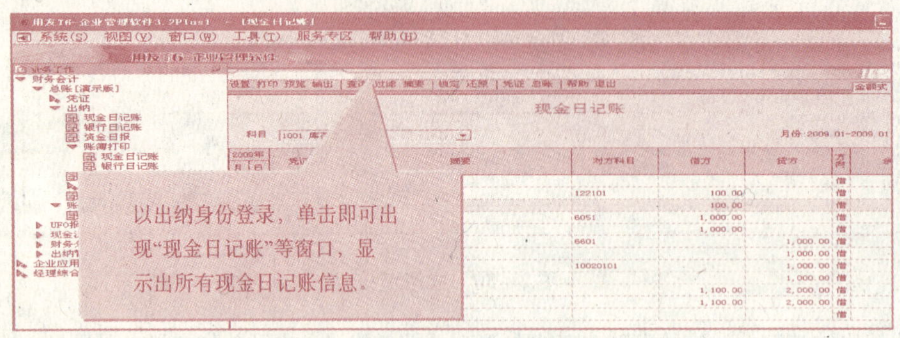

图 2－32　查询现金、银行日记账

现金日记账打印
范围
科目 1001 库存现金 — 1001 库存现金
按月打印 月份 2009.01 — 2009.01
按日打印 日期 2009.01.28 — 2009.01.28
账页格式
金额式
打印科目设置中账页格式为所选账页格式的科目
所选科目按所选账页格式打印
若本期无发生也打印
若最后一页未满页也打印
起始页号
是否按对方科目展开
对方科目显示
编码
名称+编码
设置 打印 预览 取消

图 2－33　打印日记账

二、支票登记簿

支票登记簿主要用于对领用支票的登记，供详细记录支票领用人、领用日期、支票用途、是否报销等情况。当应收、应付系统或资金系统有支票领用时，自动填写。只有在“会计科目”中设置银行账的科目才能使用支票登记簿，同时只有在“结算方式”设置中在“是否票据管理”前打了“√”的支票才能使用支票登记簿功能。不同的银行账户要求分别登记支票登记簿。

操作任务

2009 年 1 月 30 日，小赵进行了支票登记簿的操作。

操作向导

选择要登记的银行账户→进入支票登记簿界面→录入领用支票的信息（见图 2－34）。

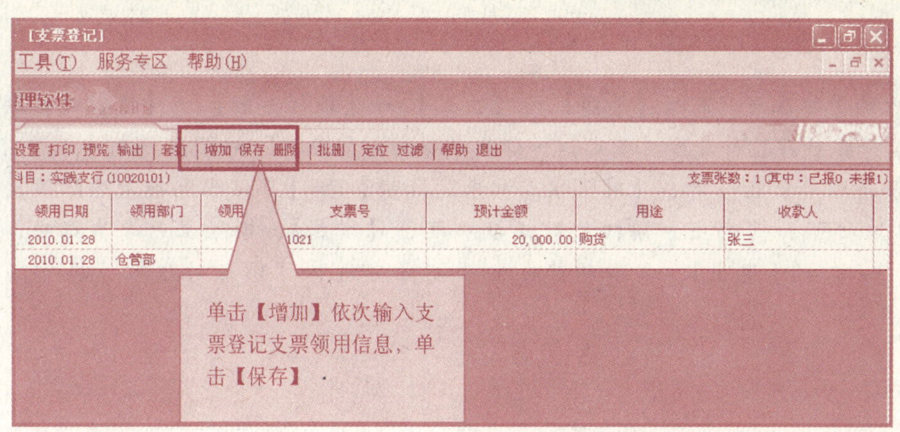

图 2-34 支票登记

三、银行对账

为了保证银行存款的账款相符，需要使用“银行对账”功能对银行对账单和企业日记账进行逐一核对，以校验银行存款账是否正确。银行对账单的输入可由操作员手工核对完成，也可由系统参照银行对账单和总账中的银行存款数进行自动勾对。对账后生成银行存款余额调整表。大多数单位并不在使用会计电算化的第一个月启用银行对账功能，而是待系统运行正常后的某月月初开始使用。

（一）银行对账期初录入

“银行对账期初录入”功能是针对首次使用系统“银行对账”功能对账前，将最后一次手工对账后至本次对账前的日记账余额和对账单余额作为调整前余额录入，并将同期发现的未达账分别录入日记账期初未达账及对账单期初未达账，作为首次使用“银行对账”功能进行对账之前的初始化工作。一般在首次使用“银行对账”功能的月初先将上月日记账、对账单未达账项录入到系统中，以便期末所有业务填制记账凭证并记账后生成对账单进行对账。此功能只在首次使用系统“银行对账”功能的当月使用。

操作任务

小赵以出纳身份启用“银行对账”功能。启用时间为 2009 年 3 月 2 日，根据表2-1的资料完成实践支行科目“银行对账期初录入”功能。

表 2-1

单位日记账项目	单位日记账金额	银行对账单项目	银行对账单金额
调整前余额：	345 006.00	调整前余额：	310 006.00
加：2 月 28 日银行已收，企业未收委托收款	100 000.00	加：企业已收，银行未收	0.00
减：2 月 30 日银行已付，企业未付商业承兑汇票	140 000.00	减：3 月 1 日企业已付，银行未付转账支票	5 000.00
调整后余额：	305 006.00	调整后余额：	305 006.00

操作向导

以出纳身份注册→进入【总账】→【出纳】→【银行对账】→【银行对账期初录入】→选择银行存款科目后【确定】→弹出“银行对账期初”对话框→输入调整前日记账余额和对账单余额→单击【对账单期初未达账项】和【日记账期初未达账项】→在“银行方期初”和“企业方期初”对话框中单击【增加】，输入上月未达账项，单击【保存】→单击【退出】，如调整后余额平衡方可进行“银行对账单”操作（见图2-35）。

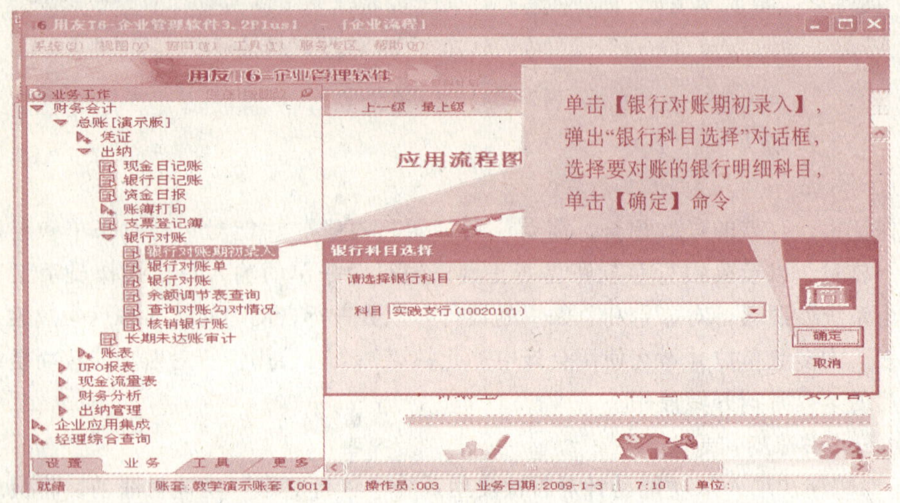

图2-35 选择银行科目

1. 在“银行对账期初”中单击日历选择启用银行对账日期，输入调整前余额，单击【对账单期初未达账项】和【日记账期初未达账项】命令按钮弹出相应对话框（见图2-36）。

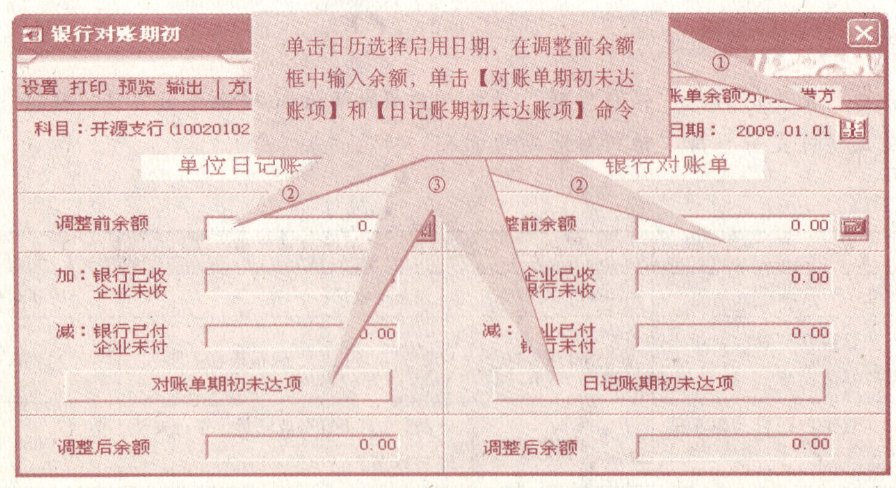

图2-36 银行对账期初

2. 分别在“银行方期初”和“企业方期初”对话框中单击【增加】，依次输入上月未达账项后单击【保存】，完成期初未达账项输入后，单击【退出】返回（见图 2－37）。

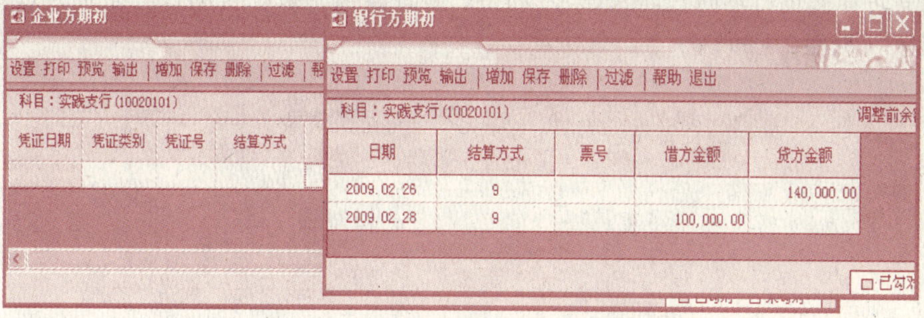

图 2－37　银行对账期初未达账项录入

（二）银行对账单

本功能用于平时录入、查询和引入银行对账单（启用日期之后的对账单）。

操作任务

小赵进入“银行对账单”功能。完成 2009 年 3 月份对账单录入。

操作向导

在“企业流程”主界面→单击左边“业务”选项卡中的【财务会计】，展开【总账】→【出纳】→【银行对账】→【银行对账单】→在弹出的“银行科目选择”对话框中选择银行存款明细科目→【确定】→弹出“银行对账单”对话框→分别输入本期对账单业务内容→单击【保存】命令→单击【退出】。也可显示“银行对账单”列表内容。

1. 单击【出纳】→【银行对账】→【银行对账单】，弹出指定对账银行科目、月份范围。终止月份必须大于等于起始月份，单击【确定】，显示指定范围内的银行对账单列表（见图 2－38）。

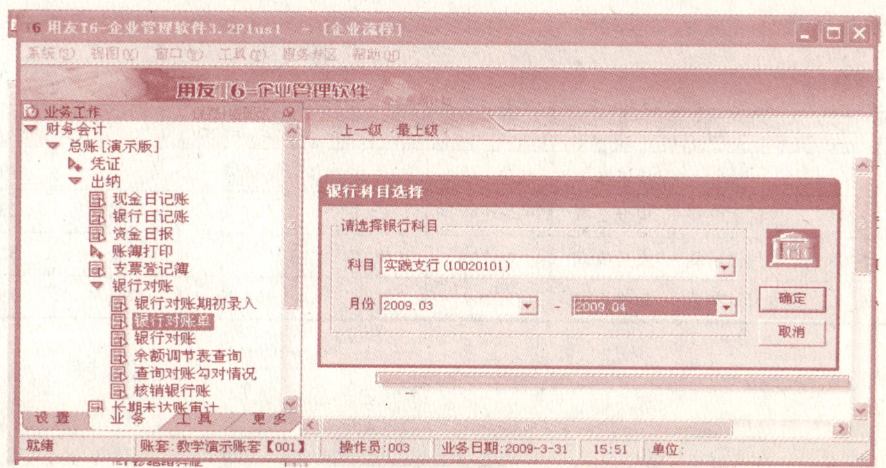

图 2－38　银行对账单选择

2. 单击【增加】，在对账单列表最后一行增加一空行，可增加一笔银行对账单，手工录入或参照日历输入银行对账单日期，选择结算方式（在此输入的结算方式同制单时所使用的结算方式可相同也可不同）。输入票号和借、贷方金额，系统自动计算余额，按对账单日期顺序显示（见图2－39）。

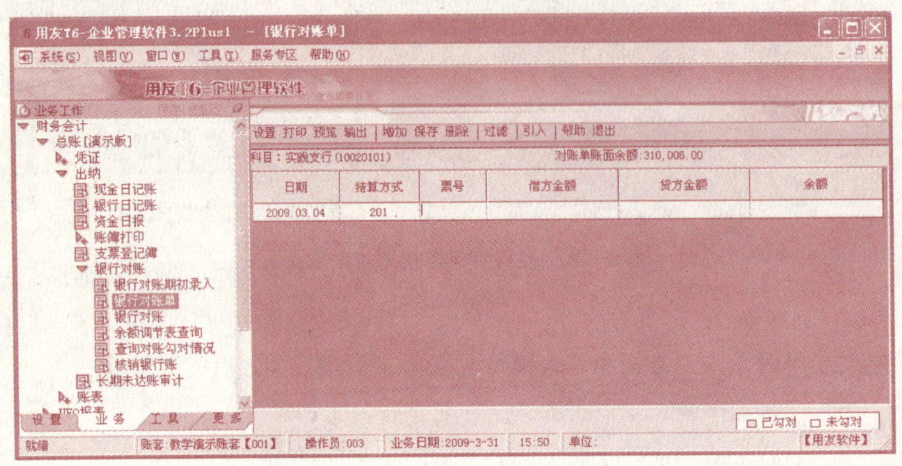

图2－39 银行对账单

（三）银行对账

银行对账采用自动对账与手工对账相结合的方式。自动对账由计算机根据对账依据自动进行核对、勾销，对于已核对的银行业务，系统将自动在银行存款日记账和银行对账单双方写上两清标志，并视为已达账项；对于在两清栏未写上两清符号的记录，系统则视为未达账项。手工对账是对自动对账的补充，使用完自动对账后，可能还有一些特殊的已达账没有对出来，而被系统视为未达账项，为保证对账更彻底正确，就需用手工对账来进行调整。

操作任务

小赵进入“银行对账”界面。根据4月2日收到的银行发来的对账单，执行2009年3月份的对账操作（见表2－2）。

表2－2

日期	摘要	结算方式	票号	借方	贷方	方向	余额
3月7日	提现	现金支票	X0123		5 000	借	265 500
3月13日	支付水电费	现金支票	X0134		300	借	265 200
3月15日	收到销货款	委托收款	Q0136	58 000		借	323 200
3月25日	支付材料款	转账支票	Z0207		35 000	借	288 200

操作向导

在“企业流程”主界面单击“业务”选项卡中的【财务会计】→【总账】→【出纳】→【银行对账】→【银行对账单】→在弹出的“银行科目选择”对话框中选择“银行存款”科目→【确定】→弹出“银行对账”对话框→单击【对账】，进行自动银行对账。

1. 指定要对账的银行科目及对账月份的方法同前打开“银行对账单”，单击【确定】屏幕显示对账界面。若选择“显示已达账”选项则显示已两清勾对的单位日记账和银行对账单（见图 2-40）。

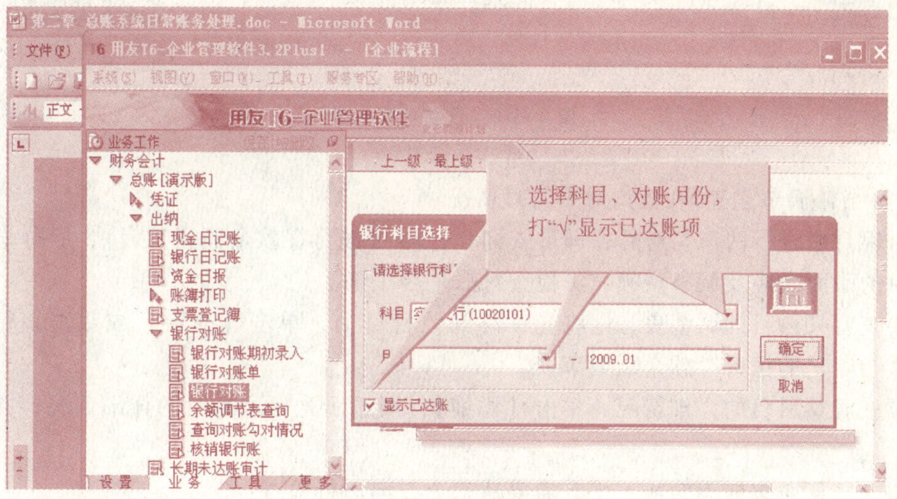

图 2-40 银行对账选择

2. 左边为单位日记账，右边为银行对账单。点击【显示方式】，可由水平改变为上下显示方式。单击【对账】，进行自动银行对账（见图 2-41）。

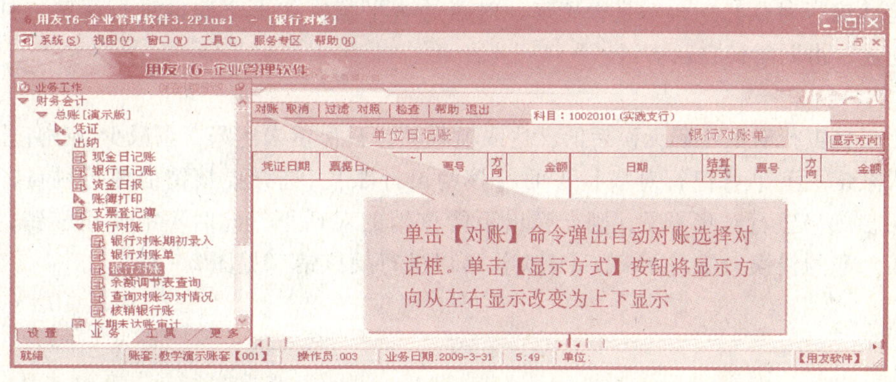

图 2-41 对账选择

3. 选择自动对账月份范围后系统自动对账。如已完成自动对账，则可进行手工对账（见图 2－42）。

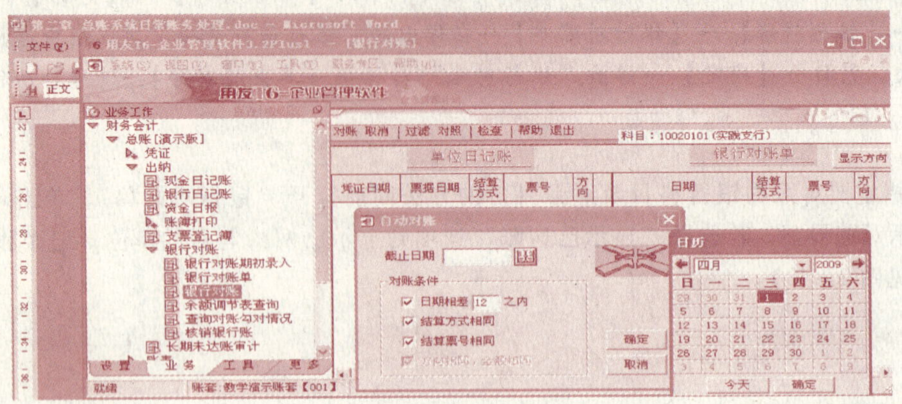

图 2－42　自动对账选择

（四）余额调节表查询/查询对账勾对情况

在对银行账进行两清勾对后，即可查询、打印《银行存款余额调节表》，屏幕显示所有银行科目的账面余额及调整余额，可检查对账是否正确。

如要查看某科目的调节表，则将光标移到该科目上，单击【查看】或双击该行，则可查看该银行账户的银行存款余额调节表。

如要查看某科目的详细情况，单击【详细】，则显示光标所在行的详细情况，并提供打印功能。

如果余额调节表账面余额不平，需要从三个方向进行检查：

一是【银行期初录入】中的【调整后余额】是否平衡？如不平衡则需要进一步查看“调整前余额”、“日记账期初未达项”及“银行对账单期初未达项”是否录入正确。如不正确请进行调整。

二是银行对账单录入是否正确？如不正确请进行调整。

三是【银行对账】中勾对是否正确、对账是否平衡？如不正确请进行调整。具体操作方法同前述，由同学们自己尝试。

（五）核销银行账

可用于将银行对账正确无误后的已达账项删除，只保留未达账，以减少数据库占用。

进入系统主菜单【银行对账】下的【核销银行账】，选择要核销的银行科目，按【确定】即可。如果银行对账不平，则会弹出不能核销的对话框，此时不能使用核销，否则将造成以后对账的错误。按【ALT】＋【U】可以进行反核销（见图 2－43）。

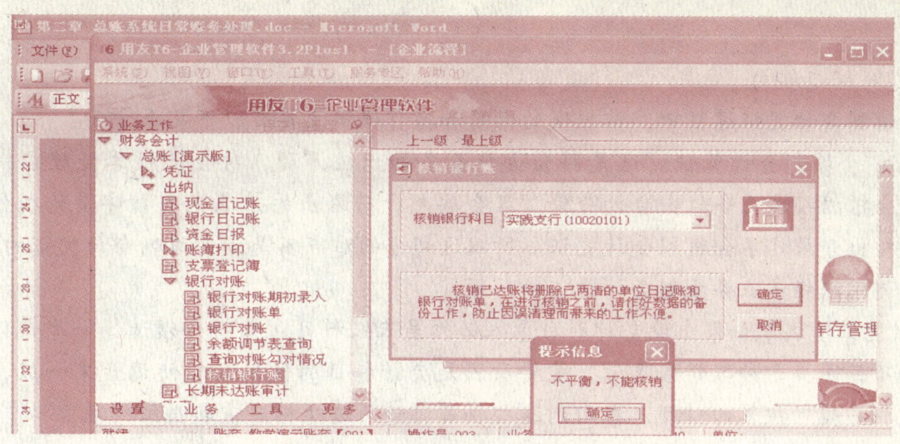

图 2－43 核销银行账

老师点拨

• 在录入单位日记账、银行对账单期初未达项后，不可再调整启用日期，尤其是向前调，否则可能造成启用日期后的期初数不能参与对账。

• 若某银行科目已进行过对账，在期初未达账录入中，对于已勾对或已核销的记录不能再修改。

• 在执行对账功能前，应将“银行对账期初”中的“调整后余额”调平（即单位日记账的调整后余额＝银行对账单的调整后余额），否则，在对账后编制《银行存款余额调节表》时，会造成银行存款与单位银行账的账面余额不平。

• 银行对账单余额方向为借方时，借方发生表示银行存款增加，贷方发生表示银行存款减少；反之，借方发生表示银行存款减少，贷方发生表示银行存款增加。系统默认银行对账单余额方向为借方，按【方向】按钮可调整银行对账单余额方向。已进行过银行对账勾对的银行科目不能调整银行对账单余额方向。

第三节 账表管理

账表管理主要包含各类账簿表格的管理，如科目总账、明细账，各类客户、往来、项目等辅助账；现金流量等账表的管理查询、打印。具体方法同现金日记账，由同学们自主练习。

常见问题

在填制会计凭证过程中，常出现的问题和操作错误主要有以下几个方面：

- 不会填制会计凭证。这是因为会计业务知识较薄弱，对会计核算处理应用不熟悉，不会根据经济业务做出会计分录，只会按照资料给出的分录充当打字员的工作，一旦没有给出分录就不会填制会计凭证。所以这部分的难点不是如何填制会计凭证的问题，而是如何根据经济业务填制会计凭证的问题。
- 凭证填制中如果出现会计科目录入必须是末级科目、部门必须选择一个部门、必须选择项目等提示和报错信息时，主要原因是会计科目的使用只能使用最末一级，而对设置了相关辅助核算的科目，在用到这些科目时必须选择相应辅助明细情况。

教学小结

- 填制凭证环境进入的思路：在总账系统中，凭证填的是总账系统的凭证，所以进“总账”。
- 填制凭证过程操作的思路：打开的凭证界面中，要学会从上到下、从左到右地按项目或提示进行填制或选择操作。
- 特别要注意：尽量不使用键盘输入，特别是输入初始化时已经输入过的会计科目等大家重复使用的汉字。因为这样不仅增加了重复输入的工作量，更增加了出错的机率。

日常处理业务操作流程为：凭证处理→凭证审核→记账→账簿查询。

第3章 总账系统期末业务

学习目标

- □ 了解各类自动转账凭证的定义方法及适用范围，并能根据经济业务的性质确定自动转账定义方法
- □ 能够熟练地掌握自定义转账设置、对应结转设置、销售成本结转设置及期间损益结转设置四种转账定义方法
- □ 熟练掌握自动转账凭证的生成程序
- □ 掌握对账、结账方法，进行恢复记账前状态及取消结账的操作

课前导读

期末业务是指将在本月所发生的经济业务全部填制为记账凭证，并经登记入账后，需要进行的期末处理工作。主要包括自动转账定义、生成自动转账分录、对账、结账等工作，其中，对账和结账工作是必要的，其他两项工作可以由手工进行转账。

本章操作全部在“企业流程”主界面下的【业务】选项卡中单击【财务会计】→【总账】→【期末处理】菜单进行。

实习情景

小赵实习了总账系统日常账务处理后，对于日常业务的操作方法有了比较系统的认识。临近会计期末，孙主管和王会计向小赵介绍期末业务处理事项。小赵在孙主管和王会计的引导下需要完成如下操作任务：

1. 实习自动转账凭证的定义，内容包括：在自定义转账定义设置中完成计提折旧、分配制造费用业务的定义，在对应结转设置功能中完成结转完工产品成本业务的定义，在销售成本结转设置功能中进行销售成本结转定义，在期间损益结转设置功能中进行收入类与支出类账户的结转设置，并对售价（计划价）销售成本结转设置和汇兑损益结转设置进行初步了解。

2. 实习自动转账凭证的生成流程，包括自定义结转、对应结转、销售成本结转和期

间损益结转四种转账生成方式。

3. 实习对账与试算平衡、恢复记账前状态功能的使用两个内容。

4. 实习结账及取消结账功能的操作方法。

第一节　自动转账凭证的定义

转账定义是指将企业的各项转账分录的摘要、会计科目、借贷方向和金额公式进行预设，以便在各会计期末自动生成转账分录。转账定义可随时进行，一般在系统投入运行、数据初始化工作完成之后即可进行定义。转账定义完成后可长期使用，只有在所定义的转账内容发生变化时，才需要修改转账分录或重新定义转账分录。

转账定义主要包括六种模式：(1) 自定义结转设置；(2) 对应结转设置；(3) 销售成本结转设置；(4) 售价（计划价）销售成本结转设置；(5) 汇兑损益结转设置；(6) 期间损益结转设置。

一、自定义转账设置

自定义转账适用于费用分摊、费用分配、税金计算等业务。在自定义结转设置时，需要对结转分录的金额取数进行确定，这些金额通过系统提供的各项取数函数公式进行定义并生成。

（一）常用的取数函数

1. 账务函数格式：函数名（科目编码，会计期间，方向，辅助项 1，辅助项 2）见表 3－1。

表 3－1

函数名	金额式	数量式	外币式
期初余额函数	QC	SQC	WQC
期末余额函数	QM	SQM	WQM
发生额函数	FS	SFS	WFS
累计发生额函数	LFS	SLFS	WLFS
发生净额函数	JE	SJE	WJE
对方科目函数	JG		

(1) 常用函数名：科目代码。

(2) 科目代码：用于确定函数所取金额来自于哪个科目，科目代码必须是总账系统中已定义的会计科目编码。在某些函数中，科目代码可以缺省，如 JG。

（3）会计期间：可输入“年”或“月”或 1、2、3、…、12。若输入“年”，则取当前会计年度数据；若输入“月”，则取结转月份数据；若输入数字 1、2、3、…、12，则表示取指定月份的数据。会计期间可以为空，为空时默认为“月”。

（4）方向：指所取金额的借贷方向，可选“借”或“贷”，但允许为空，此时表示根据科目性质来取金额。一般来说，发生额函数的方向必须指定，而余额函数的方向可缺省。

（5）辅助项：当引用的科目为辅助账核算科目时，可指定辅助项。辅助项可输入编码，也可输入名称，或输入“*”表示取科目总数；也可不输入，表示按当前分录各辅助项栏中定义的辅助项取数。

2. 取数函数实例。

（1）QC（1001，月）表示取 1001 库存现金科目结转月份月初的本币余额。

（2）FS（1001，年，借）表示取 1001 库存现金科目借方当前年度全年本币发生额合计。

（3）QM（1001，11）表示取 1001 库存现金科目 11 月份的月末本币余额。

（4）JE（4103，月）表示取 4103 本年利润科目结转月份的借贷方发生额相抵后的差额。

（5）JG（ZZZ）或 JG（zzz）或 JG（）或 JG 则表示取对方所有发生额合计。

（6）QM（2211，月，财务部门）表示取 2211 应付职工薪酬科目财务部门的期末余额。

想想试试

说说函数名与其所表示的意义之间有何联系？

（二）自定义转账设置操作实例

操作任务

1 月 31 日，孙主管指导小赵实习自定义转账设置的操作方法，业务包括：

1. 计提折旧：本公司按年综合折旧率 6% 计提固定资产折旧，其中，车间使用固定资产占 75%，厂部使用固定资产占 25%。

2. 分配制造费用：将制造费用分配结转至生产成本，其中，A 产品占 35%，B 产品占 65%。

知识链接

在我国会计实务中，当月增加的固定资产，当月不计提折旧，从下月起开始计提；当月减少的固定资产，当月照提折旧，从下月起不再计提。所以，在计提固定资产折旧时，要以本期固定资产账户期初余额作为计提折旧的基数。

教师点拨

- 实例分析：计提折旧费

因为折旧按月计提，故应先将年综合折旧率转换为月综合折旧率，再以“固定资产”账户（1601）的本期期初余额为计提基数，使用 QC 期初余额函数取数，乘以月综合折旧率及各部门固定资产所占比例。结转分录及金额公式如下：

借：制造费用　　　　　　　金额公式：QC（1601，月，借）*0.06/12*0.75

　管理费用——折旧费　　　金额公式：QC（1601，月，借）*0.06/12*0.25

　贷：累计折旧　　　　　　金额公式：JG

● 实例分析：分配制造费用

期末，将制造费用分配转入生产成本，是将本期“制造费用”（5101）借方发生额合计按相应比例分配计入各产品生产成本，应使用发生额函数 FS 取出“制造费用”借方发生额，再乘以分配比例，故结转分录及金额公式如下：

借：生产成本——A 产品　　金额公式：FS（5101，月，借）*0.35

　生产成本——B 产品　　　金额公式：FS（5101，月，借）*0.65

　贷：制造费用　　　　　　金额公式：JG

操作向导

启动自定义转账设置功能→增加自定义转账凭证→设置转账目录→手工输入或参照输入自动转账分录→保存。

现以第一笔自定义转账业务“计提折旧”为例演示自定义转账设置流程：

1. 启动自定义转账设置功能。在“企业流程”窗口中，依次单击【财务会计】→【总账】→【期末】→【转账定义】→【自定义转账】，弹出“自定义转账设置”窗口（见图 3-1）。

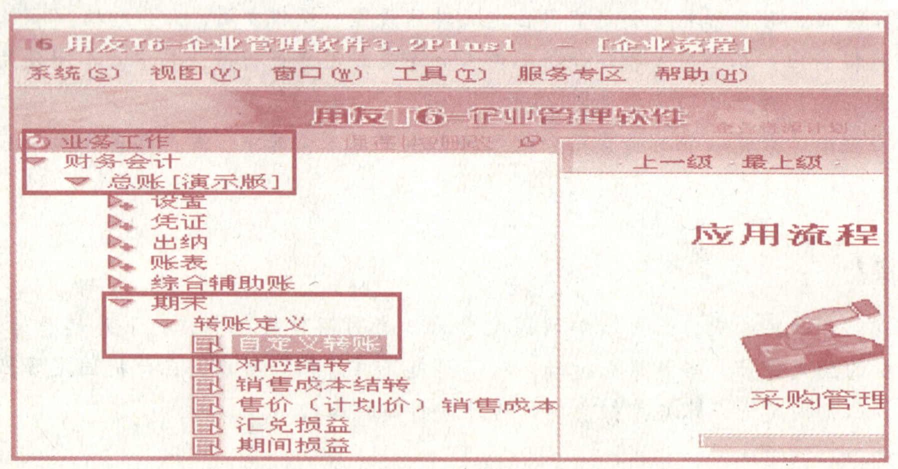

图 3-1　启动自定义转账装置功能

2. 增加自定义转账凭证，定义转账目录（见图 3-2）。

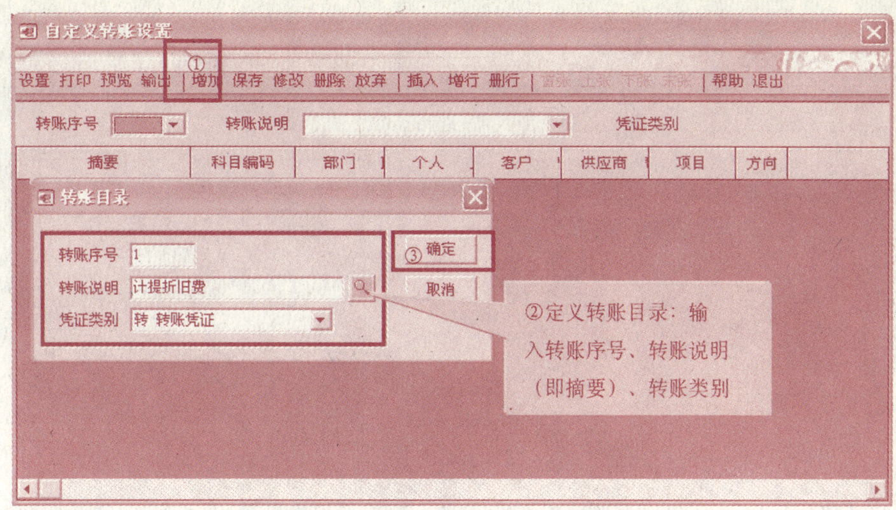

图 3－2 增加自定义转账凭证

3. 逐行输入转账分录（见图 3－3）。

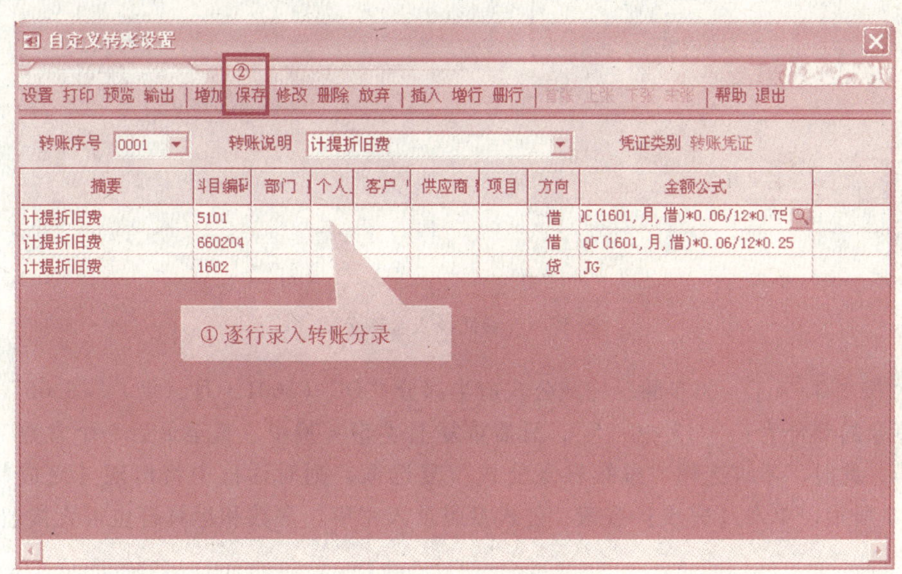

图 3－3 逐行输入转账分录

4. 参照法录入金额公式。在图 3－3 第①步录入转账分录时，也可采用参照法录入金额公式。现以转账分录中第一行金额公式："QC（1601，月，借）＊0.06/12＊0.75"为例，演示参照输入公式操作方法如下：

（1）当设置转账分录至"金额公式"时，双击当前行"金额公式"列中空白行，右侧将出现参照标志🔍，单击，弹出"公式向导"对话框，按提示录入金额公式即可，具体操作流程见图 3－4。

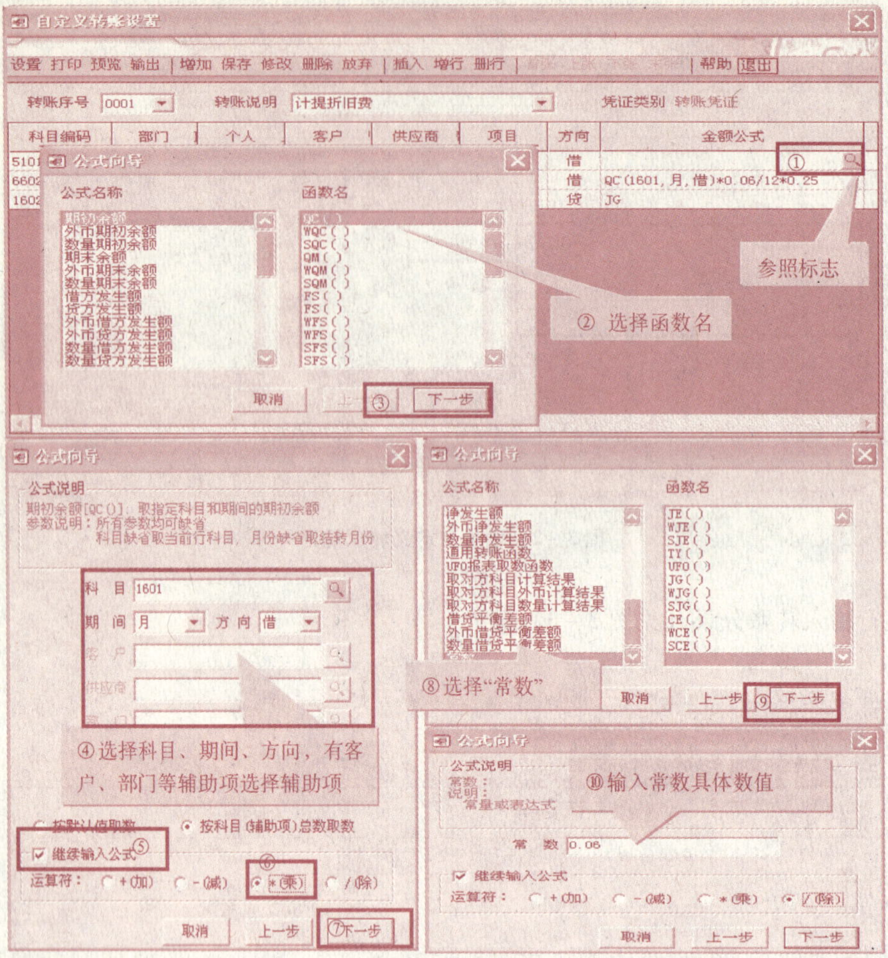

图 3－4　参照录入金额公式

（2）按图 3－4①～⑩步骤，完成公式前半部分“QC（1601，月，借）＊0.06”的参照录入，剩余的部分为：“/12＊0.75”，只需重复上述⑤～⑩步，直至最后一个常数“0.75”输入完毕，此时，不再选择“继续输入公式”复选框，则对话框中将出现【完成】按钮，如图 3－5 所示，单击【完成】按钮，公式参照录入完毕。常数和运算符也可直接通过键盘输入。

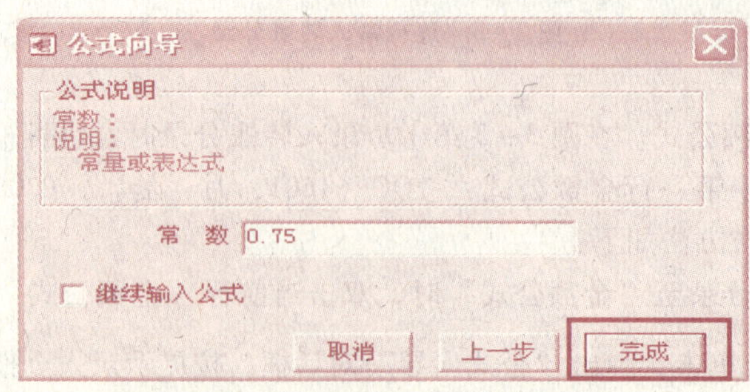

图 3－5　完成公式参照录入

教师点拨

● 录入转账分录过程中，若需在某笔分录中增加或删除行，可使用工具栏中的【增行】和【删行】按钮；若需另外定义一笔转账分录，则需使用工具栏中的【增加】按钮。

● 在录入自定义转账分录过程中，若需放弃当前行输入，可按 ESC 键。在“转账生成”窗口左侧列示的六种转账生成类型之后有参照按钮，单击 调出对应的转账定义功能，可对转账定义进行修改。

想想试试

JG 函数是否可以出现在同一转账分录的借、贷两方，为什么？

二、对应结转设置

（一）对应结转的适用范围及要求

对应结转一般适用于资产、成本或费用类科目的期末余额结转，不但可以进行两个科目一对一结转，还可以进行科目的一对多结转。例如，月末将制造费用分配转入生产成本、结转完工产品成本、结转本月未交增值税，年末将利润分配中明细账余额结转至未分配利润明细账等业务，均可用对应结转设置进行转账定义。

对应结转分录中科目可以为非末级科目，但要求其下级科目结构必须一致，若有辅助核算，则两个科目的辅助账类也必须一一对应。

对应结转只能结转期末余额，结转时，转出科目方向根据其在科目编码表中的余额方向确定，即若余额方向为“借”，则从贷方转出，否则，将从借方转出，转入科目方向与转出科目方向相反。

（二）对应结转设置操作实例

操作任务

1 月 31 日，孙主管指导小赵实习对应结转设置的操作方法，要求：利用对应结转功能，结转完工产品成本，假设 A、B 产品均全部完工入库，其中，A 产品完工 1 000 件，B 产品完工 500 件。

操作向导

启动对应结转设置功能→增加对应结转凭证→输入转账目录及分录→保存。

1. 进入对应结转设置功能。在“企业流程”窗口中，依次单击【财务会计】→【总账】→【期末】→【转账定义】→【对应结转】（参见图 3－1），弹出“对应结转设置”窗口。

2. 增加并设置对应结转凭证，见图 3－6。

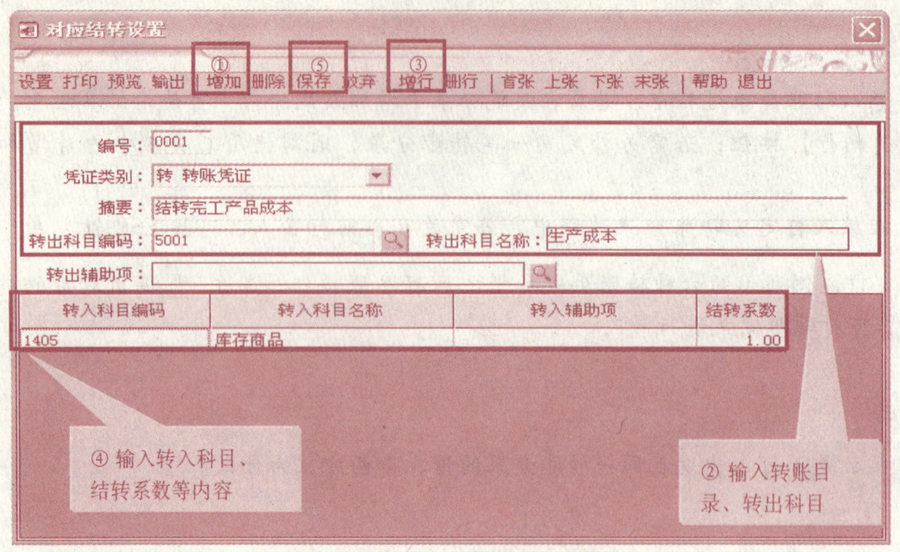

图 3-6　对应结转设置

教师点拨

● 在本例中，"结转系数"可理解为完工程度，若 A、B 产品完工程度不一致，则在结转系数一项中输入介于 0 和 1 之间的数值。

● 若 A、B 产品完工程度不一致，则 A、B 产品的成本需分别进行结转设置，定义为两张对应结转分录。操作方法可按图 3-6 中的骤设置第一张对应转账凭证并保存后，单击【增加】按钮，增加第二张对应结转分录，再按同样的方法进行设置。

● 对应结转设置中一张转账凭证可定义多行，但要求其转出科目及辅助项一致，转入科目及辅助项可不同；若转出科目不同，则需定义为多张对应转账凭证。同一编号的凭证类别必须相同；自动生成转账凭证时，如果同一凭证转入科目有多个，且同一凭证的结转系数之和为 1，则最后一笔结转金额为转出科目余额减当前凭证已转出余额。

想想试试

若企业两种产品 A、B 产品在本月均未全部完工，A 产品完工 80%，B 产品工 90%，该如何设置结转系数？

三、销售成本结转设置

销售成本结转功能是用月末库存商品（或产成品）的销售数量乘以库存商品（或产成品）的平均单价，计算出各类库存商品（或产成品）的销售成本，并进行结转。

知识链接

会计电算化软件中使用销售成本结转功能结转已销产品或商品的销售成本时，使用的是月末一次加权平均法。其计算公式为：

销售成本 = 销售数量 × 单位成本

式中：销售数量表示本月销售商品或产品的数量，来自于“主营业务收入”账户下本期贷方发生的销售数量；单位成本表示库存商品的平均进价或产品平均单位生产成本，计算方法为：

单位成本 = 库存商品科目下某商品月末余额 ÷ 月末结存数量

销售成本结转功能要求所涉及的库存商品、商品销售收入和商品销售成本这三个科目必须具有相同结构的明细科目，即要求其下所有明细科目必须都有数量核算，且这三个科目的下级科目必须一一对应。

在教学演示账套中，上述三个科目结构已符合条件，可以在销售成本结转设置功能中进行已销产品销售成本的结转。

操作任务

1 月 31 日，孙主管指导小赵实习销售成本结转设置的操作方法。

操作向导

在销售成本结转设置功能中结转销售成本。进入销售结转设置功能→输入凭证类别、库存商品科目、商品销售收入科目和商品销售成本科目编码→确认设置。

1. 进入销售成本结转设置功能。在“企业流程”窗口中，依次单击【总账】下【期末】下【转账定义】下【销售成本结转】（参见图 3－1），弹出“销售成本结转设置”窗口。

2. 设置凭证类别及相关科目代码（见图 3－7）。

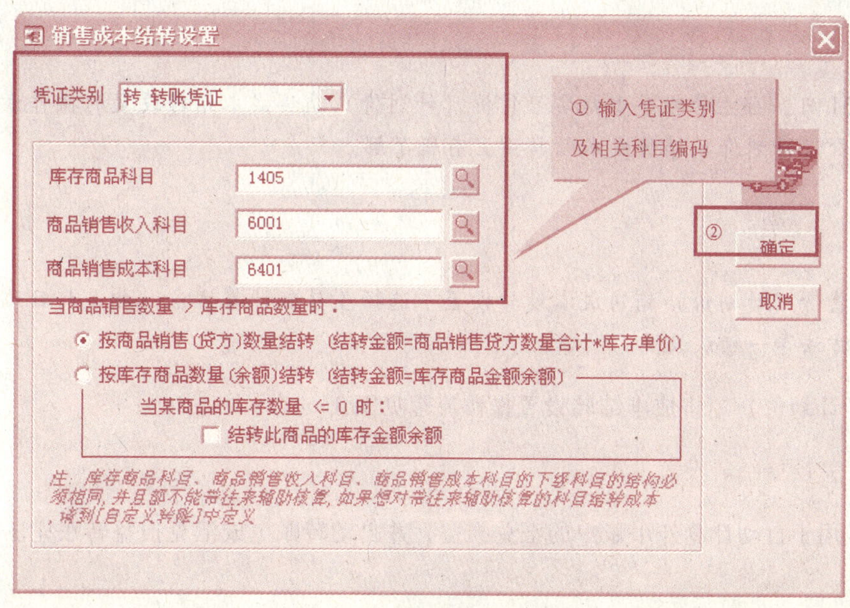

图 3－7 销售成本结转设置

四、售价（计划价）销售成本结转设置

本功能用于按售价（计划价）结转销售成本或调整月末成本。在此功能下，要求库存商品、商品销售收入、商品销售成本及差异科目均应具有相同结构的明细科目，即要求其下属所有明细科目必须都有数量核算，且这四个科目的下级科目必须一一对应。

知识链接

在我国的会计实务中，商品零售企业广泛采用售价金额法核算库存商品成本。这种方法是通过设置“商品进销差价”科目进行处理的，平时商品存货的进、销、存均按售价记账，售价与进价的差额记入“商品进销差价”科目，期末通过计算进销差价率的办法计算本期已销商品应分摊的进销差价，将本期销售成本调整为进价成本。这些商业企业在月中发生销售业务时不计算结转成本，在月末按当月销售情况结转成本，编制会计分录如下：

借：商品销售成本（或主营业务成本）

　　商品进销差价｛注：金额＝按售价计算的发出库存商品余额×差异率｝

　　贷：库存商品　　　｛注：金额＝按售价计算的发出库存商品余额｝

分录中，差异率主要有两种计算方法：综合差异率法和个别差异率法。

除此之外，有些工业企业平时在发生销售业务时也按售价或计划价结转成本，至月末对成本及差异科目（商品进销差价或材料成本差异）进行调整，编制会计分录如下：

借：商品进销差价（或材料成本差异）

　　贷：主营业务成本｛注：金额＝按售价或计划价计算的主营业务成本借方发生额×差异率｝

操作任务

1月31日，孙主管指导小赵实习售价（计划价）销售成本结转设置的操作方法，要求：对售价（计划价）销售成本结转设置有所了解。

操作向导

进入售价（计划价）销售成本结转设置→选择差异额计算方法、相关科目编码、差异率计算方法等→确认设置。

售价（计划价）销售成本结转设置操作流程见图3－8。

五、汇兑损益结转设置

本功能用于自动计算外币账户的汇兑损益，并自动转账生成汇兑损益转账凭证。

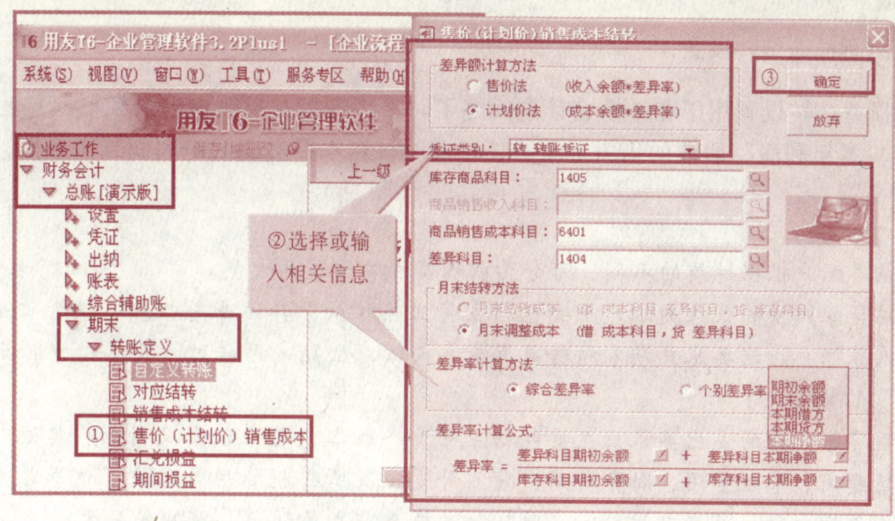

图3-8 售价（计划价）销售成本结转设置

操作任务

1月31日，孙主管指导小赵实习汇兑损益结转设置的操作方法。

操作向导

进入汇兑损益结转设置→设置凭证类别、汇兑损益入账科目等内容→确认设置。

汇兑损益结转设置操作流程见图3-9。

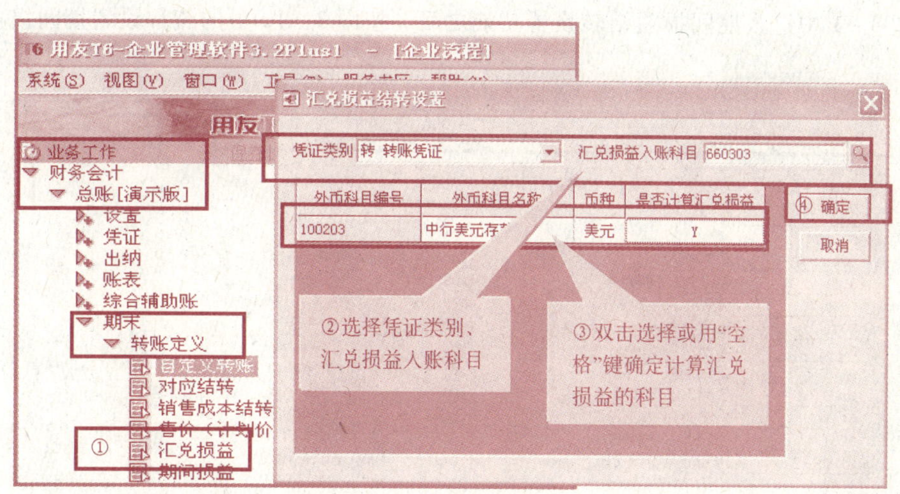

图3-9 汇兑损益结转设置

汇兑损益入账科目不能是辅助账目或有数量外币。

六、期间损益结转设置

期间损益结转设置用于在一个会计期间终了时，将各损益类账户的余额根据其性质的不同结转至“本年利润”账户的借方或贷方，以及时核算本月实现的净利润或净亏损。

知识链接

损益类账户根据性质的不同，可分为收入类和支出类两大类。

损益类账户中的收入类账户主要包括主营业务收入、其他业务收入、投资收益、营业外收入等账户。这类账户期末结转前有贷方余额，至期末结转时，将从借方转至“本年利润”的贷方。

损益类账户中的支出类账户主要包括主营业务成本、营业税金及附加、其他业务成本、销售费用、管理费用、财务费用、营业外支出及所得税费用等账户。这类账户期末结转前有借方余额，至期末结转时，将从贷方转至“本年利润”账户的借方。

期末结转后，各损益类账户无余额。

操作任务

1 月 31 日，孙主管指导小赵实习期间损益结转设置的操作方法，要求：进行期间损益结转设置。

操作向导

进行期间损益结转设置→设置凭证类别、本年利润科目编码→确认设置。

在图 3－1 中进入期间损益结转设置功能之后，按图 3－10 中的流程设置期间损益结转。

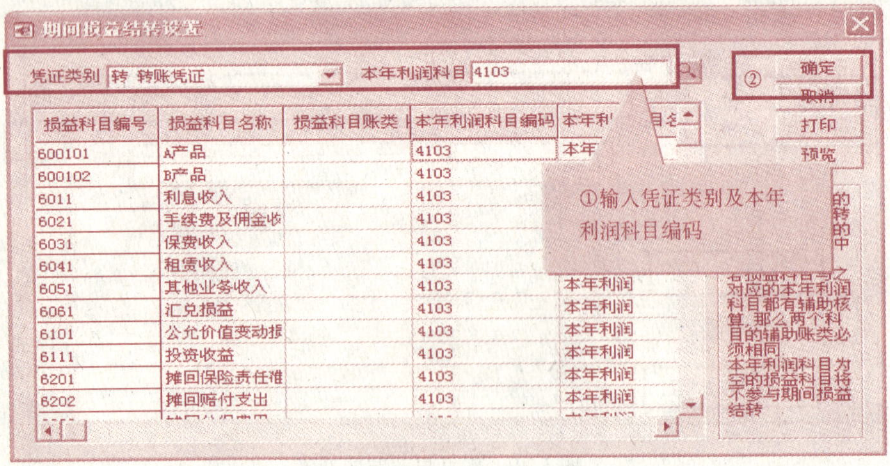

图 3－10　期间损益结转设置

第二节　转账生成

经过转账定义后，每月末只需执行转账生成功能，即可快速生成自动转账凭证，并将自动追加到未记账凭证中，从而实现期末自动转账。

操作任务

1月31日，王会计、孙主管、张审核共同指导小赵做以下转账生成操作：

1. 以王会计身份启动转账生成功能。
2. 生成计提折旧费的自定义转账凭证，并审核、记账。
3. 生成分配制造费用的自定义转账凭证，并审核、记账。
4. 生成结转完工产品成本的对应结转凭证，并审核、记账。
5. 生成结转销售成本的转账凭证，并审核、记账。
6. 认识售价（计划价）销售成本结转生成的方法。
7. 认识汇兑损益结转生成的方法。
8. 分别生成收入类账户及支出类账户结转至“本年利润”账户的转账凭证，并审核、记账。

操作向导

更换操作员为制单人→进入【期末】下【转账生成】→在“转账生成”界面选择要生成的转账凭证类型及具体凭证→单击【确定】生成转账凭证→依次更换操作员审核、记账。

1. 生成转账凭证并记账：转账凭证生成、审核、记账的顺序必须遵循会计业务的期末处理流程顺序。第一要生成生产环节成本费用的归集的凭证并记账（如材料成本差异的计提、工资及附加费的计提、固定资产折旧的计提等成本费用的归集）；第二要生成成本费用分配结转凭证并记账（如制造费用结转生产成本）；第三要生成完工产品成本计算结转的凭证并记账；第四再生成期间损益结转的凭证并记账。否则，同样会出现生成的自动结转凭证不完整或有误，甚至不能生成自动转账凭证的情况。

（1）进入“转账生成”界面→选择转账生成凭证类型，如⊙自定义转账，单击【确定】（见图3-11）。

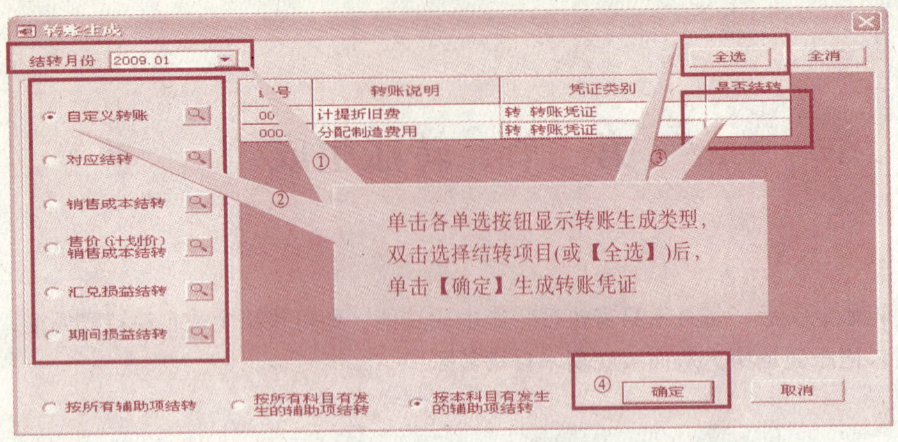

图 3－11　选择要生成凭证

（2）生成转账凭证，单击【保存】命令按钮，确认生成自动转账凭证（见图 3－12）。

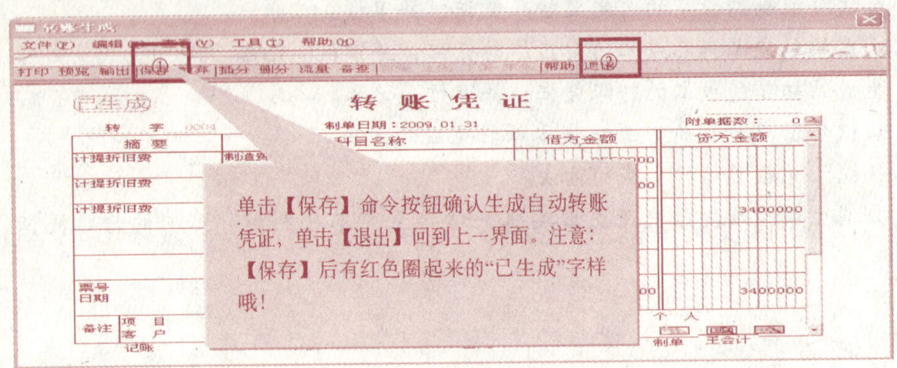

图 3－12　生成自动转账凭证（自定义）

（3）各类转账生成的自动凭证生成方法过程相同，分别见图 3－13 至图 3－23。

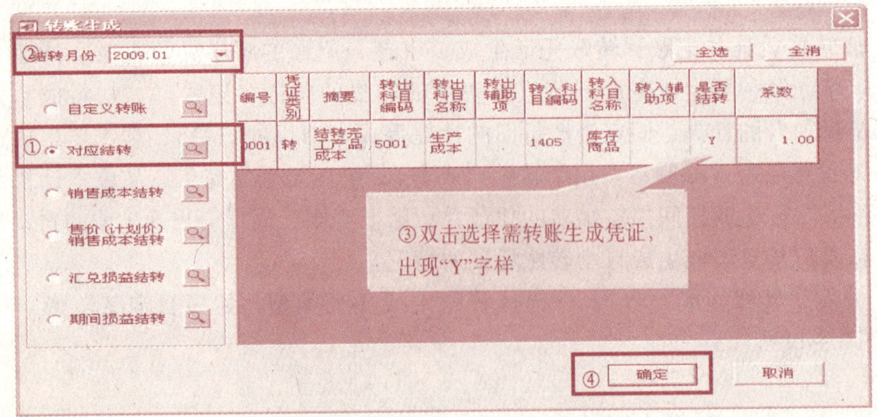

图 3－13　对应结转转账生成设置

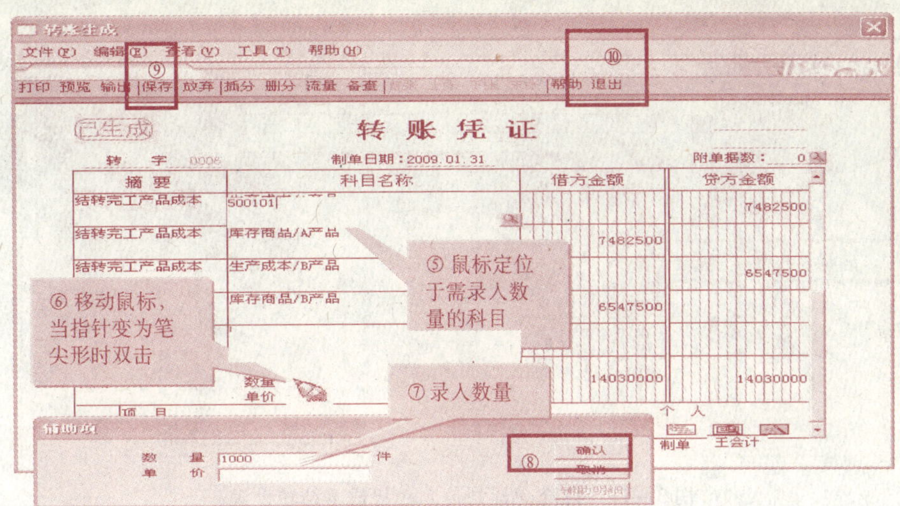

图 3－14 生成对应结转凭证

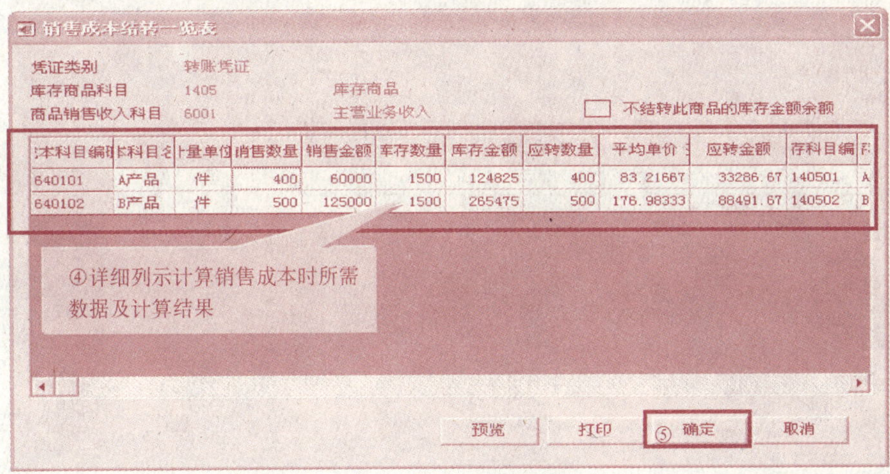

本科目编码	科目名	计量单位	销售数量	销售金额	库存数量	库存金额	应转数量	平均单价	应转金额	存科目编	存
640101	A产品	件	400	60000	1500	124825	400	83.21667	33286.67	140501	A
640102	B产品	件	500	125000	1500	265475	500	176.98333	88491.67	140502	B

图 3－15 销售成本结转一览表

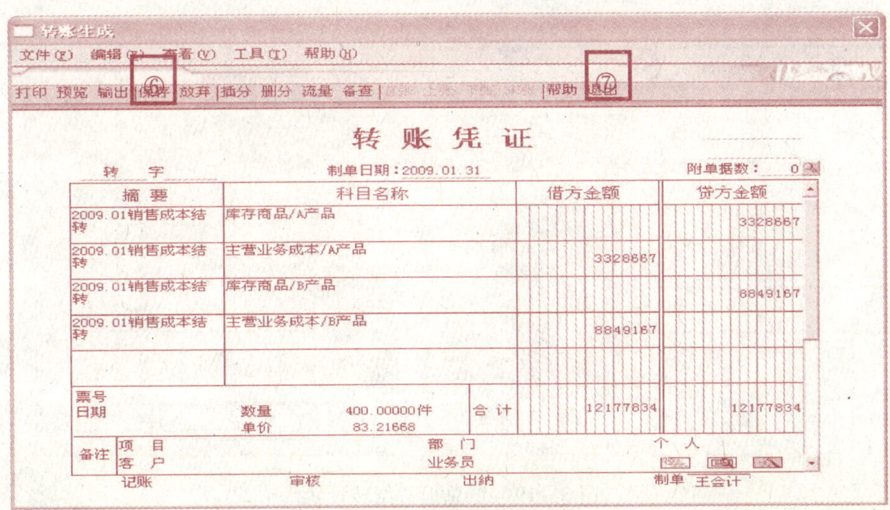

图 3－16 生成销售成本结转凭证

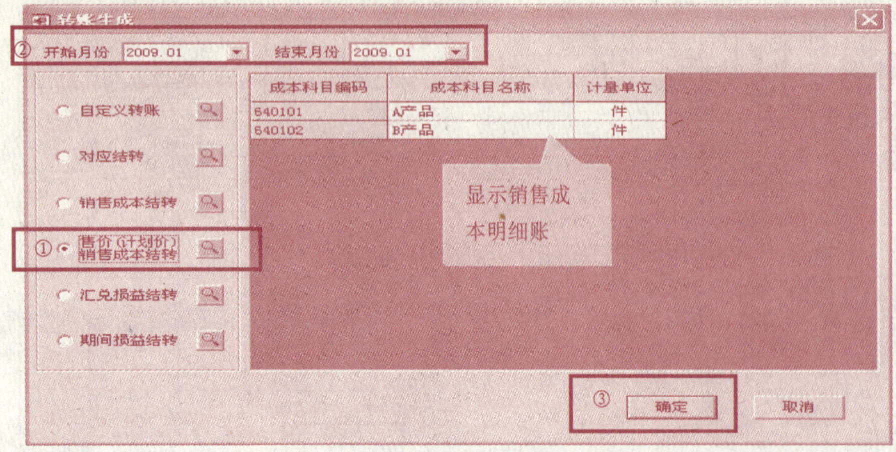

图 3－17　售价（计划价）销售成本结转设置

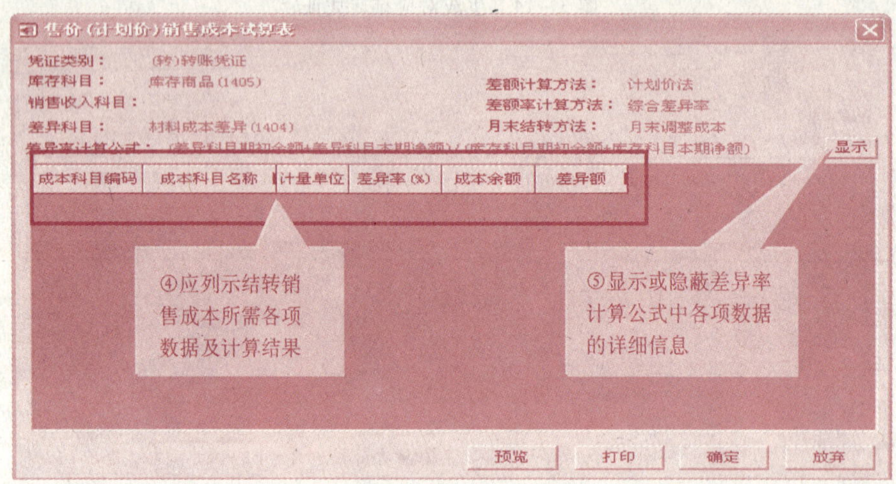

图 3－18　售价（计划价）销售成本试算表

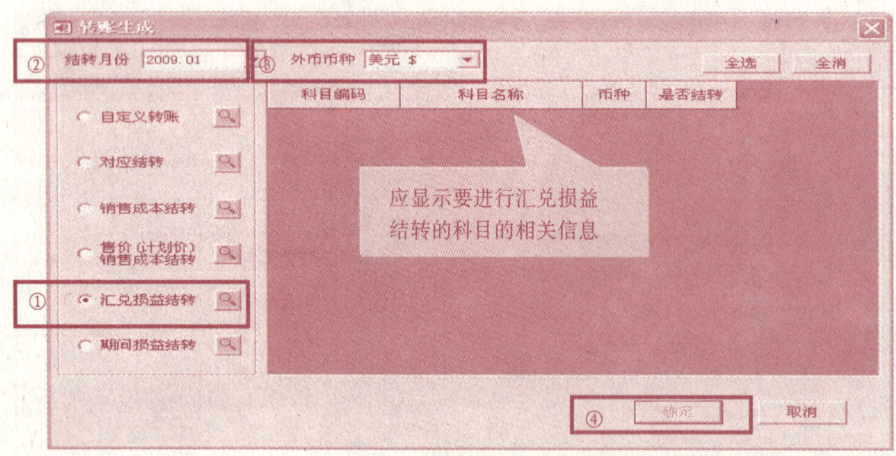

图 3－19　汇兑损益结转设置

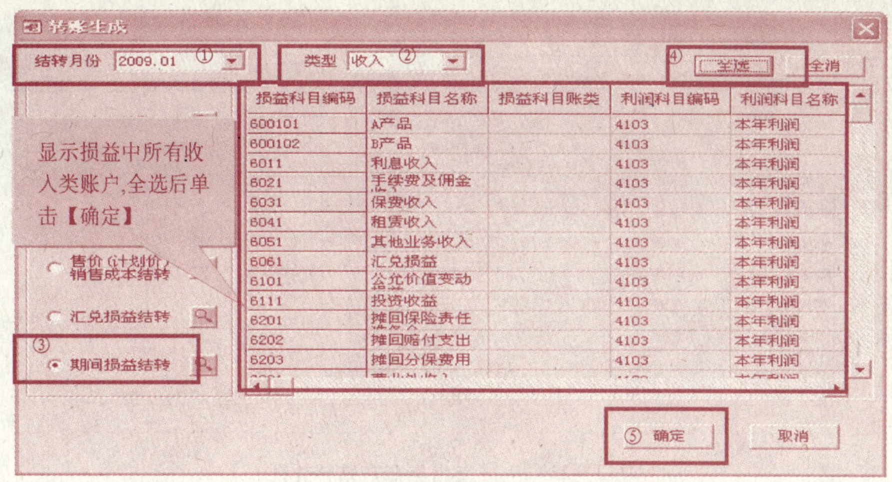

图 3－20　期间损益结转设置（收入类）

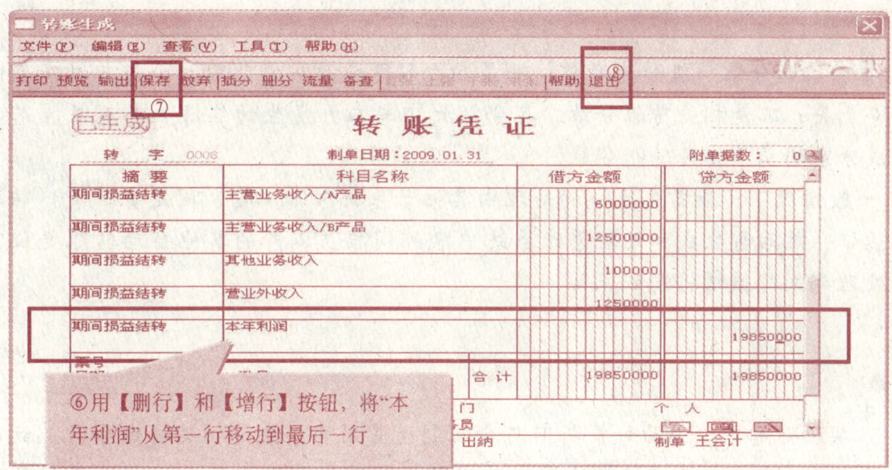

图 3－21　生成收入类账户结转凭证

2. 生成支出类账户结转凭证

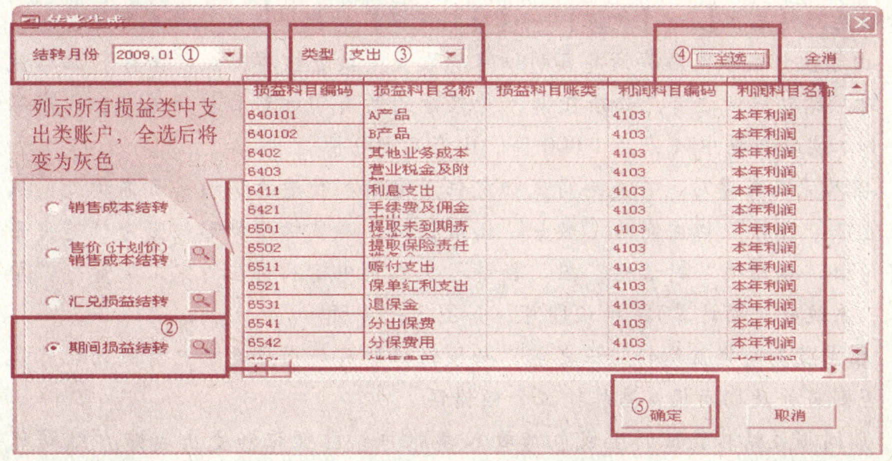

图 3－22　期间损益结转设置（支出类）

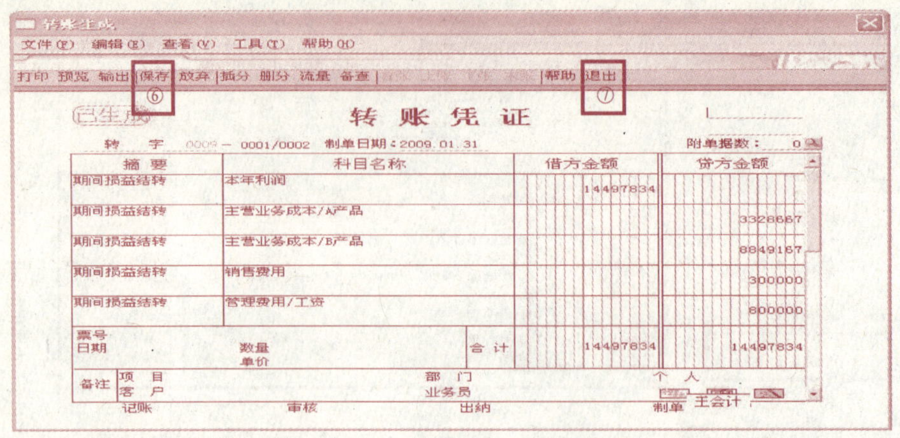

图 3-23 生成支出类账户结转凭证

知识链接

● 自动转账分录一般分为两类：一是独立转账分录，其金额大小与本月发生的任何经济业务无关；二是相关转账分录，其金额大小与本月发生的经济业务有关。本实验账转账生成分录均属于相关转账分录。

● 一般情况下，应首先生成和处理由其他子系统（如工资、固定资产等）转入总账系统的凭证，然后再生成和处理总账系统中除期间损益以外的其他自动转账凭证，最后生成和处理期间损益结转凭证。

教师点拨

● 本实验账套中，因为计提折旧与分配制造费用的分录是相关转账分录，故两笔自动转账分录必须先生成计提折旧的凭证并审核、记账后，再生成分配制造费用的凭证并进行审核、记账。

● 自动转账凭证保存并生成后，将不能在“转账生成”窗口中修改及删除，若有需要，必须返回【总账】→【凭证】→【填制凭证】功能中进行修改或删除。

● 由于生产成本与库存商品各明细账均设置了数量核算，故在保存“结转完工产品成本”对应结转凭证之前，必须在借、贷双方的所有明细科目中输入 A、B 产品的完工数量，如本实验数据中 A 产品 1 000 件、B 产品 500 件。

● 输入完工数量时，首先应将鼠标定位于需输入数量的明细科目名称处，然后移动鼠标至凭证“合计”栏左侧的“数量”附近区域，当鼠标指针形状变为“笔尖形”时双击，将弹出“辅助项”对话框，在“数量”文本框中输入对应的完工数量（“单价”不必输入，系统将自动计算），确认即可，如图 3-14 所示。

● 在生成期间损益结转凭证之前，必须保证所有与损益类账户有关的记账凭证已经记账，否则将导致期间损益结转凭证金额错误。

● 期间损益结转凭证的生成包括收入类账户结转凭证和支出类账户结转凭证的生成，这两张凭证从理论上来说可以合并为一张凭证，但在会计实务中，一般不合并这两张凭证。

- 由于收入类账户结转凭证和支出类账户结转凭证之间的金额相互独立，所以这两张凭证可以一起审核、记账。

常见问题

- 由于转账是按照已记账凭证的数据取数计算的，所以在进行月末转账工作之前，必须先将发生的所有经济业务填制记账凭证并审核、记账后才能做“生成转账凭证”的操作，否则，生成的转账凭证数据可能不完整或有误，甚至无法生成转账凭证。
- 在生成凭证时出现如图 3－24 所示的对话框，如果属于独立转账分录，选择【是】，系统将自动生成转账凭证；若属于相关转账分录则应选择【否】，先将未记账凭证记账后，再返回本功能进行自动转账生成，如日常业务分录未记账。

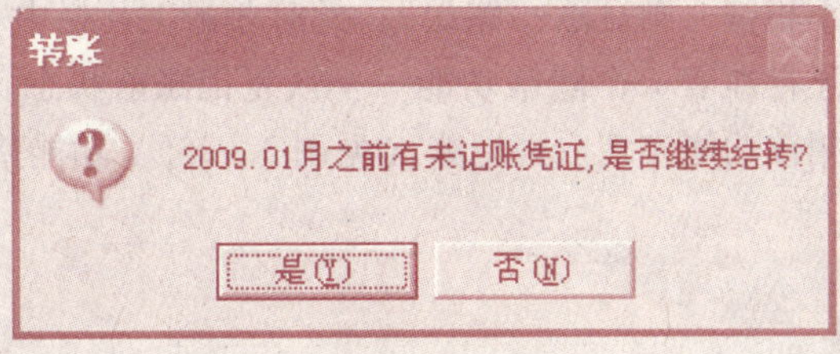

图 3－24

想想试试

- 若将收入类账户结转凭证和支出类结转凭证合为一张凭证，如何进行期间损益结转生成？

第三节　对　　账

对账用于将各类账簿的数据进行核对，以检查记账是否正确以及账簿是否平衡。其主要通过核对总账与明细账、总账与日记账、总账与辅助账数据来完成账账核对，由系统自动完成。

在会计电算化软件中，只要记账凭证录入正确，其余的记账等环节都是由计算机系统自动进行，各种账簿的数据应当是正确且自动保持平衡的；但由于非法操作、计算机病毒以及其他原因，有时可能会造成某些数据被破坏，因而引起账账不符。所以，在期末结账前，至少使用一次试算平衡和对账功能，以保证账证相符、账账相符。对账可多次执行。

操作任务

1 月 31 日，孙主管指导小赵实习对账及试算平衡功能的使用方法，要求：

1. 在 1 月末执行对账。
2. 对 1 月进行期末试算平衡。

操作向导

启动对账功能→选择对账月份→选择对账内容→对账→试算平衡→退出。

一、对账

系统将开始自动对账，若对账结果账账相符，则在对账月份“对账结果”栏显示“正确”字样；若对账结果为账账不相符，则显示“错误”，此时单击工具栏中【错误】按钮可查看错误原因。在对账功能中，还存在着一个隐蔽功能——恢复记账前状态。当用户在记账完毕后，发现凭证中的错误可以使用该功能实现取消记账（见图 3 - 25）。功能使用已在第二章中介绍。

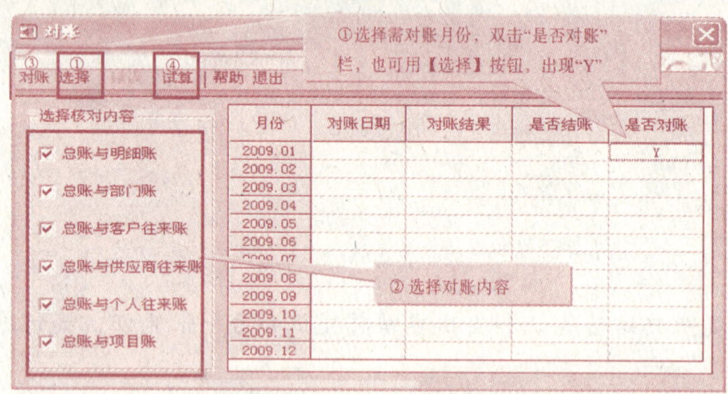

图 3 - 25 对账

二、试算平衡

通常在对账前应先进行试算平衡检验，则可在图 3 - 25 中按下④【试算】按钮，则出现试算平衡表，如图 3 - 26 所示。

图 3 - 26 期末余额试算平衡报告 1

想想试试

比较分析图 3－26 和图 3－27 两个试算平衡报告，说说图 3－27 中本月可能存在哪些未完成的期末转账业务？

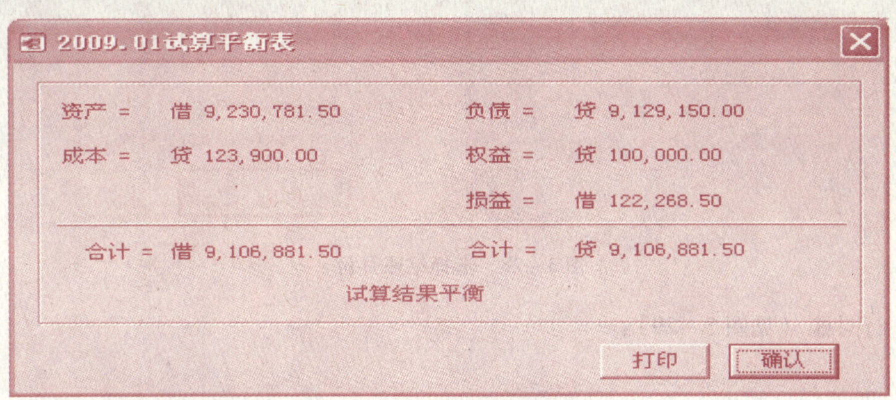

图 3－27 分析试算平衡报告 2

第四节 结 账

在会计实务中，当会计人员完成本月全部经济业务的填制凭证、审核凭证、记账并生成会计报表并经检验正确后，便可使用本功能进行月末结账。

月末结账的意义是结束当月记账凭证的输入，将日记账、明细账和总账的数据进行汇算结清，并将当月月末余额结转至下月初，作为下月的月初余额。经过结账后产生的报表和打印的账簿才是完整的。

一、期末结账

操作任务

进行 1 月份的结账（期末结账与记账、对账等相似，无难度，由学生尝试自己解决）。

结账后，自行尝试在 1 月份任意填制一张凭证，观察出现的提示信息。

操作向导

进入【期末】→【结账】启动结账功能→按照结账向导指示完成结账。

1. 选择要结账的月份（见图 3－28）。

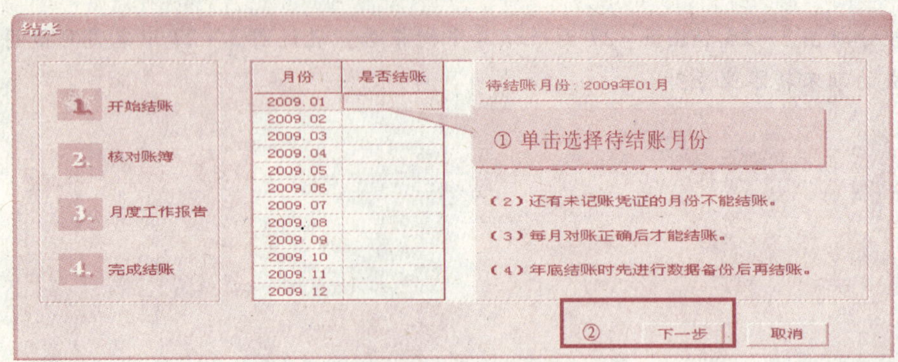

图 3－28　选择结账月份

2. 进行对账（见图 3－29）。

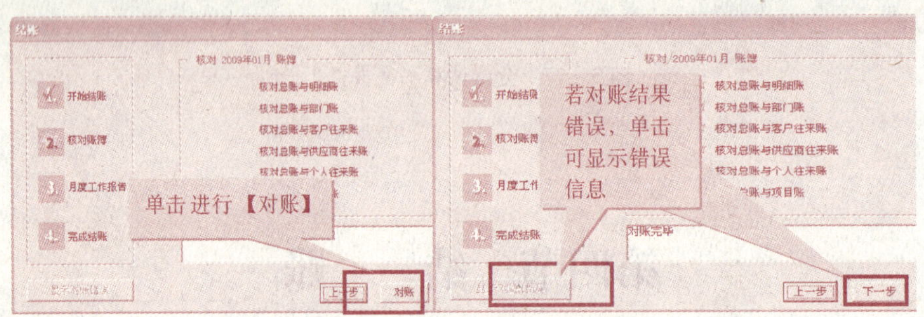

图 3－29　对账

3. 生成数据工作报告，反映数据平衡关系（见图 3－30）。

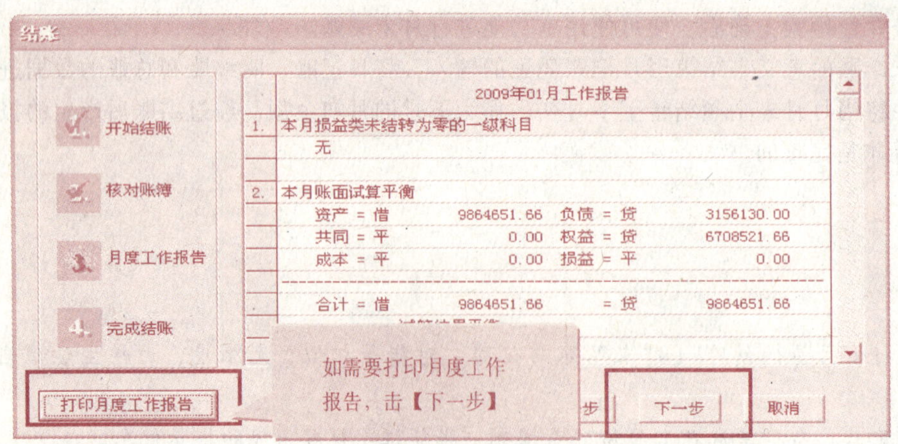

图 3－30　生成月度工作报告

4. 完成结账（见图 3－31）。

图 3－31　结账、完成结账

若出现“××年×月未通过工作检查，不可以结账!”提示信息，系统不予结账。

教师点拨

系统对结账工作的特别要求：

- 为确保会计数据安全和完整，在结账前，必须对账套数据进行备份。
- 结账只能每月进行一次，且必须按月结账，不能跳月结账。
- 已结账的月份不能再填制凭证。
- 本月有未记账凭证时，则本月不能结账。
- 上月未结账，则本月不能记账和结账，但可以填制凭证和审核凭证。
- 若总账与明细账对账不符，则不能结账。
- 总账之外的其他子系统未结账时，则总账系统不能结账。

想想试试

1. 若在已结账月份填制一张该月份的凭证，将会出现什么情况？
2. 分析图 3－32 中月度工作报告，说说企业本月能否结账？并说明原因。

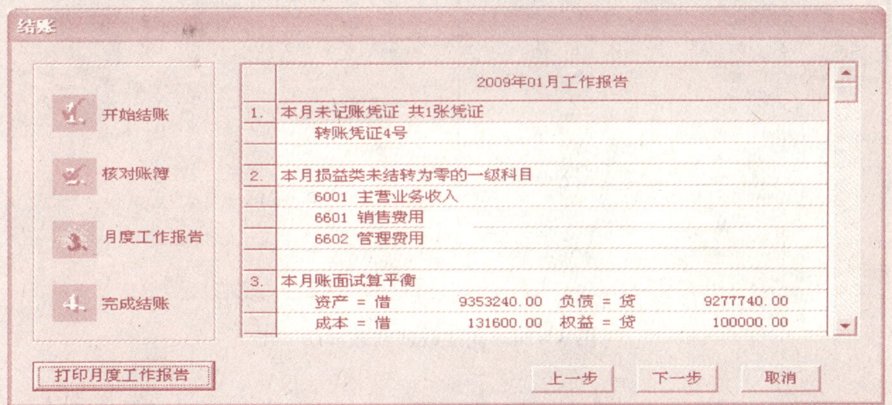

图 3－32　分析月度工作报告

二、取消结账

系统在进行月末结账后，若用户需取消结账，使系统恢复到未结账前的状态，则需通过系统提供的取消结账功能来实现。

操作任务

1 月 31 日，孙主管引导小赵回忆曾经学习过的取消记账操作并进行知识迁移，自主尝试取消 1 月份结账操作。

操作向导

以账套主管身份注册进入【期末】下【结账】→选择需取消结账月份→按【Ctrl】+【Shift】+【F6】组合键→输入账主管口令→取消结账。

启动“结账”功能，选择要取消的结账月份（见图 3－33、图 3－34）。

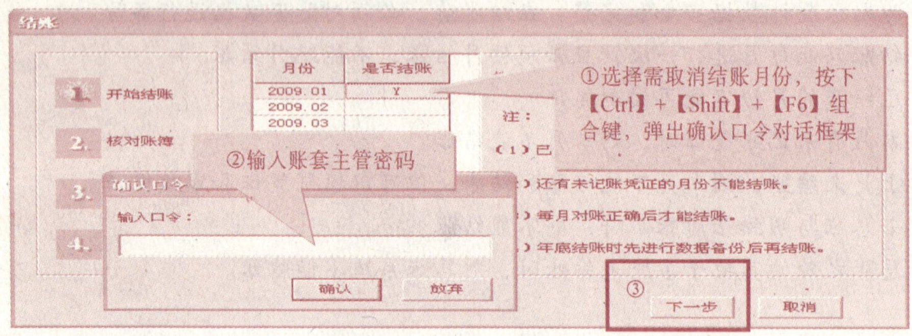

图 3－33　取消结账操作

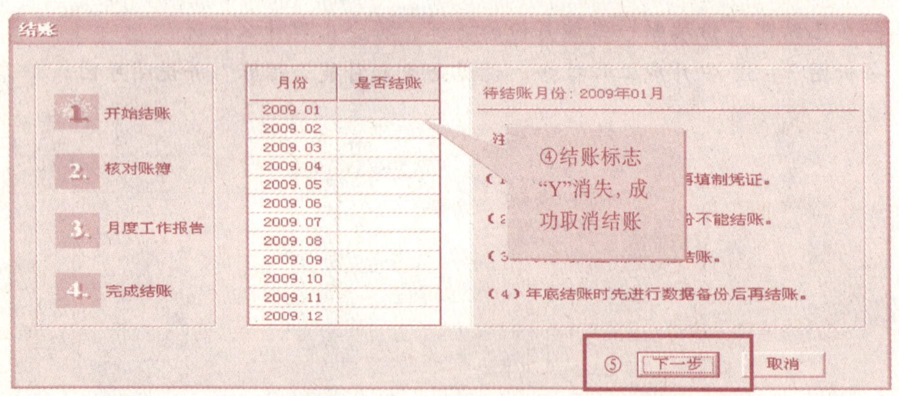

图 3－34　完成取消结账操作

教师点拨

取消结账后，各种账簿记录恢复到未结账状态，用户可继续填制本月凭证，也可利用第二章中讲到的“倒退法”依次取消记账、审核、出纳签字，对记账凭证进行修改、删除。

常见问题

问：有的自动转账凭证生成后，为何无法保存？

答：主要有四个原因：一是凭证类别有误；二是凭证中出现有借无贷或有贷无借的情况，一般是因为用户在定义金额公式时，把转账分录都定义成同借或贷方向的错误；三是制单时间不序时，期末转账凭证的制单时间一般应在月末，若以月中时间登录“企业门户”、生成转账凭证时，会出现制单不序时错误；四是凭证中存在涉及辅助核算的科目，但在定义金额公式时未定义辅助项内容。其中，出现以上第一、三、四类情况时，均可以在转账生成凭证时，直接修改后再保存凭证；而第二类情况需要放弃当前转账凭证，返回【转账定义】功能中，修改金额公式中的错误，再重新生成自动转账凭证。

问：在生成转账凭证时，若出现“××年×月之前有未记账凭证，是否继续结转?”提示信息，应该如何应对?

答：一般应选择“否”，在【填制凭证】或【查询凭证】中检查未记账凭证，分析未记账凭证与当前需生成的转账凭证的金额之间是否有关联，如有，则应该先将未记账凭证记账后，再生成下一张转账凭证。例如，在结转完工产品成本时，出现以上提示信息，若经检查前一张转账凭证是结转制造费用，则不能继续结转，因为产品生产成本项目中包括期末分配转入的制造费用，若结转制造费用的转账凭证未记账，则在结转完工产品成本时就无法取到制造费用分配转入的金额，导致产品成本偏低，因此两张凭证的金额有关联。若二者的金额之间没有关联，则可选择“是”，继续生成转账凭证。

问：在月末结账前，哪些账户不能有余额，为什么?

答：一是损益类账户。损益类账户有期末余额，将导致本期编制的资产负债表无法满足“资产=负债+所有者权益”这一会计恒等式。其原因是损益类账户余额无法纳入资产负债表项目，只有将损益类账户余额转入“本年利润”账户后，才能将本期净损益纳入资产负债表的“未分配利润”项目中。

二是“制造费用”账户。因为这个科目不属于资产负债表项目，若不将其余额分配转入属于“存货”项目的“生产成本”账户，使该账户余额为零，最终将导致资产负债表不平衡。

三是“本年利润”账户。这个账户在1-11月的余额表示本年累计净利润或累计净亏损，但在年末应将其余额转入“利润分配——未分配利润”账户，结转后该账户无余额。

问：在进行销售成本结转时，为何无法正常定义结转?

答：出现这种情况时，可能是因为库存商品、主营业务收入和主营业务成本三个科目的明细科目结构不一致，只有明细科目名称、辅助类型一致且都设置了数量核算，才能进行结转。

教学小结

- 在处理期末转账业务时，最为关键的是期末转账凭证的生成与记账顺序，因为期末转账业务的数据来源是记账后的记账凭证文件，如果生成和记账顺序错误，将无法取到正确的金额，甚至无法取到金额。一般来说，生成期末转账凭证时，需要分析当前处理转账凭证中金额公式是否与之前的凭证有关联，若有关联，之前的凭证必须记账后，才能生成当前转账凭证；若无关联，则之前凭证记账与否都不影响当前转账凭证的金额。
- 总账系统期末业务的操作流程可总结如图 3－35 所示。

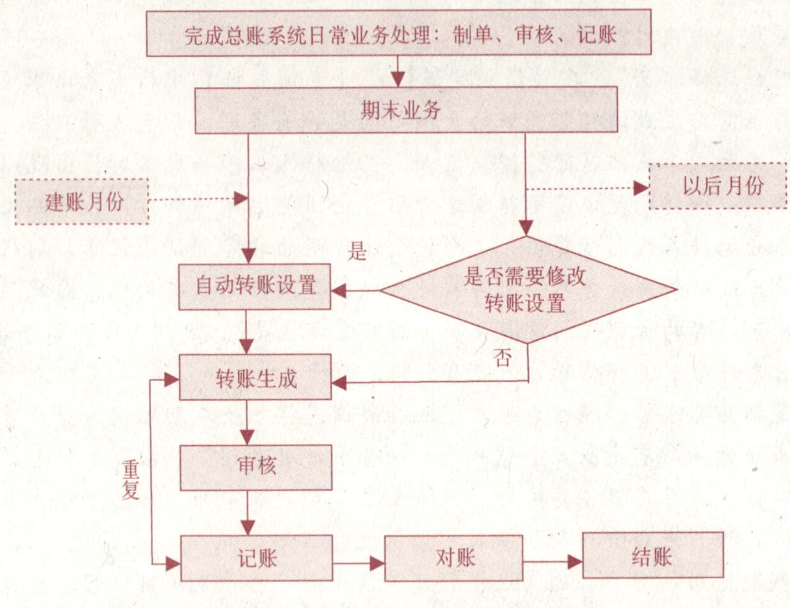

图 3－35　总账系统期末业务操作流程

第4章 总账系统管理及初始化

学习目标

- ☐ 掌握账套的启动
- ☐ 掌握部门、职员、客户、供应商、会计科目、凭证类型、结算方式、项目核算等初始化设置
- ☐ 培养电算化会计的思维，养成自主学习、自主探究、自主解决问题的能力

课前导读

● “系统管理”是整个电算化会计工作的起点，新用户只有创建了账套才能进行日常会计处理，老用户只有设置了跨月、跨年转换才能继续新会计期间的业务处理。

● “初始化设置”是将手工账转化为计算机账的前提，前面两章中用到的相关数据资料就必须在此进行设置、定义和输入。初始化设置科学、合理、正确，是实现会计电算化的重要基础。

● 本章内容包括系统管理和初始化设置两部分。需要完成的任务包括：在使用电算化的第一个月创建新账套和以后进行数据备份、恢复及转换等系统维护工作；将手工会计中的账套基本信息和部门、职员、往来单位、会计科目、凭证类别、结算方式、外币、项目、业务等基础档案设置输入转化为电算化系统信息。

实习情景

小赵初步实习了总账系统“日常账务处理”和“期末处理”业务后，对使用财务软件进行会计处理有了初步认识，对会计电算化软件的应用思路养成也有了一定的积累，已具备了学习实践总账“系统管理”及“初始化设置”工作的思维和认知条件。系统刘管理员开始指导她进行总账“系统管理”实践，建立了账套号为001、账套单位为演示账套的新账套，并在孙主管指导下进行总账“系统初始化设置”学习和实践，设置部门机构、职员、地区、客户、供应商信息、结算方式、凭证类别、会计科目，定义项目目录，录入期初余额。

第一节　系统管理

一、系统管理的功能

“系统管理”是各模块系统运行的基础，为各模块系统提供或配置公共账套、年度账和相关操作环境、操作人员。此模块不配置，其他模块将无法使用。“系统管理”的功能主要包括建立新账套、修改账套、账套引入和输出，建立年度账套、清空年度账套、年度账套的引入和输出，用户的增加、角色及权限配置。

二、系统管理的操作

（一）建立新账套

首次使用电算化系统进行会计核算的单位必须建立一个新账套来管理单位的会计账。

操作任务

1月1日，小赵在系统管理员的指导下进行“系统管理”的实践。

1. 增加用户、设置用户角色：孙主管、王会计、李出纳、张审核，孙主管设置为账套主管、财务总监、财务主管、会计主管角色。

2. 建立新账套：

（1）账套信息：账套号为“001”，账套名称为“教学演示账套”，会计启用期为“2009年月1月”，会计期间为“2009年1月1日至12月31日”。

（2）单位信息：单位名称为“教学演示公司”。

（3）核算类型：本位币为“人民币（RMB）”，企业类型为“工业”，行业性质为“2007年新会计制度科目”，账套主管为“孙主管”，按行业性质预置科目。

（4）基础信息：对存货、客户、供应商分类，无外币核算。

（5）分类编码方案：设置科目编码级次为“42222”，客户和供应商分类编码级次为“233”，部门编码为“12”，地区编码为“22”，其他为默认设置。

（6）数据精度：均为默认值。

3. 设置操作员权限：

- 孙主管：拥有账套全部权限。
- 王会计：具有总账下的凭证处理的所有权限、查询凭证、打印凭证、科目汇总的所有权限、摘要汇总表、现金流量凭证查询、记账、常用凭证、凭证复制、账表和综合辅助账的所有权限、期末转账生成的所有权限。
- 李出纳：具有总账下的出纳签字、查询凭证、出纳的所有权限。
- 张审核：具有总账下的凭证审核、查询凭证、记账、对账、结账权限。

操作向导

● 启动“系统管理”→以系统管理员 Admin 身份登录→增加用户、设置用户角色→新建账套→启用总账系统→设置用户权限。

1. 启动“系统管理”。单击【开始】菜单下的【程序】或【所有程序】下的【用友T6－企业管理软件】下的【系统服务】下的【系统管理】启动“系统管理”，如图 4－1、4－2所示。

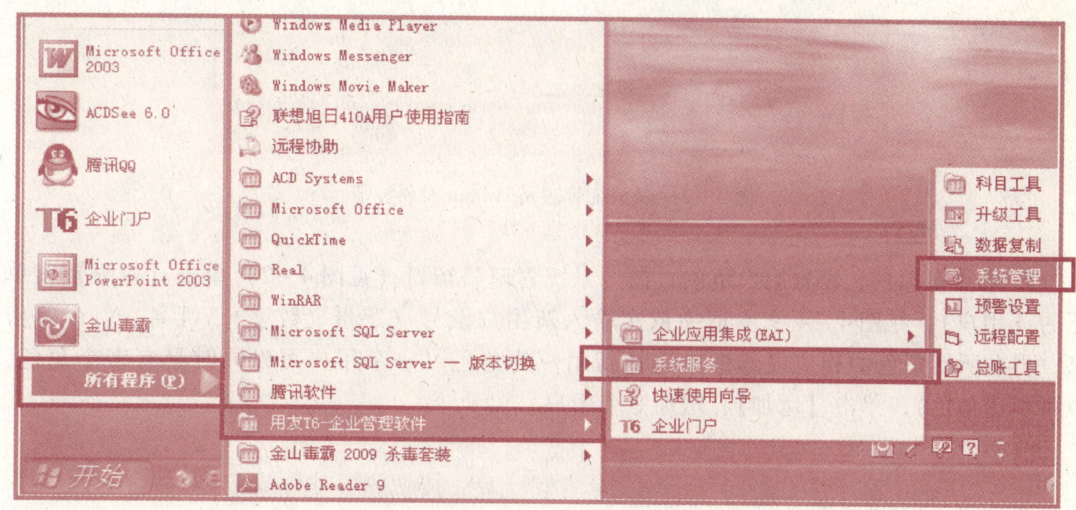

图 4－1　启动系统管理

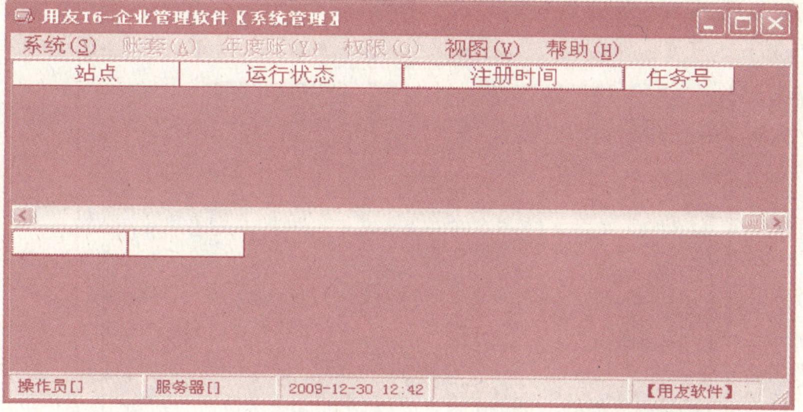

图 4－2　系统管理

2. 以系统管理员（Admin）身份登录“系统管理”。在“系统管理”窗口单击【系统】菜单下的【注册】，以系统管理员 Admin 身份登录“系统管理”，系统管理员初始密码为空（以后系统管理员 Admin 可以随时单击“□改密码”打“√”后修改 Admin 密码），单击【确定】命令按钮，返回“系统管理”窗口（见图 4－3）。

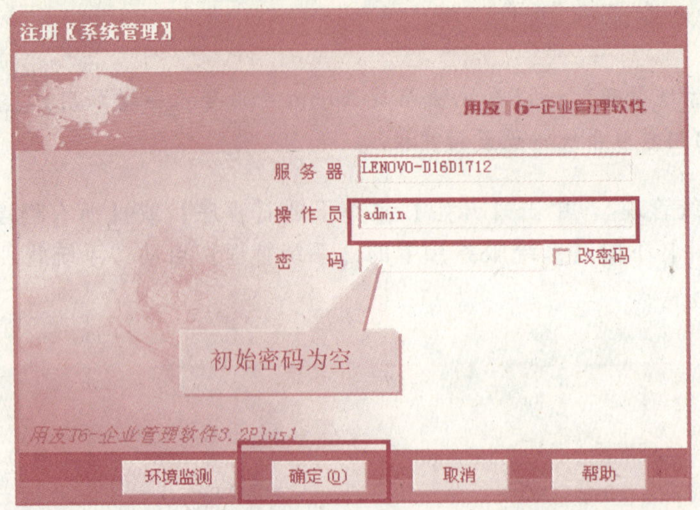

图 4-3 以系统管理员 Admin 身份注册

3. 增加新用户、设置用户角色。在“系统管理”窗口（见图 4-2）单击【权限】菜单下的【用户】，在图 4-4 文本框中依次输入新用户编号（字母、数字）、姓名、口令等信息，再在所属角色的相应复选框中选择新用户的角色（一个用户可以同时具有多个角色，也可不选角色），单击【增加】，增加一个用户。

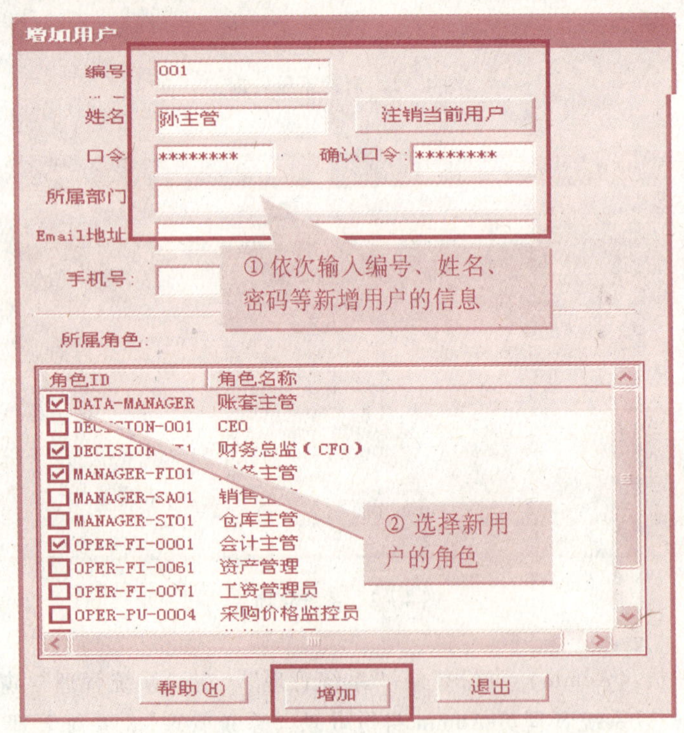

图 4-4 增加操作员（用户）及角色

知识链接

- 角色是指在企业管理中拥有某类职能的岗位的统称，如实际工作中最常见的会计和出纳两个角色。
- 角色分工管理的目的是为了加强企业内部控制中权限的管理，好处是方便控制操作员权限，可以依据职能统一进行权限划分。
- 设置角色后，可以定义角色的权限，如果用户归属某一角色，则相应具有该角色的全部权限。
- 一个角色可以有多个用户，一个用户也可以拥有多个角色。
- 当一个用户的权限很少时，可不实行角色管理。

4. 建立并启用新账套。

（1）在“系统管理”窗口（见图 4－2）单击【账套】菜单下的【建立】，依次输入账套号、账套名称，选入账套路径（可使用默认，也可指定路径）及启用会计期间等信息，单击【下一步】（见图 4－5）。

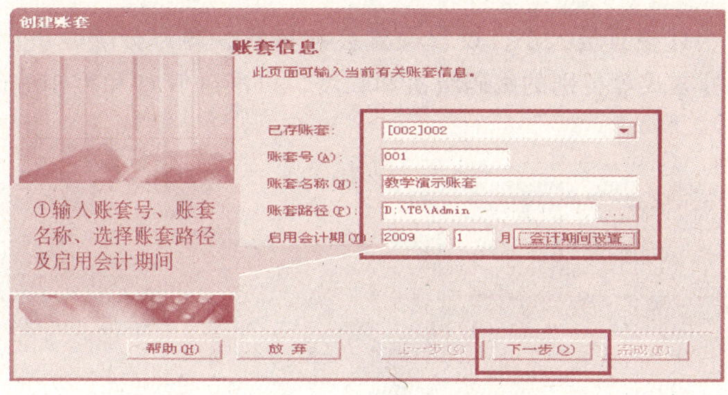

图 4－5　建新账套（账套信息）

（2）输入单位名称、简称、地址等信息后，单击【下一步】。再依次输入或选入本位币、企业类型、行业性质、账套主管，打“√”按行业性质预置科目等信息，单击【下一步】（见图 4－6）。

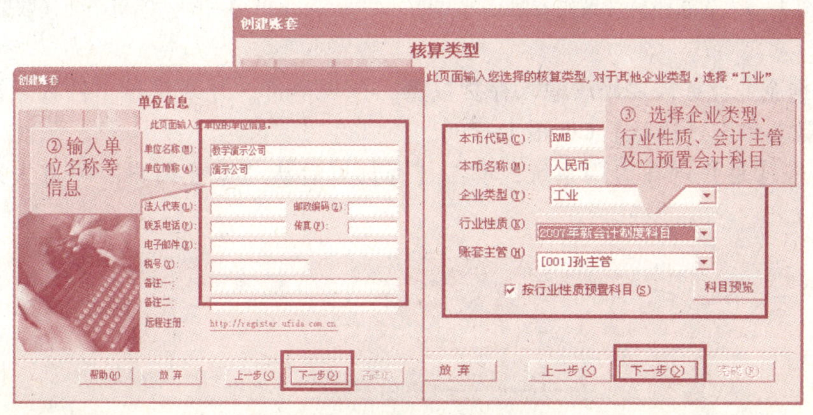

图 4－6　建新账套（单位信息）

（3）根据单位经济业务大小，选择存货、客户、供应商是否分类，打“√”分类，否则不分类；根据单位是否有外币业务，选择有无外币核算，打“√”有，否则无。单击【完成】（见图4-7），并创建账套（见图4-8）。

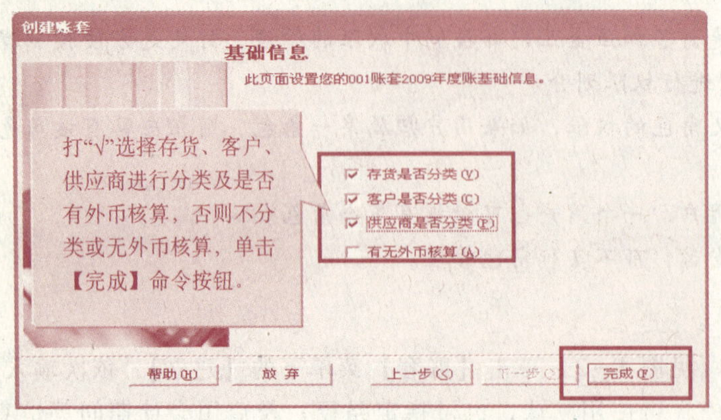

图4-7　建新账套（基础信息）

图4-8　确认建账

（4）根据单位会计核算量大小，设置设置会计科目、客户分类、供应商分类、存货分类、地区分类、结算方式等类别的编码级次和长度，以准确管理和控制编码。单击【保存】（见图4-9）。

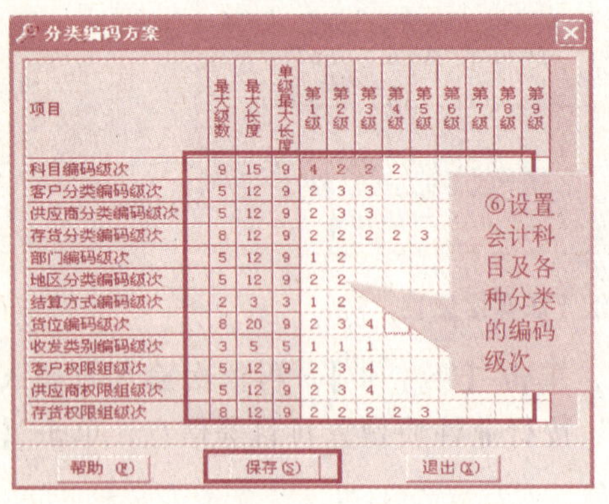

项目	最大级数	最大长度	单级最大长度	第1级	第2级	第3级	第4级	第5级	第6级	第7级	第8级	第9级
科目编码级次	9	15	9	4	2	2	2					
客户分类编码级次	5	12	9	2	3	3						
供应商分类编码级次	5	12	9	2	3	3						
存货分类编码级次	8	12	9	2	2	2	2	3				
部门编码级次	5	12	9	1	2							
地区分类编码级次	5	12	9	2	2							
结算方式编码级次	2	3	3	1	2							
货位编码级次	8	20	9	2	3	4						
收发类别编码级次	3	5	5	1	1	1						
客户权限组级次	5	12	9	2	3	4						
供应商权限组级次	5	12	9	2	3	4						
存货权限组级次	8	12	9	2	2	2	2	3				

图4-9　建新账套（编码方案）

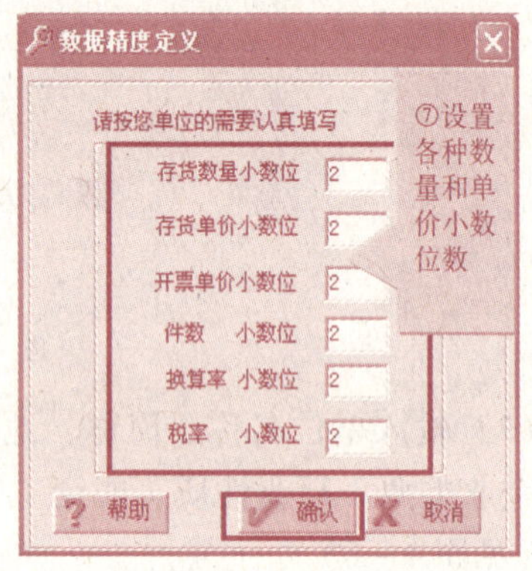

图4-10　建新账套（数据精度）

（5）根据企业业务需要修改输入存货数量、存货单价、开票单价、件数、换算率及税率的小数位数。单击【确认】（见图4-10）。

（6）单击【是】现在启用系统，单击【否】以后从“企业门户”中进入系统再启用（见图4-11）。

图4-11　进入启用账套

（7）选择要启用的系统模块，如“总账”系统、“应收”系统、“应付”系统等（见图 4－12）。在弹出的对话框中选择系统启用的时间后确认，即完成了系统启用（见图 4－13）。

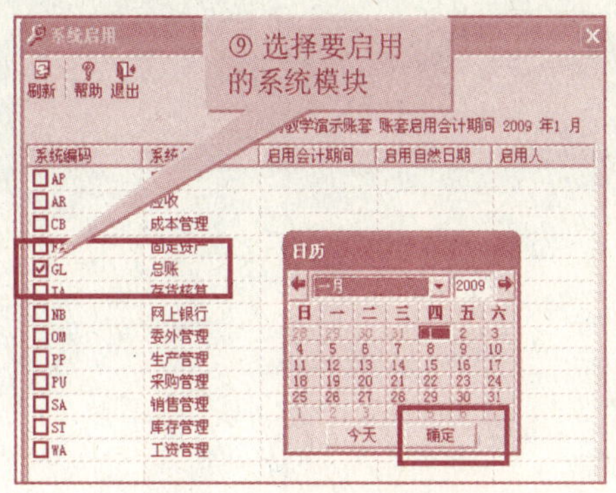

图 4－12　启用系统模块账套

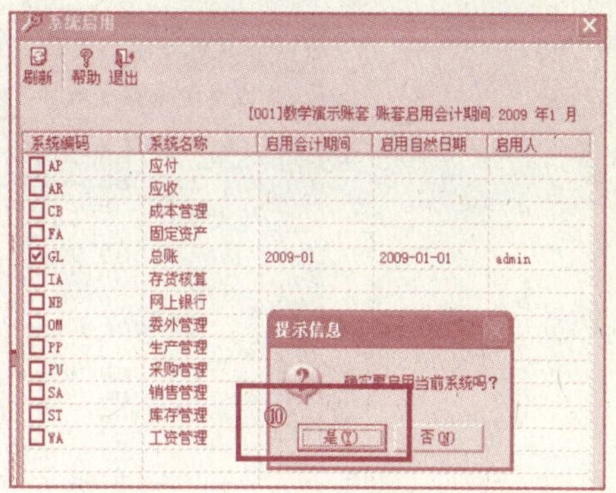

图 4－13　确认启用系统

想想试试

1. 在总账系统启用时是否可同时启用应收、应付系统？
2. 在什么情况下可启用应收、应付系统？
3. 以后每个月是否都要建立新账套？

教师点拨

- 由于本章是总账系统的创建，而且应收、应付业务通过“总账”系统核算，所以只启用“总账”系统。
- 如果此处设置错误，可在以后进入“企业门户”下的“系统启用”界面时再作调整。
- 特别要注意的是：只有使用会计电算化的第一个月需要建账。

5. 设置操作员权限。

（1）在系统管理窗口单击【权限】菜单下的【权限】，在账套处选择要设置操作员权限的账套及建账年度，在操作员列表中选择要设置权限的操作员，单击【修改】（见图 4－14）。

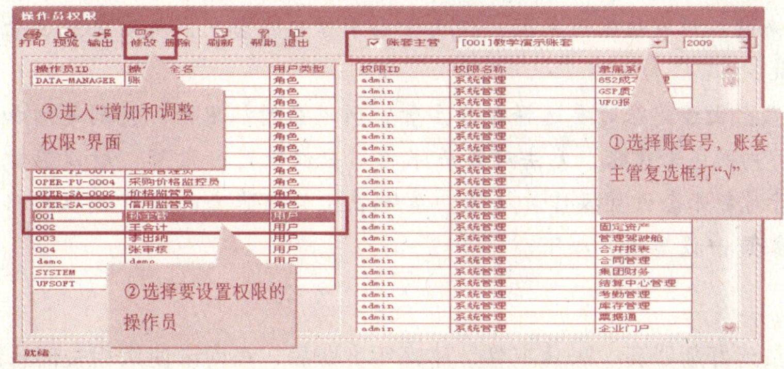

图 4－14　进入操作员权限界面

（2）在“增加的调整权限”界面中，根据不同用户选择相应的权限后，单击【确定】，完成一个用户权限设置（见图 4－15）。

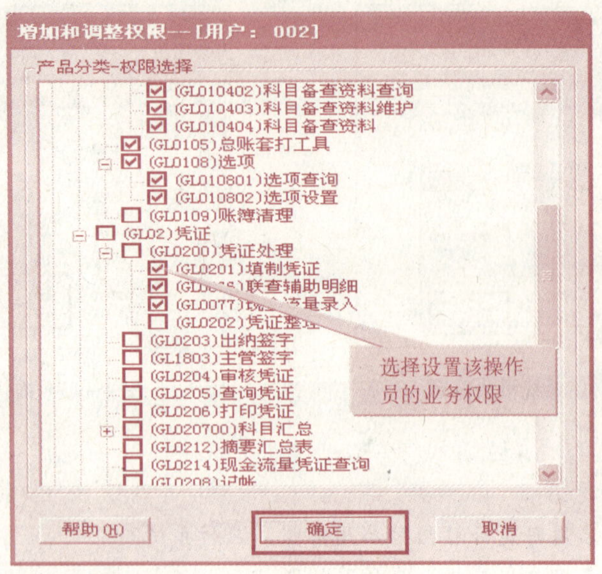

图 4－15　设置操作员权限

（3）依次设置其他用户权限。

想想试试

1. 为什么要先增加用户，再建账？
2. 用户权限为什么不在用户增加后立即设置，而要等建账后才设置？

教师点拨

围绕系统管理环节“要做什么?”、“由谁来做?”、“如何做?”三个问题，引导同学建立起正确的思路：

- 要做什么：要建立新账套。进入建账套界面的思路：建账属于电算化系统操作→所以要进入“系统管理”环境才能进行操作。
- 由谁来做：谁有权限谁来做。但由于尚未建起账套来，所以只能由管理系统的系统管理员来做。
- 如何做：由于建账时要选择账套主管，所以先增加用户，特别是增加账套主管用户；增加完用户因还未建账，无法对某套账的用户权限进行设置，所以应建账套；账套建好后，须针对新账套设置操作员权限。系统管理创建账套的操作过程思路：增加用户及角色→建账套 →设置用户权限。

（二）账套的修改

系统管理员建好新账套、账套主管、建完年度账后，在尚未使用相关信息的基础上，需要对某些账套信息进行调整时，可由账套主管进行修改。但只能修改以下信息：账套名称、单位信息、行业性质、账套分类信息、数据编码和数据精度等信息。

操作任务

1 月 1 日，小赵在核对建好的账套信息时发现有错误信息，如没有设置“外币核算”，于是她对账套的相关错误信息进行了局部修改。

操作向导

启动“系统管理”→以账套主管身份、选择需要修改的账套注册“系统管理”→单击【账套】菜单下的【修改】→修改账套信息。具体修改过程与建账相关环节信息的设置相同，按引导进行操作即可。

1. 启动系统管理。如前面建立新账套，不再重述。

2. 以账套主管身份登录“系统管理”。进入“系统管理”窗口后，输入账套主管的编号，选择要修改的账套和建账年度，单击【确定】，返回“系统管理”界面（见图 4－16）。

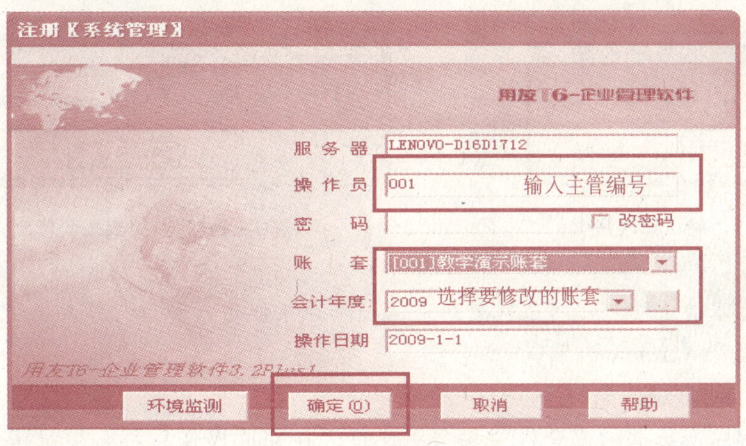

图 4－16 以主管身份进入

3. 进入【修改】界面。在“系统管理”中单击【账套】下的【修改】，进入修改界面（见图 4－17）。

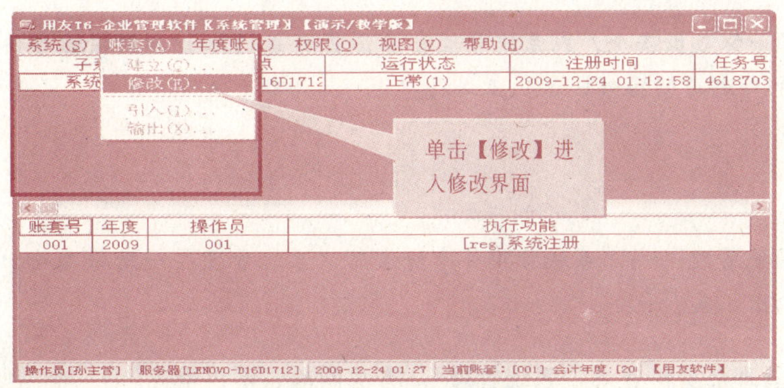

图 4－17 进入修改环境

4. 修改账套信息。

（1）在“修改账套”界面中，依次按引导对可以操作的账套信息依次进行修改，如账套名称、单位名称、行业性质等（见图4－18）。各步骤同建账时步骤，请参看建账。

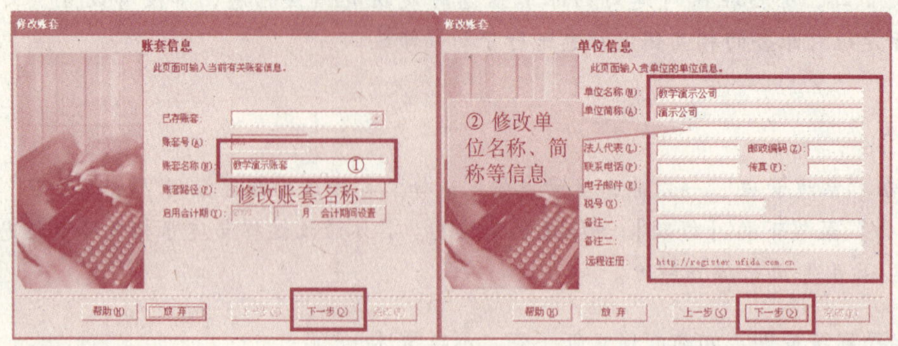

图4－18 修改信息

（2）修改完毕，单击【是】（见图4－19），单击【确定】完成修改（见图4－20）。

图4－19 确认修改账套

图4－20 完成账套修改

提示：只有账套主管可以对已建好账套的一部分未使用信息进行修改，但新账套的创建权只有系统管理员（Admin）才有。

（三）输出账套数据

为保证建好账套数据的安全性，每个用户每天在完成操作后都必须对账套数据进行备份，存放在除默认路径外的其他地方，以备系统出现故障或其他人为因素而导致数据丢失时，重新从备份盘上引入数据。

操作任务

小赵为了确保数据安全，以系统管理员身份将新建的账套分别输出备份到计算机硬盘（E:）上和外部存储器（U盘）上保存。

操作向导

启动“系统管理”→以系统管理员身份注册“系统管理”→选择要输出的账套→指定备份文件输出位置。

1. 以系统管理员身份登录“系统管理”。方法同前，不再重述。

2. 选择输出操作的账套及路径。在“系统管理”窗口，单击【账套】菜单下的【输出】，弹出“账套输出”对话框，选择要进行输出操作的账套（如果输出账套的同时需要删除系统中的账套时，同时打“√”选择“□删除当前输出账套”打☑），单击【确认】进入保存界面（见图 4－21）。在“选择备份目标”对话框中选择输出备份的文件要存放的盘符、路径位置，单击【确认】（见图 4－22）。

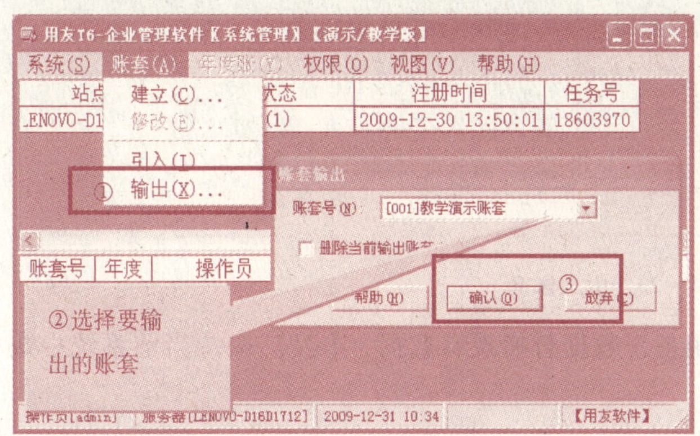

图 4－21　输出账套

图 4－22　输出账套

3. 指定备份文件输出的位置。

（四）引入账套数据

如果系统出现问题导致账套数据丢失或者操作出现错误，需要回到之前的数据操作状态时，可由系统管理员通过备份的账套数据重新引入系统。另外，也可用集团公司定期引入子公司的账套数据到母公司系统中，以便进行数据分析和合并。

操作任务

小赵上班打开计算机，发现系统启动不了，通过分析并咨询系统管理员后，认定是操作系统软件故障，需要重装操作系统和用友等应用软件。软件重装完毕后，原来的账套信息已不存在，需要通过备份数据把账套数据引入到系统中。

操作向导

启动“系统管理”→以系统管理员身份注册“系统管理”→选择要引入的账套数据文件。

1. 系统管理员在“系统管理”界面单击【账套】菜单下的【引入】，进入引入账套界面。选择要引入的账套数据备份文件存放的盘符路径及文件名，点击【打开】，把外部备份账套数据引入账套到系统中（见图 4－23）。

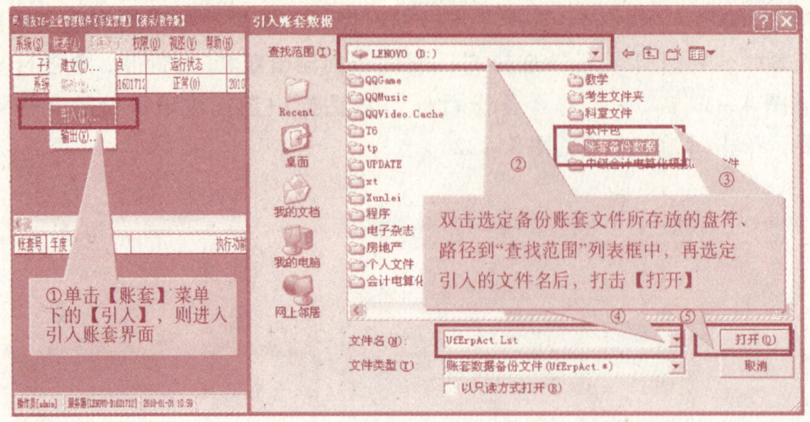

图 4－23　引入账套

2. 如果账套已存在，单击【是】，用备份数据替换现有数据，【否】保持当前系统中数据（见图 4－24）。

图 4－24　引入账套确认

想想试试

每个操作员进入是否都必须引入数据？都引入可能导致什么结果？

如果数据引入时出现图 4－24 所示提示，应该怎样处理？

（五）新年度账的建立和结转

在新会计年度初，使用建立新年度账是在已有上年度账的基础上，通过年度账建立，自动将上个年度账的基本档案信息结转到新年度账中。“建立”新年度账后，再通过“结转上年数据”，将上年度的余额等信息自动结转到新年度账中。

操作任务

新年度 1 月 1 日，小赵以主管身份登录系统管理，先执行“建立新年度账”操作，再执行“结转上年数据”操作，把上年度账套档案及余额等信息分别结转到新年度账中，完成了新年度账的初始化工作，即可开始新年度的日常账务处理。

操作向导

启动“系统管理”→以账套主管注册登录→建立下一年度账→结转上年数据→启用各相关系统→进行新年度操作。

1. 以账套主管身份登录系统管理。输入账套主管编号，进入系统管理界面，选择要建新年度账的账套及上年度时间，单击【确定】，以主管身份登录到上年度账，进入“系统管理”窗口（见图 4－25）。

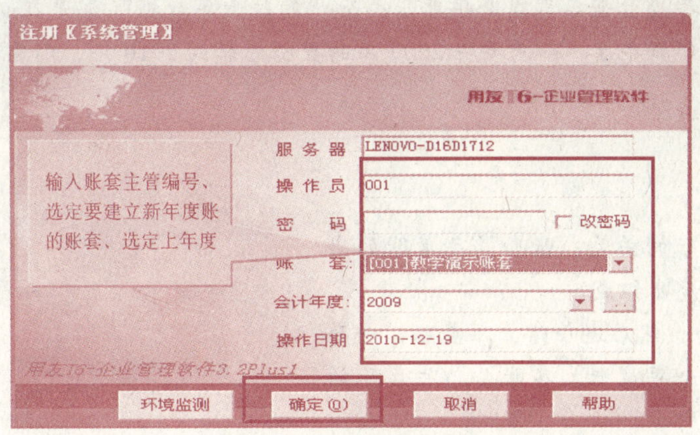

图 4－25　建新年度账注册

例如，到了 2010 年，需要建立 001 演示账套的 2010 年的新年度账，此时要通过该账套的 2009 年度账注册系统。

2. 建立新年度账。在“系统管理”界面单击【年度账】菜单下的【建立】，进入建立年度账界面（见图 4－26）。

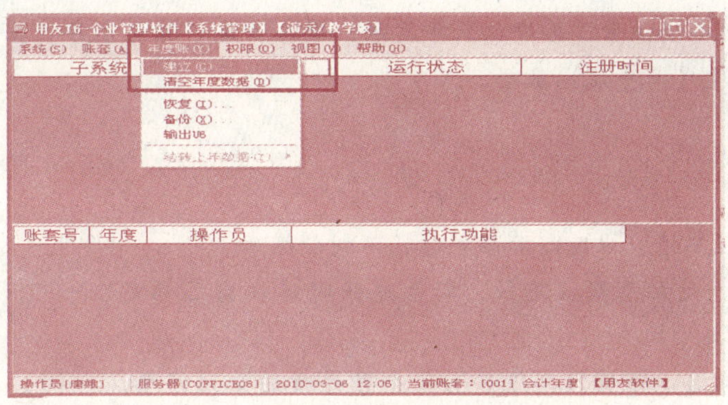

图 4－26　建新年度账

其中，“账套”和“会计年度”是系统默认的，不能进行修改；单击【确认】；单击【是】命令完成新年度账建立操作（见图 4－27、图 4－28）。

图 4－27　确认新年度账

图 4－28　建成新年度账

教师点拨

特别要注意：“结转上年数据”与“建立新年度账”的注册年度刚好相反，“建立新年度账”是在旧年度注册后再建新年度账；而“结转上年数据”则是在新年度注册后再把上年数据结转到新年度。如需要将2009年的数据结转到2010年，则需要以2010年注册进入。

知识链接

账套与年度账的关系：账套是年度账的上一级，账套由年度账组成。

- 先有账套，然后逐年建立年度账，一个账套可以拥有多个年度账。其账套与年度账的关系如图4－29所示。
- 拥有多个核算单位的用户，可拥有多个账套（最多可以拥有999个账套），每个核算单位一个账套。
- 只有具有主管权限的用户才能进行年度账的操作。
- 年度账的操作分两步：第一步是“建立新年度账”：以旧年度注册，再建立新年度账；第二步是“结转上年数据”：以新年度注册，再结转上年度（旧年度）数据。

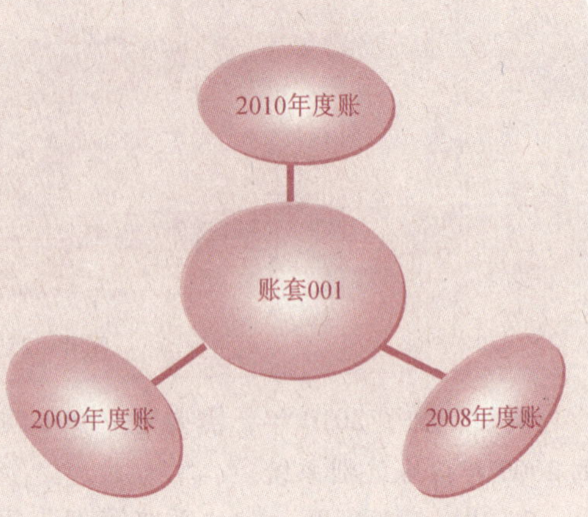

图4－29　账套与年度账关系

常见问题

问题1：路径不清，以致以后维护时找不到数据库。

处理办法：一是记清默认路径；二是建账时建在自己指定的路径下，如：D:\T6。

问题2：教学演示账使用期限只有3个月导致的系列问题，如账套数据过期等。

处理办法：利用系统管理中提供的“总账工具”处理。具体方法如下：

（1）选择“工具”选项卡。

（2）单击【总账工具】弹出“总账工具”窗口（见图4－30）。

（3）选择复制数据的数据源（备份数据恢复）。

（4）选择要复制的账套号、会计年度、主管等信息，在左边双击需要复制的项目（见图4－31）。

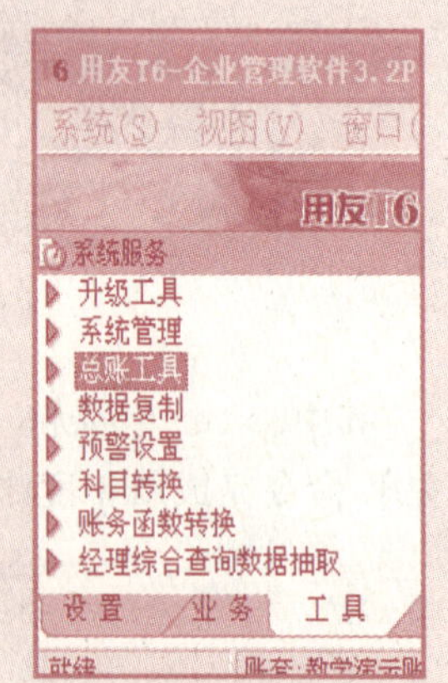

图4－30　弹出“总账工具”窗口

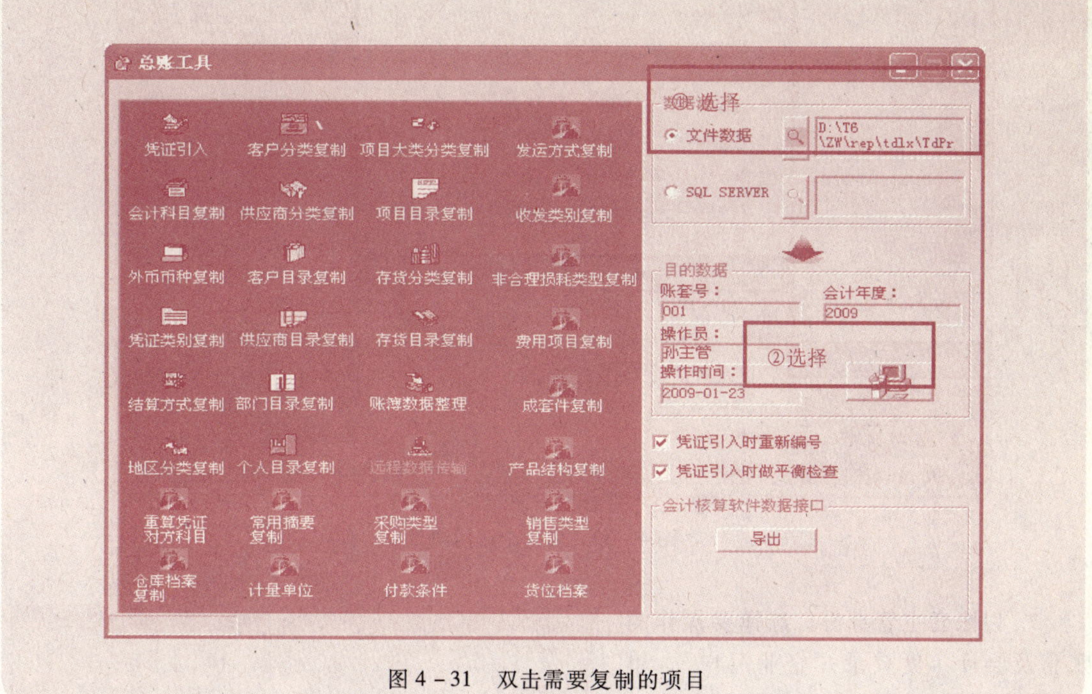

图 4－31 双击需要复制的项目

第二节 基础信息设置

首次使用电算化系统的单位完成建账工作后，还必须把手工会计中的各种基础信息设置为电算化系统的基础信息。这些基础信息的设置主要包含基本信息设置、基础档案设置、数据权限设置、单据设置、工作流程设置、数据对照设置、数据接收下发设置等七大部分内容，是会计电算化的信息初始化设置过程，必须在建账月进入正常业务处理之前完成。

1. 启动“企业门户”（见图 4－32）。

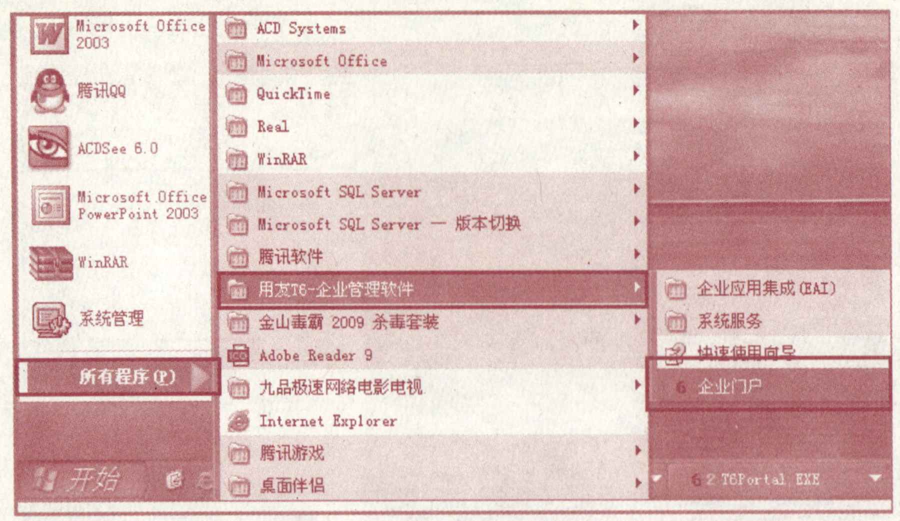

图 4－32　启动企业门户

2. 以账套主管身份、选择要操作的账套及会计年度登录“企业门户”，单击【确定】，进入“企业流程”主窗口（见图 4－33）。

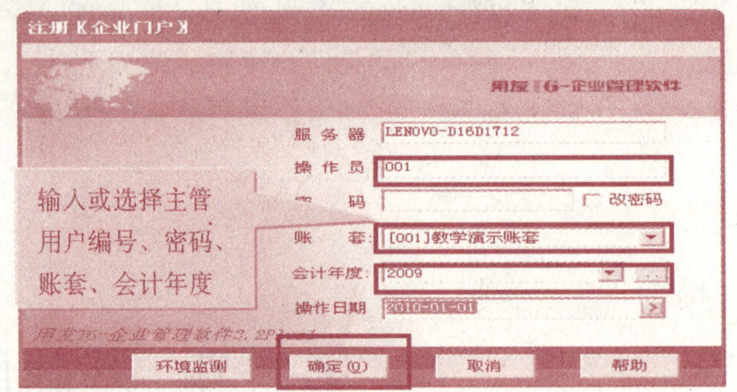

图 4－33　登录企业门户

一、基本信息设置

基本信息设置主要用于对系统启用、编码方案及数据精度等建账时未完成或设置不正确的基本信息进行设置修改；如果建账时已正确完成设置，则此环节不需要再设。

二、基础档案设置

基础档案设置包含部门和职员设置、往来单位、存货、物料、会计科目、凭证类别、收付结算、外币、项目、业务等基础档案设置。进入“基础信息”设置的方法有两种：

方法一：在“企业流程”主窗口的左边菜单列表中选择“设置”选项卡，在“基础信息”中单击“基础档案”，选择打开相应项目即可进行设置（见图 4－34）。

方法二：在“企业流程”主窗口的右边“应用流程图”菜单项中双击“企业应用平台”，“平台设置”界面双击“基础档案”，弹出如图 4－35 所示界面。

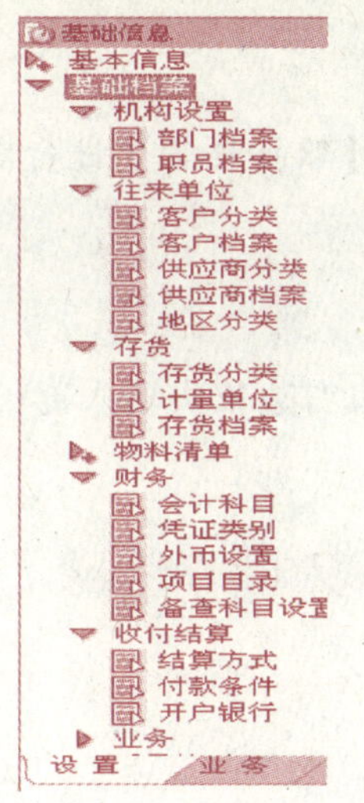

图 4－34 方法一基础档案

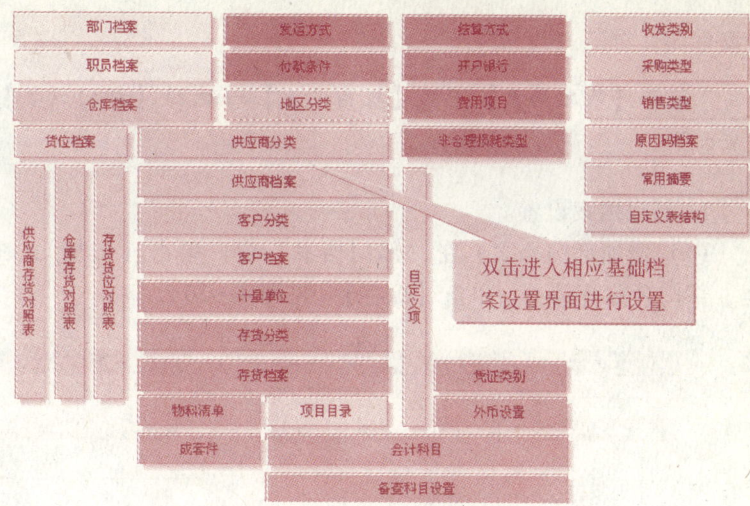

图 4－35 方法二基础档案

（一）机构设置

操作任务

1 月 1 日，小赵在账套孙主管指导下进行“机构设置”的实践。

“部门档案”资料见表 4－1。

表 4－1

部门编码	部门名称	部门编码	部门名称
1	行政管理	202	辅助生产车间
101	办公室	3	销售部
102	财务科	4	采购部
103	工会	5	仓管部
2	生产部	501	一号仓库
201	基本生产车间	502	二号仓库

“职员档案”资料见表 4－2。

表 4－2

序号	职员编码	职员名称	部门名称	职员属性
1	001	张志强	办公室	厂长
2	002	刘光	办公室	办公室主任
3	003	陈新	办公室	职员
4	004	孙主管	财务部	账套主管
5	005	王会计	财务部	会计
6	006	李出纳	财务部	出纳员
7	007	张审核	财务部	审核员
8	008	赵主任	基本生产车间	车间主任
9	009	陈销售	销售部	销售员
10	010	刘采购	采购部	采购员

操作向导

展开【基础档案】下的【机构设置】→选择【部门设置】或【职员档案】进行相应设置。

1. 部门档案设置。

(1) 增加部门档案：在“部门档案”窗口单击【增加】，在窗口右边依次输入部门编码、部门名称等信息，单击【保存】(见图4-36)。

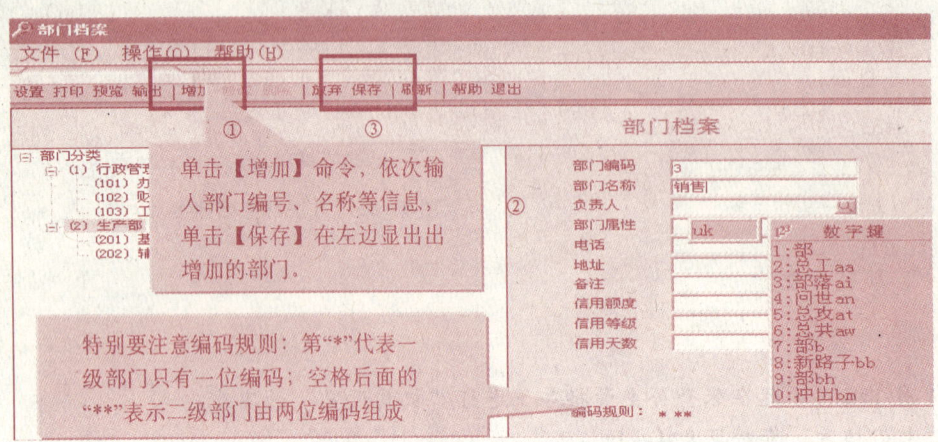

图4-36 部门档案设置

(2) 修改部门档案：在“部门档案”窗口左边选中要修改的部门，单击【修改】，在窗口右边依次把除部门编码外的部门名称等信息修改成正确的，单击【保存】(见图4-37)。

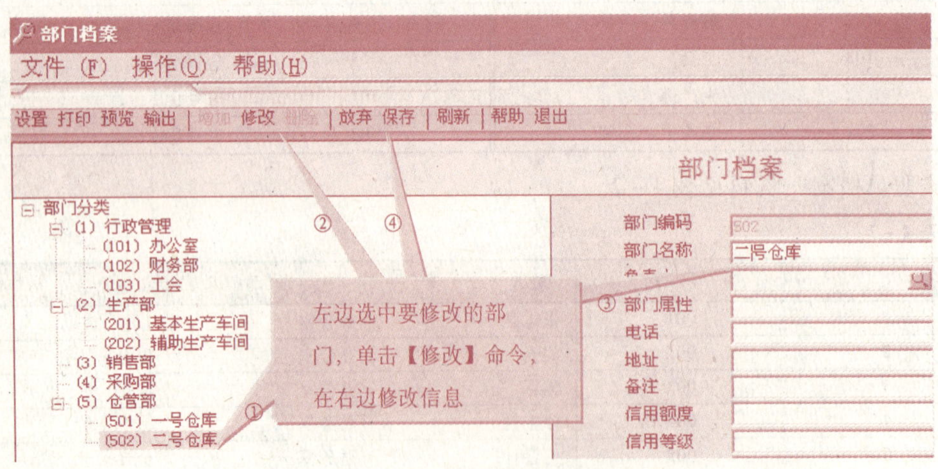

图4-37 部门档案修改

(3) 删除部门档案：在“部门档案”窗口左边选中要删除的部门，单击【删除】，弹出对话框，单击【是】，确认删除该部门或【否】放弃删除（见图4-38)。

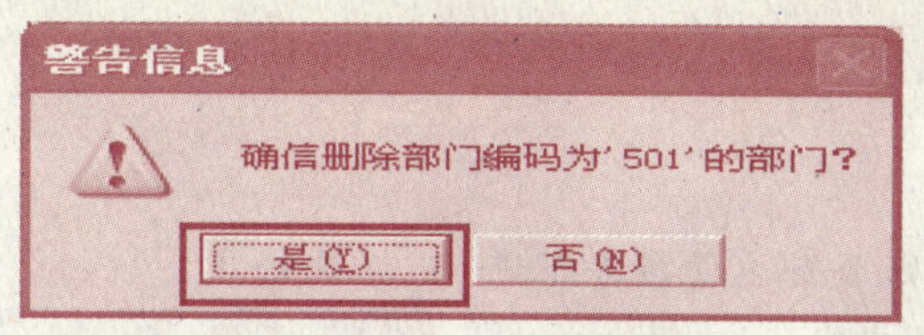

图4-38 部门档案删除

2. 职员档案设置。增加职员档案：因为职员都必须属于某一特定的部门，所以进入“职员档案”界面后必须先在“职员档案”窗口左边选择要设置的职员所属的部门，再单击【增加】增加职员信息，再单击【保存】完成一个职员信息。修改和删除方法与部门档案相同（见图4-39）。

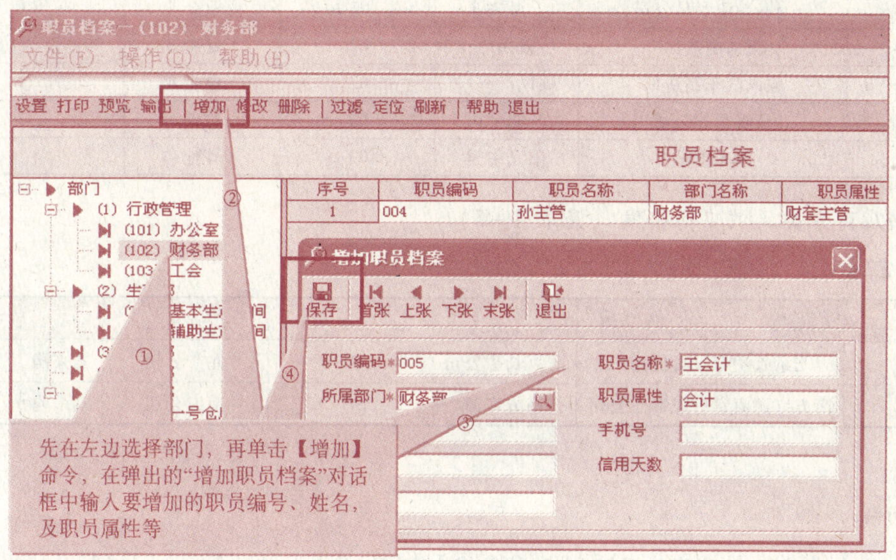

图4-39 职员档案设置

想想试试

让学生思考并尝试自主操作：

1. 在职员档案设置中，职员编码是否有必须遵循的规则？为什么？
2. 在职员档案的修改界面中“|◀、▶、◀、▶|”的功能是什么？
3. 参照部门及职员档案增加的方法，自主完成职员档案的修改和删除。

（二）往来单位设置

操作任务

1月1日，小赵在账套孙主管指导下进行“往来单位”设置的实践。

地区分类（见表4－3）。

客户分类及客户档案（见表4－4）。

表4－3

序　号	地区编码	地区名称
1	BF	北方地区
2	NF	南方地区

表4－4

客户编码	客户名称	客户简称	客户分类编码	客户分类名称	业务员	分管部门
001	蓝天集团有限责任公司	蓝天集团	01	商业企业	陈销售	销售部
002	明天商贸有限公司	明天商贸	01	商业企业		
003	上海兴业贸易公司	上海兴业	01	商业企业		
004	新兴制造厂	新兴厂	02	工业企业	陈销售	销售部
005	顺风汽车制造厂	顺风汽车厂	02	工业企业		
006	开明服务公司	开明公司	03	其他		
007	阳光中学	阳光中学	03	其他		

供应商分类及供应商档案（见表4－5）。

表4－5

供应商编码	供应商名称	供应商简称	供应商分类编码	供应商分类名称	业务员	分管部门
01	北京长生有限责任公司	北京长生公司	B1	北方公司	刘采购	采购部
02	南方广源商贸有限责任公司	南方广源	N1	南方公司	刘采购	采购部

操作向导

以账套主管注册登录，展开【基础档案】下的【往来单位】→选择【客户分类】等相应项目进行设置。

1. 地区分类设置。进入“地区分类”界面，单击【增加】，增加地区分类信息，单击【保存】（见图4－40）。修改、删除方法同部门、职员档案，不再重述。

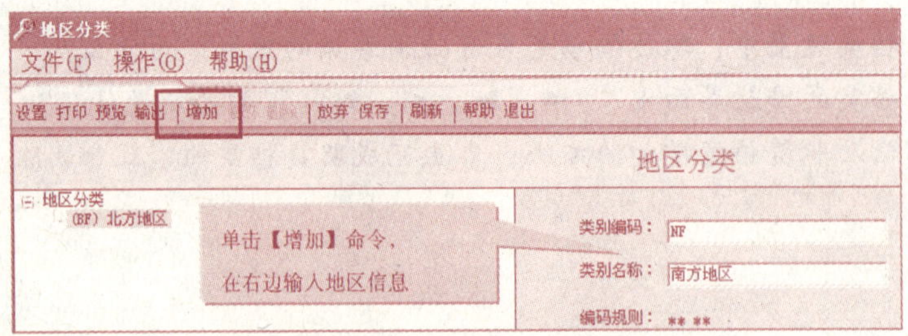

图4－40　地区分类设置

2. 客户分类设置。进入“客户分类”界面，单击【增加】，增加客户分类信息，单击【保存】（见图4-41）。修改、删除方法同部门、职员档案，不再重述。

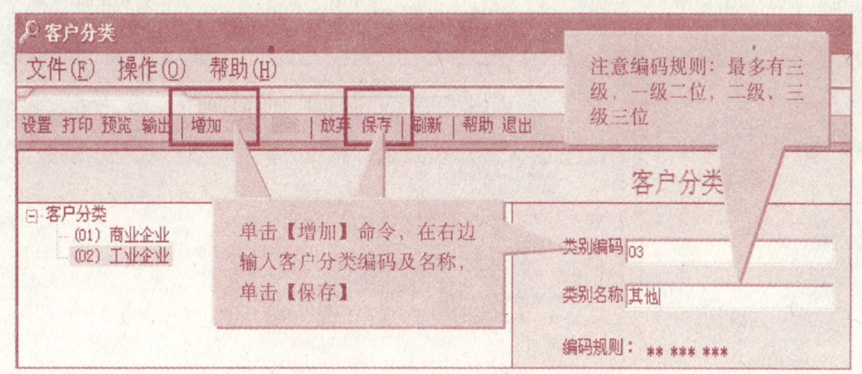

图4-41 客户分类设置

3. 客户档案设置。进入“客户档案”界面，单击【增加】，选择“基本”、“联系”、“信用”及“其他”四个选项卡中依次增加客户信息，单击【保存】（见图4-42）。修改、删除方法同部门、职员档。

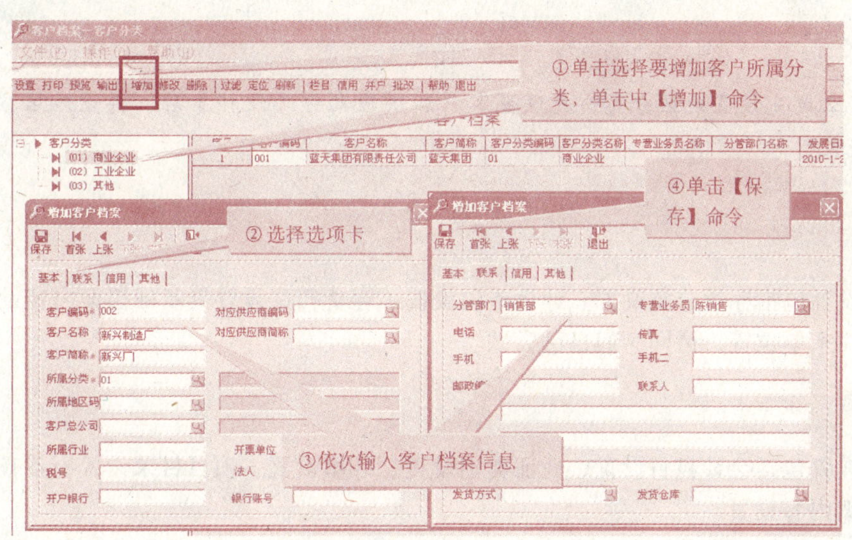

图4-42 客户档案设置

4. 供应商分类设置。具体方法同客户分类设置，不再重述（见图4-43）。

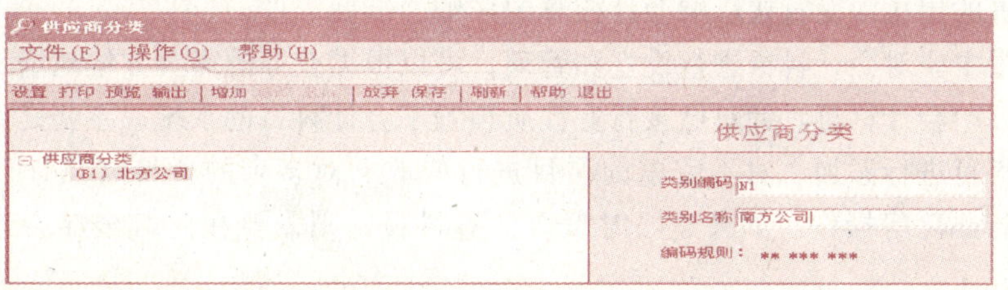

图4-43 供应商分类设置

5. 供应商档案设置。具体方法同客户档案设置方法，不再重述（见图 4－44）。

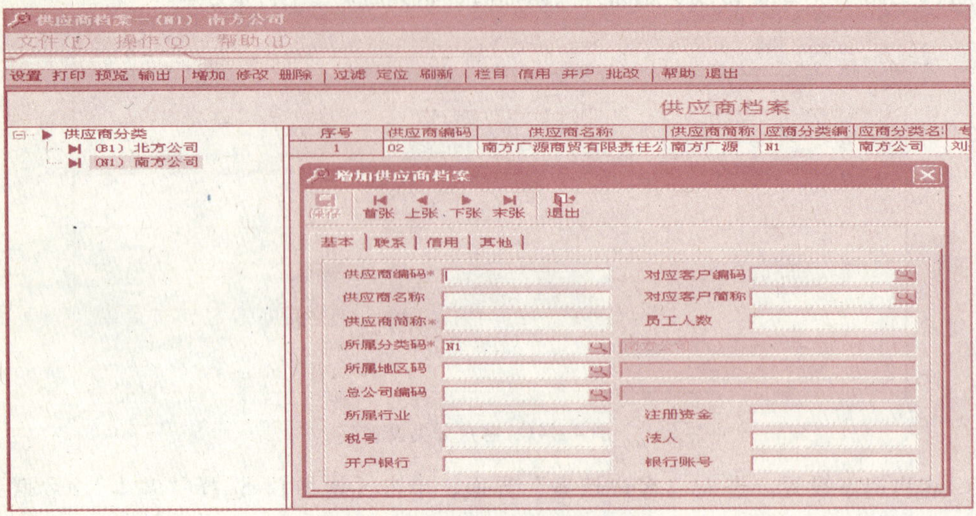

图 4－44　供应商档案设置

想想试试

为什么要先设置地区分类？先设置客户和供应商分类及档案后，再设地区分类有什么不利之处？

三、存货设置

存货设置包括存货分类设置、计量单位设置、存货档案设置等基础档案内容设置。设置方法类似往来单位等，请同学们自已尝试。

四、财务设置

财务设置包括会计科目设置、凭证类别设置、外币设置、项目目录设置、备查科目设置等基础档案内容设置。

（一）会计科目设置

会计科目是一个完整的体系，是复式记账和分类核算的基础，也是对会计对象具体内容分门别类进行核算所规定的项目。会计科目设置的完整性直接影响着会计过程的顺利实施，会计科目设置的层次深度直接影响会计核算的详细、准确程度。

财务设置主要对会计科目进行设立和管理，可以根据业务的需要方便地增加、插入、修改、查询、打印会计科目。针对已按行业性质预置了会计科目的系统，主要是对没有预置但需要的会计科目进行添加、对不完整的科目进行修改、对多余的科目（估计以后也用不上的科目）进行删除等操作。如果建账时没有预置科目，则需要在此对全部会计科目进行逐一添加。

操作任务

1 月 2 日，小赵在账套孙主管指导下进行“会计科目设置”的实践。

按表 4－6“会计科目及期初余额表”设置会计科目，并指定会计科目为：“库存现金”科目为现金总账科目，“银行存款”科目为银行总账科目，所有现金科目为现金流量科目。

表 4－6　　会计科目及期初余额表

科目编码	科目名称	计量单位	账页格式	方向	辅助账类型
1001	库存现金		金额式	借	
1002	银行存款		金额式	借	
100201	工行存款		金额式	借	
10020101	实践支行		金额式	借	
10020102	开源支行		金额式	借	
100202	中行存款		金额式	借	
1101	交易性金融资产		金额式	借	
110101	股票		金额式	借	
110102	债券		金额式	借	
1121	应收票据		金额式	借	客户往来
1122	应收账款		金额式	借	客户往来
1231	其他应收款		金额式	借	部门核算
123101	其他应收个人款		金额式	借	个人往来
123102	其他应收单位款		金额式	借	部门核算
1241	坏账准备		金额式	贷	
1403	原材料		金额式	借	
140301	甲材料	千克	数量金额式	借	
140302	乙材料	千克	数量金额式	借	
1404	材料成本差异				
140401	甲材料	千克	数量金额式	借	
140402	乙材料	千克	数量金额式	借	
1406	库存商品		金额式	借	
140601	A 产品	件	数量金额式	借	
140602	B 产品	件	数量金额式	借	
1601	固定资产		金额式	借	
1602	累计折旧		金额式	贷	
1604	在建工程		金额式	借	项目核算
160401	建筑工程		金额式	借	项目核算
160402	安装工程		金额式	借	项目核算

续表

科目编码	科目名称	计量单位	账页格式	方向	辅助账类型
160403	技术改革工程		金额式	借	项目核算
160404	其他支出		金额式	借	项目核算
1605	工程物资		金额式	贷	
1701	无形资产		金额式	借	
1702	累计摊销		金额式	贷	
2001	短期借款		金额式	贷	
2201	应付票据		金额式	贷	供应商往来
2202	应付账款		金额式	贷	供应商往来
2211	应付职工薪酬		金额式	贷	部门核算
2221	应交税费		金额式	贷	
222101	应交增值税		金额式	贷	
22210101	进项税额		金额式	贷	
22210102	销项税额		金额式	贷	
22210103	进项税额转出		金额式	贷	
222102	未交增值税		金额式	贷	
222103	应交营业税		金额式	贷	
222104	应交所得税		金额式	贷	
2601	长期借款		金额式	贷	
2801	预计负债		金额式	贷	
4001	实收资本		金额式	贷	
4103	本年利润		金额式	贷	
5001	生产成本		金额式	借	
500101	A 产品		金额式	借	
500102	B 产品		金额式	借	
5101	制造费用		金额式	借	
6001	主营业务收入		金额式	贷	
600101	A 产品	件	数量金额式	贷	
600102	B 产品	件	数量金额式	贷	
6401	主营业务成本		金额式	借	
640101	A 产品	件	数量金额式	借	
640102	B 产品	件	数量金额式	借	
6601	销售费用		金额式	借	
6602	管理费用		金额式	借	部门核算
660201	办公费		金额式	借	部门核算

续表

科目编码	科目名称	计量单位	账页格式	方向	辅助账类型
660202	工资		金额式	借	部门核算
660203	福利费		金额式	借	部门核算
660204	折旧费		金额式	借	
660205	其他		金额式	借	
6603	财务费用		金额式	借	
660303	汇兑损益		金额式	借	

操作向导

以账套主管注册登录“企业门户”展开【基础档案】下的【财务】→选择【会计科目】进行设置→保存相应设置。

1. 增加会计科目。进入“会计科目”界面，单击【增加】，进入“会计科目—新增”对话框，依次输入或选入相应的科目信息，单击【确定】按钮保存信息（见图 4－45、图 4－46）。

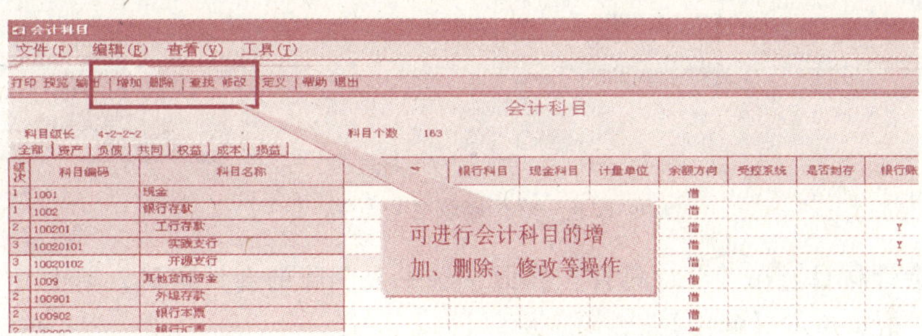

图 4－45 会计科目设置

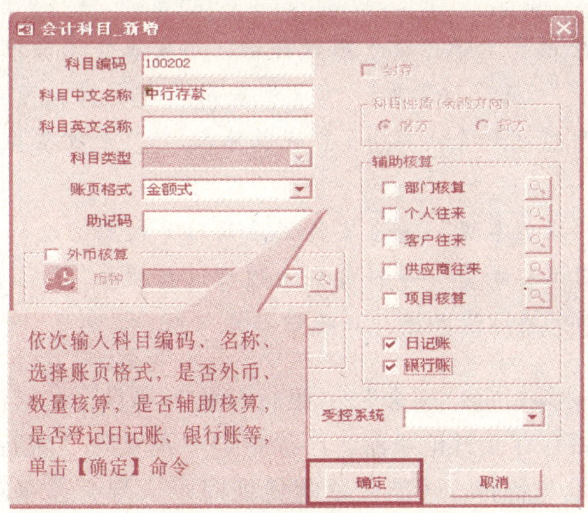

图 4－46 增加会计科目

2. 修改会计科目。在“会计科目”界面，选中要修改的会计科目，单击【修改】，进入“会计科目_修改”对话框，单击【修改】激活修改，依次修改相应的科目信息，单击【确定】保存修改。如本任务要将“应收票据”科目修改为“客户往来”核算，则在“□客户往来”复选框中打“√”。如果客户往来业务不通过应收系统核算，只通过总账系统核算，且尚未设置过账套参数，则在此还必须在“受控系统”中选择空白行（即受控“总账系统”），而不能采用默认受控“应收系统”（见图 4－47）。

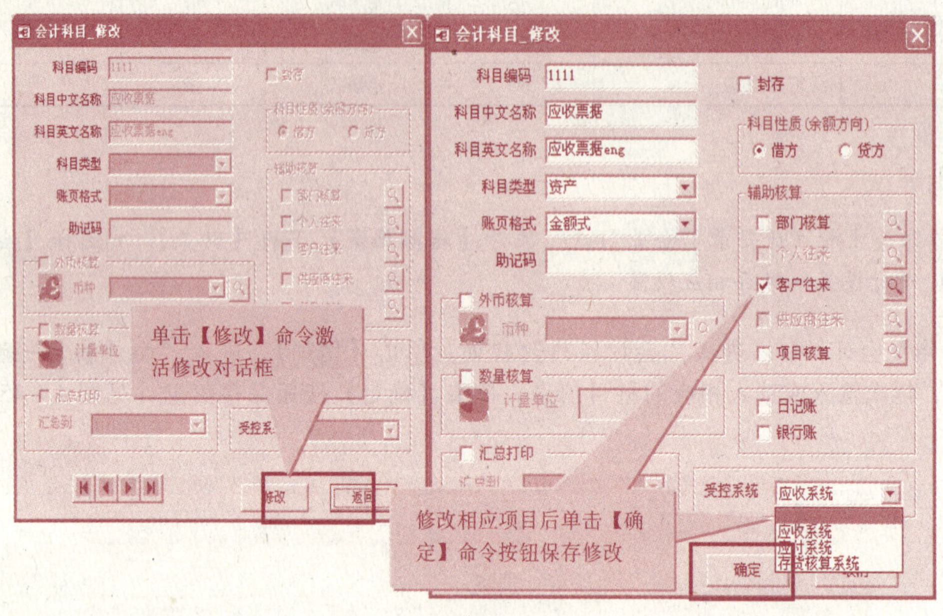

图 4－47 修改会计科目

3. 删除会计科目。在“会计科目”界面，选中要删除的会计科目，单击【删除】，“删除记录”对话框，单击【确定】，删除选中科目。

知识链接

- 对于现金要求登记日记账；对于银行存款，则要求登记日记账和银行账。
- 对于“固定资产”、“应付工资”、“管理费用”等科目，可实行部门核算。
- 其他应收款等可以实行个人核算；“应收账款”、“应收票据”等可实行客户往来核算。
- “应付账款”、“应付票据”等可实行供应商往来核算。
- “在建工程”、“工程物资”等科目可按项目进行核算。

具体应根据建账单位实际情况进行正确选择或修改。

4. 指定会计科目。必须指定“现金”、“银行存款”科目，其目的是为了供出纳管理使用。所以在查询现金、银行存款日记账前，必须指定“现金”、“银行存款”总账科目。

必须指定“现金流量”科目，才能在填制凭证时录入现金流量项目。在填制凭证、录入分录的同时录入现金流量项目，才能为以后的现金流量表、现金流量明细表提供取数函和计算数据。

在“会计科目”界面，单击【编辑】菜单下的【指定科目】，弹出“指定科目”对话框，在左边选中“⊙现金总账科目”后，在中间“待选科目”框中选中“库存现金”科目，单击【<】将科目选到右边“已选科目”框，单击【确认】完成现金总账科目的指定；银行总账科目和现金流量科目的指定方法相同（见图 4－48、图 4－49）。

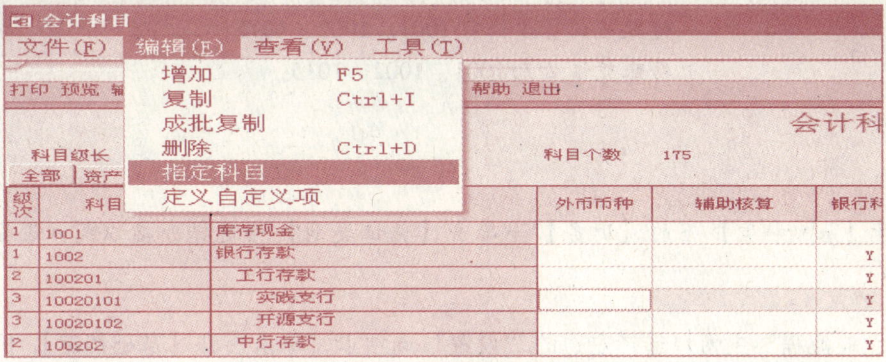

图 4－48　指定会计科目

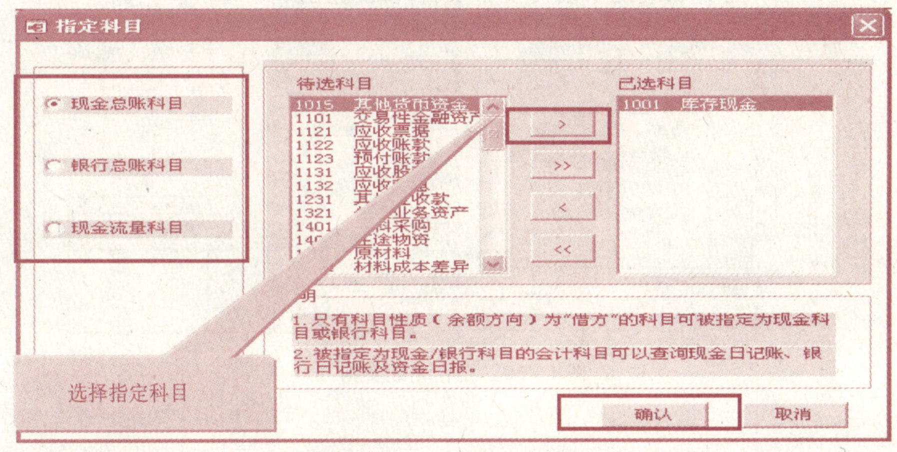

图 4－49　指定相应会计科目

想想试试

指定科目没有放在工具栏上，常常不容易找到。但学习应用技能切忌死记硬背，请分析一下我们怎样才能判断出到哪儿去找呢？

（二）凭证类别设置

许多单位为了便于管理或登账方便，对记账凭证进行分类编制，但各单位的分类方法不尽相同，所以本系统提供了五种常用凭证类别定义方式，用户可以按照本单位的需要对凭证进行具体的分类。首次使用电算化系统的单位都必须先进行凭证类别设置，才能填制凭证。

操作任务

1月2日，小赵在账套孙主管指导下进行“凭证类别设置”实践：

1. 将凭证类别设置为收、付、转三类。
2. 设置限制类型为：收款凭证借方必有1001、1002、1015；
   付款凭证贷方必有1001、1002、1015；
   转账凭证必无1001、1002、1015。

操作向导

展开【基础档案】下的【财务】→单击【凭证类别】→选择分类方式→设置相应限制

在“企业流程”主窗口选择左边的“设置”选项卡，单击展开【基础档案】下的【财务】，选择【凭证类别】进入“凭证类别预置”界面，选择分类方式，单击【确定】进入“凭证类别”对话框，选择相应的限制类型和限制科目（见图4-50）。

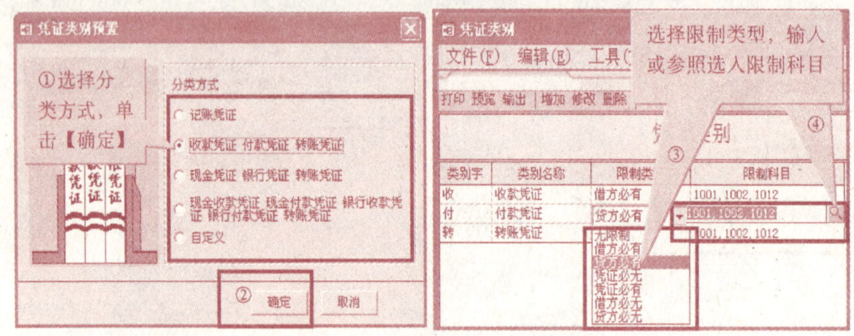

图4-50　设置凭证类别

知识链接

某些类别的凭证在制单时对科目有一定限制，以便防止填制凭证时出错，在凭证保存时系统会自动校验提示错误。系统设置了七种限制类型供选择，制单时要求：用得最多的限制科目是库存现金和银行存款。

如收款凭证则是借方至少必须有库存现金或银行存款之一；而付款凭证则是贷方至少必须有这两个科目，转账凭证与钱无直接关系，所以借贷方都必须没有这两个科目。

借方必有：此类凭证借方至少有一个限制科目。

贷方必有：此类凭证贷方至少有一个限制科目。

凭证必有：此类凭证无论借方还是贷方至少有一个限制科目。

凭证必无：此类凭证无论借方还是贷方均不能有一个限制科目。

无 限 制：此类凭证可使用所有合法的科目。

借方必无：此类凭证借方必须没有限制科目。

贷方必无：此类凭证贷方必须没有限制科目。

（三）外币设置

进行外币设置时，先定义汇率，以便填制凭证时调用，以减少录入汇率的次数和差错。另外，当汇率发生变化时，也应及时在此进行修改，否则，制单时将不能正确录入汇率（见图 4-51）。

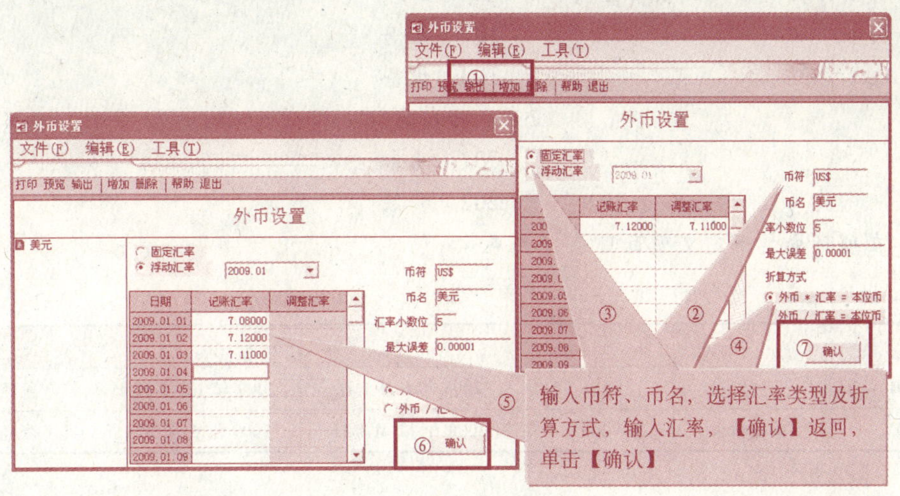

图 4-51 设置外币

1. 汇率的折算方式。分为直接汇率与间接汇率两种，用户可以根据外币的使用情况选定汇率折算方式。直接汇率即［外币 × 汇率 = 本位币］，间接汇率即［外币/汇率 = 本位币］。

2. 记账汇率。如果用户使用固定汇率，则记账汇率即为月初汇率（每月初填凭证前输入），在平时制单时，系统自动显示此汇率。如果用户使用浮动汇率，则记账汇率即为当天汇率（每天填凭证前输入）。

3. 调整汇率。即月末汇率。在期末计算汇兑损益时用，平时可不输，结转期末业务时才输入期末时汇率，用于计算汇兑损溢。

（四）项目目录设置

在会计科目设置中设置了项目辅助核算属性的科目需要在此设置项目档案信息。这是核算和管理项目的手段。可对产成品、生产成本、商品采购、库存商品、在建工程、现金流量、科研课题、科研成本等科目设置项目辅助核算，实行有效的项目管理。系统已预置的项目大类主要有现金流量项目、项目管理、成本对象、存货核算项目，同时现金流量项目更是设置好了项目分类和项目目录，只需要在会计科目定义时指定好现金流量科目就可直接管理，也可由用户根据需要自定义项目大类。

操作任务

1. 定义项目大类：

选择项目大类的名称为“项目管理”。

定义项目级次（1~2）：一级：1，二级：2。

定义项目目录：默认有四项，根据项目内容增加栏目。

增加：开工日期（日期）、完工日期（日期）、负责人（文本）。

2. 指定核算科目：指定所有“在建工程”科目的待选科目为核算科目。

3. 在项目大类下定义项目分类：1 生产在建
101 厂房
102 设备
2 生活在建
201 土木
202 安装

4. 在项目分类下定义项目目录（见表4-7）。

表4-7

项目编号	项目名称	所属分类码	开工日期	完工日期	负责人
001	一号厂房	101	2008年6月1日	2009年12月31日	王经理
002	单身宿舍	202	2008年12月1日	2009年6月30日	李经理

操作向导

展开“基础档案”下“财务”→单击“项目目录”进“项目档案”界面：

第一步，项目大类定义：单击【增加】增加新的项目大类或在“项目大类”下拉框中选择已有项目大类（必要时可击【修改】或【删除】进行修改或删除）→设置或修改项目级次→增加或修改或删除项目栏目，返回“项目档案”界面。

第二步，分别在四个选项卡中依次操作：指定核算科目→修改项目结构→增加（或修改、删除）项目分类→增加（或删除）项目目录。

1. 定义项目大类。

(1) 展开“基础档案”下的“财务”，单击“项目目录”进入“项目档案”界面（见图4-52）。

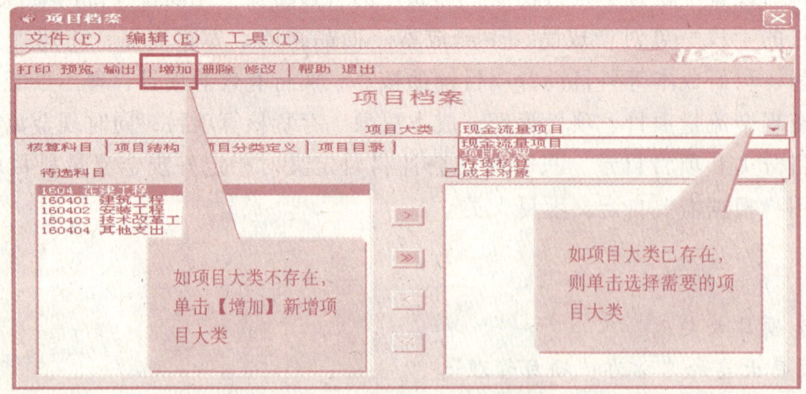

图4-52 项目档案

（2）单击【增加】，弹出“项目大类定义_ 增加”对话框，在“新项目大类名称”文本框中输入项目大类的名称，单击【下一步】（见图 4－53）。

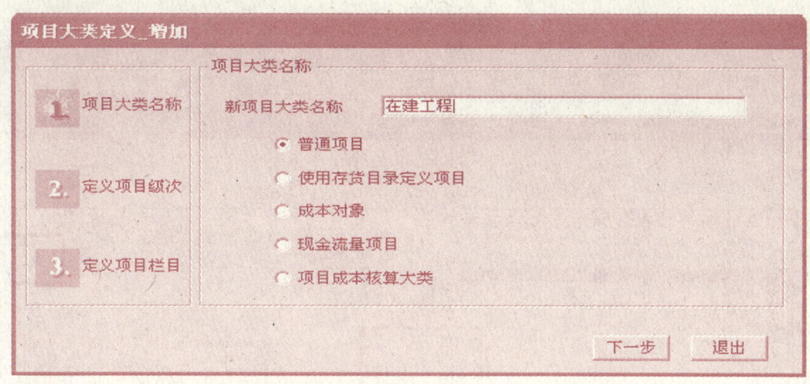

图 4－53　增加项目大类

（3）在定义项目级次项目框中选择项目级次：如一级：1，二级：2，单击【下一步】（见图 4－54）。

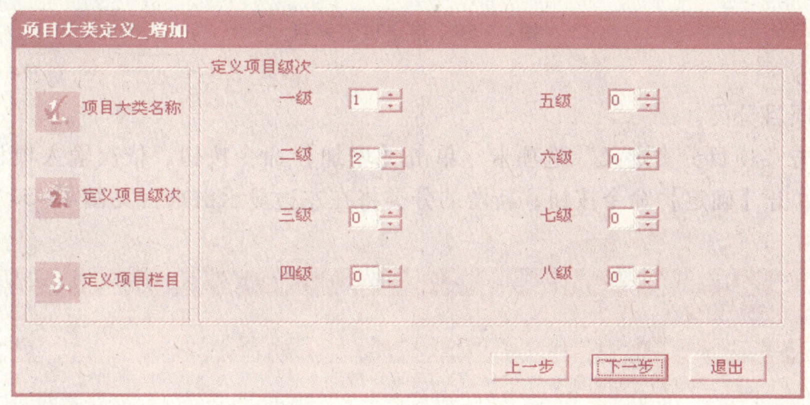

图 4－54　定义项目级次

（4）在定义项目栏目框中，依次单击【增加】，输入要增加栏目标题、类型、长度等，增加完毕后，单击【完成】返回“项目档案”界面（见图 4－55）。

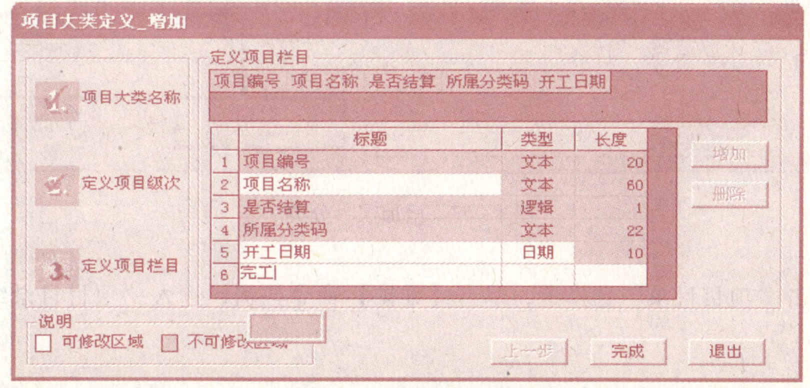

图 4－55　设置项目栏目

2. 指定核算科目。在“项目档案”界面中，在“核算科目”选项卡中，单击【》】，再单击【确定】(见图4-56)。

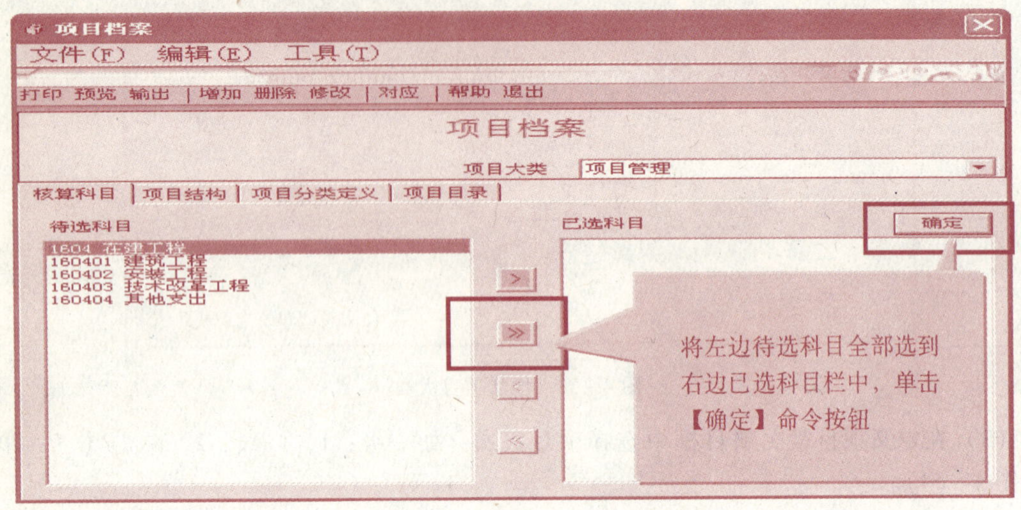

图4-56 指定核算科目

3. 定义项目分类。

(1) 单击“项目分类定义”选项卡，单击【增加】命令按钮，依次输入项目分类的编码及名称，单击【确定】命令按钮，新增的分类将在左边显示出来(见图4-57)。

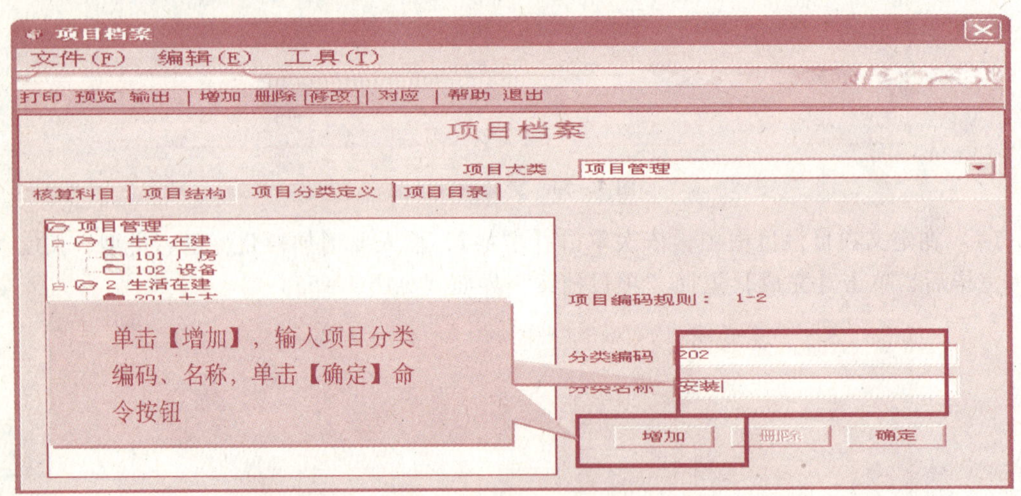

图4-57 增加项目分类

(2) 单击“项目目录”选择卡，单击【维护】命令按钮，进入“项目目录维护”窗口(见图4-58)。

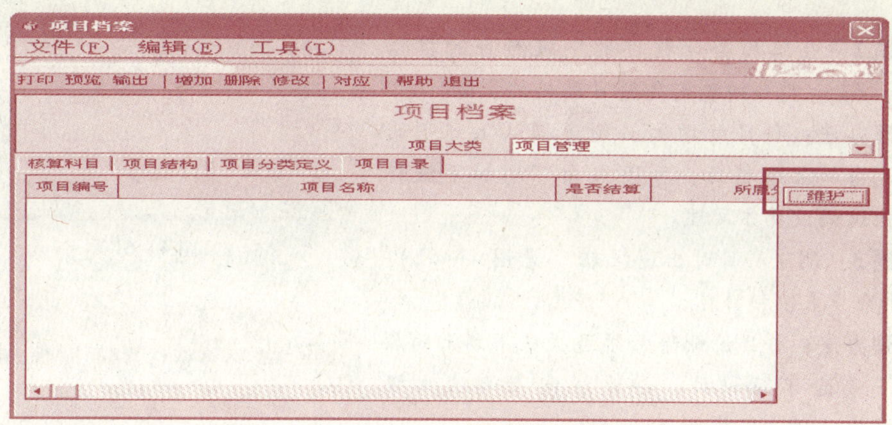

图 4－58 设置项目目录

（3）单击【增加】输入项目目录，选中一个目录，单击【删除】删除选中项目（见图 4－59）。

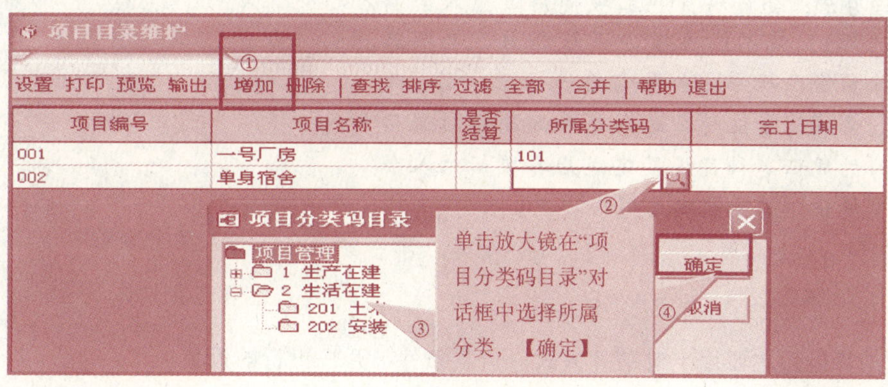

图 4－59 设置项目目录

常见问题

问题 1：各种基础档案设置中最常见的操作错误提示（见图 4－60）："编码长度与分配原则不符！"

处理办法：部门档案编码如果规则为"＊＊＊"，则说明部门最多有两级组成，一级编码由一位数字或字母组成、二级编码则由两位数字或字母组成。如果设置成了一级两位，肯定要报错。所以，所有带编码规则编码定义都必须严格按编码规则设置。如会计科目编码，如果规则为"42222"，则说明会计科目最多有四级、第一级必由四位编码组成、第二至四级必须由两位编码组成。

图 4－60

问题2：在增加会计科目的下级科目时报错（见图4－61）："必须先定义科目编码的上级！"

处理办法：科目的增加必须遵循从上到下的原则，先增加上级科目，再逐级向下增加下级科目。其他编码设置亦同理。

图4－61

问题3：删除科目时出现报错（见图4－62）："不能删除非末级科目！"

处理办法：科目的删除必须遵循从下到上的原则，即先删除末级科目，再逐级向上删除上级科目。其他编码亦同样处理。

图4－62

问题4：增、删、改会计科目时出现报错（见图4－63）："科目已在……中使用！不能增加（或删除或修改）！"

处理办法：会计科目一旦被使用（录入余额或填制凭证），就不能再增加下级科目，也不能进行删除和修改操作。如果需要进行增、删、改的操作，必须清除该科目的余额和删除已填制用到该科目的凭证。科目设置完成后再重新录入余额和填制凭证。其他编码亦同理。

图4－63

五、收付结算设置

收付结算设置主要用于对结算方式、付款条件、开户银行的设置。

操作任务

1. 定义银行结算方式，如表4－8所示。

表4－8

结算方式编码	结算方式名称	票据管理标志
1	现金结算	否
2	支票结算	是
201	现金支票	是
202	转账支票	是
3	银行汇票	否
9	其他	否

2. 设置付款条件，如表4－9所示。

表4-9

付款条件	付款条件名称	信用天数	优惠天数	优惠率1	优惠天数	优惠率2	优惠天数	优惠率3	优惠天数	优惠率4
编码			1		2		3		4	
001	5/10，2/20，1/30，n/30	30	10	5	20	2	30	1	0	0

3. 定义开户银行信息，如表4-10所示。

表4-10

序号	开户银行编码	开户银行名称	银行账号	暂封标志
1	101	中国工商银行A市实践支行	S12345678901234567890	FALSE
2	102	中国工商银行A市开源支行	K12345678901234567890	FALSE
3	103	中国银行	Z12345678901234567890	FALSE

操作向导

以账套主管注册展开【基础档案】下的【收付结算】→选择【结算方式】或【付款条件】或【开户银行】进行设置→保存相应设置。或通过"平台设置"下的"基础档案"设置。

（一）结算方式设置

结算方式设置主要用于办理银行结算业务时的结算方式选择。主要是结合工作实际来设置。一般常用的九种结算方式均应设置，在填制凭证中才能进行相应选择。

进入"结算方式"界面，单击【增加】添加结算方式；选中要修改或删除的结算方式，单击【修改】或【删除】修改或删除选中的结算方式。添加和修改后的结算方式必单击【保存】才能生效（见图4-64）。

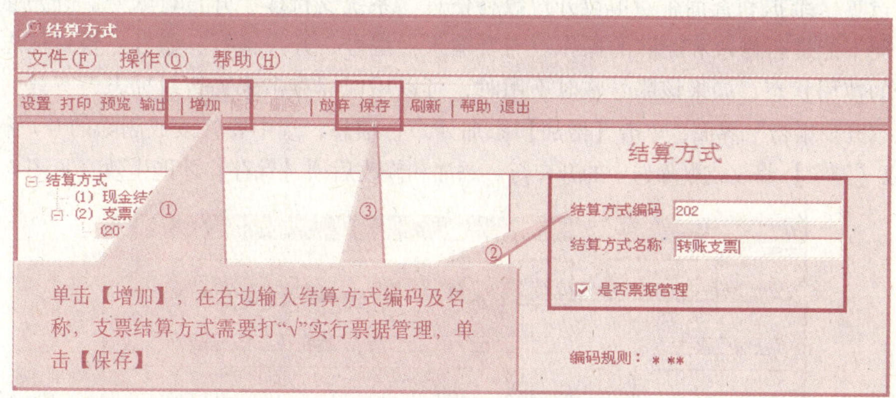

图4-64 结算方式设置

（二）付款条件设置

付款条件也叫现金折扣，是指企业为了鼓励客户偿还货款而允诺在一定期限内给予的规定的折扣优惠。将主要在采购订单、销售订单、采购结算、销售结算、客户目录、供应商目录中引用。

进入“付款条件”界面，单击【增加】添加付款条件；选中要修改或删除的付款条件，单击【修改】或【删除】修改或删除选中的付款条件。添加和修改后的付款条件必单击【保存】才能生效（见图4-65）。

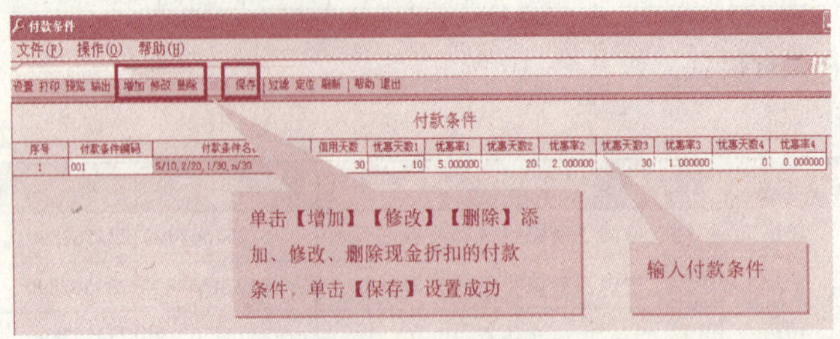

图4-65 付款条件设置

知识链接

折扣条件通常有：

- 客户在10天内偿还货款，可得到5%的折扣，只要付原价的95%的货款。表示为5/10。
- 在20天内偿还货款，可得到2%的折扣，只要付原价的98%的货款。表示为2/20。
- 在30天内偿还货款，则须按照全额支付货款。表示为n/30。
- 在30天以后偿还货款，则不仅要按全额支付货款，还可能要支付延期付款利息或违约金。

（三）开户银行设置

用于设置、维护和查询企业单位开户银行信息，系统支持多个开户行账号。开户银行一旦被引用，便不能进行修改和删除的操作。需要输入：编号、开户银行、账号、暂封标志（用于标识账号的使用状态，如果该账号临时不用时，可以用鼠标点击来置暂封标志为有效）。

进入“开户银行”界面，单击【增加】添加开户行信息；选中要修改或删除的开户行，单击【修改】或【删除】修改或删除选中的开户行。添加和修改后须【保存】才能生效（见图4-66）。

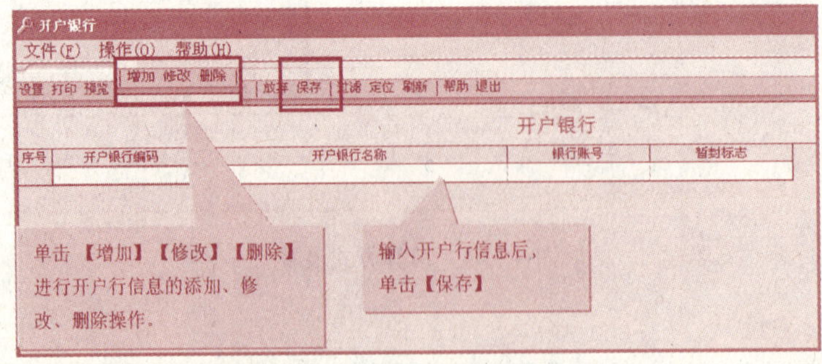

图4-66 开户银行设置

六、其他

本部分内容包括：文件服务器、常用摘要、自定义项、自定义表结构等内容的设置。在此仅介绍常用摘要的设置。

常用摘要主要功能是在凭证填制过程中可大大减少重复输入文字的数量和提高准确性。对于经常发生的业务摘要，通过常用摘要定义好之后，可在填制凭证时通过单击放大镜参照录入。

操作任务

定义以下常用摘要（见表 4－11）：

表 4－11

常用摘要编码	常用摘要名称	常用摘要编码	常用摘要名称
001	提现	006	收回销货款
002	报销差旅费	007	借支差旅费
003	购买办公用品	008	支付购货款
004	购买原材料	009	接受投资
005	销售商品	010	归还贷款

操作向导

以账套主管注册登录“企业门户”→进入“企业流程”主窗口→在左边选择“设置”选项卡→展开【基础档案】下的【其他】→选择【常用摘要】进行设置→保存相应设置。或通过“企业平台”下的“基础档案”设置。

在“基础档案”下展开“其他”，选择“常用摘要”，单击【增加】或【删除】添加新摘要或删除选中摘要。在填制凭证中单击【选入】即可添加到凭证中（见图 4－67）。

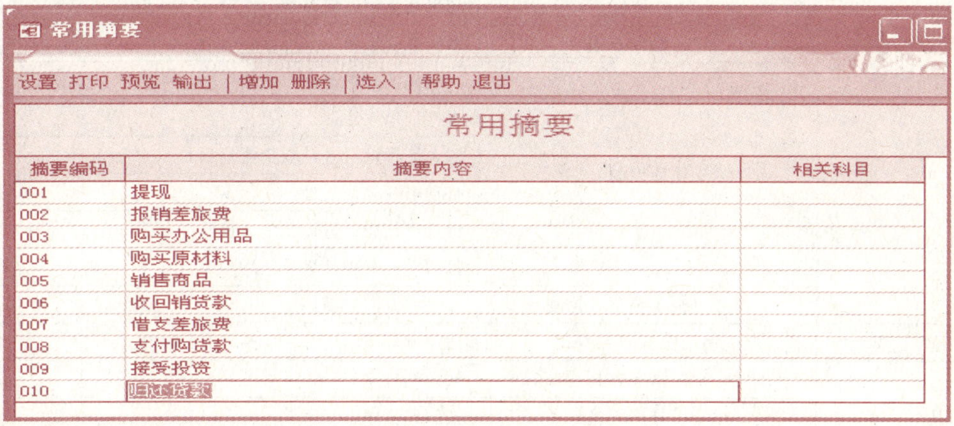

常用摘要

设置 打印 预览 输出 | 增加 删除 | 选入 | 帮助 退出

常用摘要

摘要编码	摘要内容	相关科目
001	提现	
002	报销差旅费	
003	购买办公用品	
004	购买原材料	
005	销售商品	
006	收回销货款	
007	借支差旅费	
008	支付购货款	
009	接受投资	
010	归还贷款	

图 4－67 常用摘要设置

第三节　总账系统初始设置

总账系统初始化设置本应包含系统账套参数、会计科目、项目目录、凭证类别、结算方式等的设置及期初余额的录入等内容，但由于用友 T6 系统菜单的设置分类将会计科目、项目目录、凭证类别、结算方式设置等内容放到了基础档案中，为便于大家学习使用时寻找相关菜单功能，所以我们已将会计科目、项目目录、凭证类别、结算方式设置等内容放在 4.2 基础档案设置中进行了介绍，在此就只介绍系统账套参数及期初余额的录入两项内容。

一、总账参数设置

系统在建立新的账套后，由于具体情况需要或业务变更，可能发生一些账套信息与核算内容不符的情况。如果发生了这种情况，可通过总账设置下的“选项”功能进行账套信息的调整和查看。有四个选项卡时，可对“凭证选项”、“账簿选项”、“会计日历”、“其他选项”四部分内容的操作控制选项进行修改。

操作任务

1 月 5 日，小赵在孙主管指导下完成总账参数选项控制，具体如表 4－12 所示。

表 4－12

选项卡		参数设置
凭　证	制单控制	制单序时控制
		支票控制
		赤字控制：资金及往来科目
		不允许修改、作废他人填制的凭证
		超出预算允许保存
	凭证编号方式	系统自动编号
	凭证控制	出纳凭证必须经由出纳签字
		可查询他人凭证
		现金流量科目必录现金流量项目
		自动填补凭证断号
		批量审核凭证进行合法性校验
		打印凭证页脚姓名
	财务分析系统预算控制	按科目方向控制
账　簿	明细账打印方式	按年排页
其　他	部门排序方式	按编码排序
	个人排序方式	按编码排序
	项目排序方式	按编码排序

操作向导

以账套主管注册展开【财务会计】下的【总账】下的【设置】→选择【选项】进入“选项”对话框进行设置→【确定】保存相应设置。

进入“选项”对话框后，单击各选项卡后单击相应项目打“√”或取消“√”，或者选择相应单选按钮进行设置，设置完毕单击【确定】保存相应设置（见图4-68）。

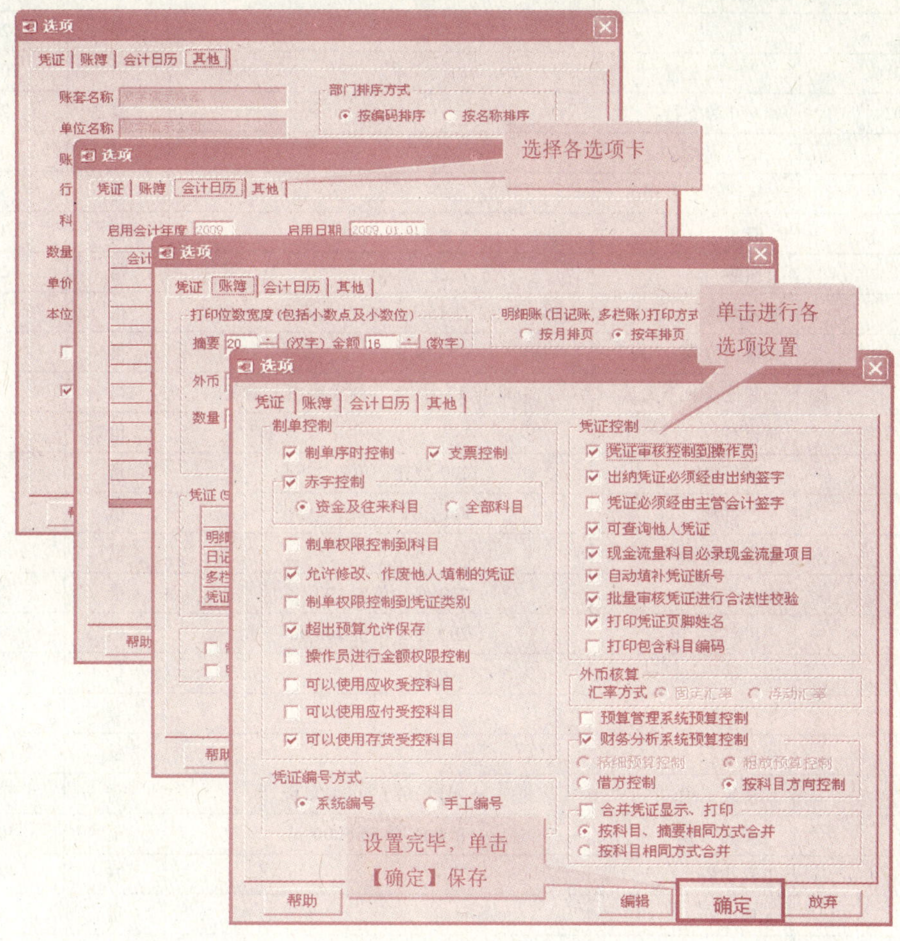

图4-68 账套参数选设置

二、期初余额录入

第一次使用账务处理系统，在完成建账及其他基础信息、基础档案设置后，还必须把手工会计中的年初余额、累计借方发生额、累计贷方发生额及月初余额录入系统，以备进入日常账务处理环节。如果系统中已有上年数据，在“建立”新年度账和“结转上年数据”后，上年各账户余额将自动结转到本年，无须录入。

操作任务

1月5日，小赵在孙主管指导下，录入了相应的期初余额（见表4－13）。

表4－13

科目编码	科目名称	辅助核算明细及数量	方向	期初余额
1001	库存现金		借	2 500
1002	银行存款		借	173 000
100201	工行存款		借	120 000
10020101	实践支行		借	100 000
10020102	开源支行		借	20 000
100202	中行存款		借	53 000
1101	交易性金融资产		借	50 000
110101	股票		借	30 000
110102	债券		借	20 000
1121	应收票据	2008年12月15日，向明天商贸公司销货	借	12 000
1231	其他应收款		借	700
123101	其他应收个人款	2008年12月29日刘采购出差借款	借	700
1403	原材料		借	50 400
140301	甲材料	1200公斤，单价22元	借	26 400
140302	乙材料	800公斤，单价30元	借	24 000
1406	库存商品		借	60 000
140601	A产品	200件，单价100元	借	20 000
140602	B产品	200件，单价200元	借	40 000
1601	固定资产		借	6 800 000
1602	累计折旧		贷	125 060
1604	在建工程		借	2 100 000
160401	建筑工程	一号厂房1 600 000元	借	1 600 000
160402	安装工程	单身宿舍500 000元	借	500 000
1605	工程物资		贷	120 000
1701	无形资产		借	45 000
1702	累计摊销		贷	10 000
2001	短期借款		贷	575 540
2202	应付账款	2008年12月11日，向长生公司购货款	贷	33 000
2601	长期借款		贷	2 300 000
2801	预计负债		贷	5 000
4001	实收资本		贷	6 555 000

在“企业流程”界面选择“业务”选项卡，单击【财务会计】下的【总账】下的【设置】下的【期初余额】→启动“期初余额录入”窗口→依次输入期初余额。

进入【设置】下的【期初余额】，在“期初余额录入”界面分不同情况录入余额（见图 4－69、图 4－70）。

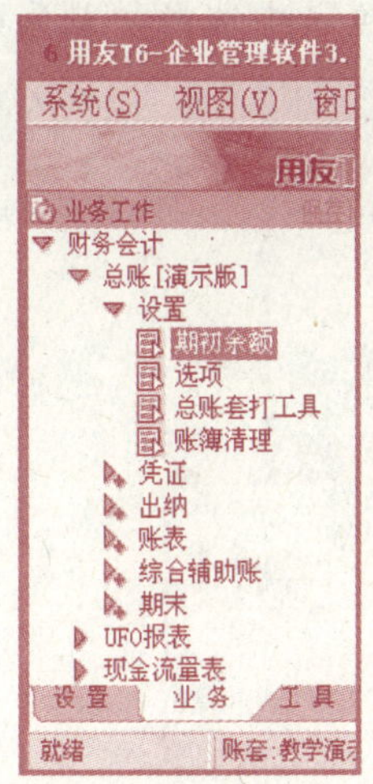

图 4－69 进入期初余额界面

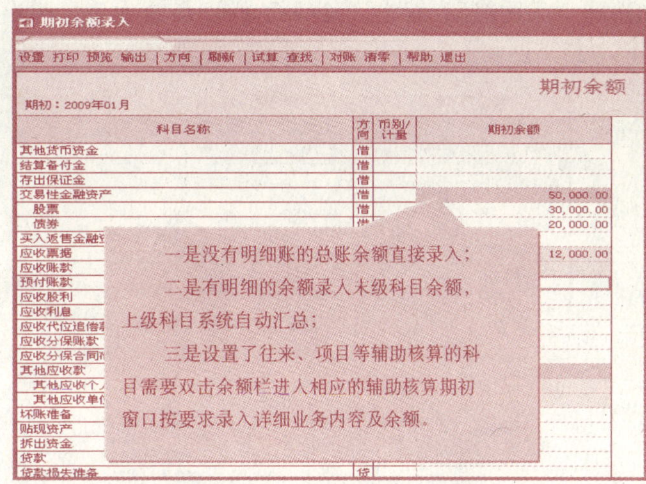

图 4－70 录入期初余额录入

（1）无明细账或非辅助核算的：直接在科目对应的余额栏直接录入余额。

（2）有明细账余额的：只需要输入末级科目余额，上级科目余额系统会自动汇总。如操作任务中的“银行存款”，只需要输入“10020101 实践支行”100 000 元和“10020102 开源支行”20 000 元的余额，系统自动汇总到“100201 工行存款”余额栏 120 000 元；再输入“100202 中行存款”53 000 元，系统自动汇总到“1002 银行存款”余额栏 173 000 元。

（3）设置了辅助核算的：无论是客户往来、供应商往来、个人往来还是项目等辅助核算科目的期初余额录入，均可在双击余额栏后打开相应的辅助核算期初窗口按要求录入相应明细内容和金额，退出录入窗口后返回期初余额窗口，金额自动汇总显示。如任务中的“1121 应收票据”余额，必须双击“应收票据”余额栏空白处，进入“客户往业期初”窗口，依次录入“2008 年 12 月 15 日明天商贸，销售商品，借方余额为 12 000 元，陈销售经办”等信息，单击【退出】命令按钮，返回“期初余额录入”窗口。系统显示该项余额 12 000 元（见图 4－71）。

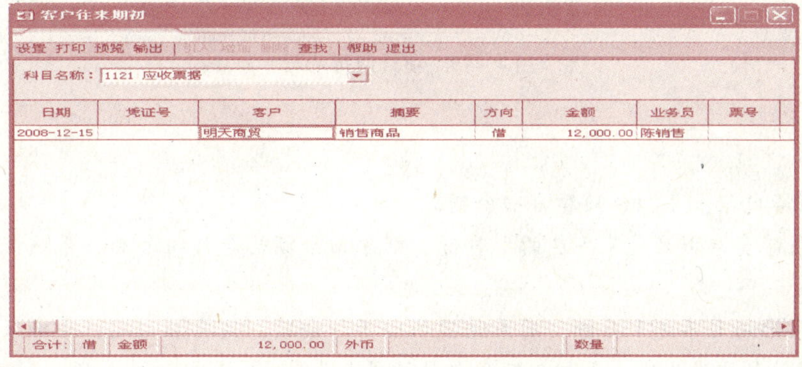

图 4－71 客户住来期初余额录入

（4）如案例中的“122101 其他应收款——应收个人款”余额录入：在“期初余额录入”窗口双击打开“个人往来期初”，选择日期，双击“部门”栏，点放大镜，弹出的“参照”中选择“采购部”；双击“个人”栏，点放大镜，弹出的“参照”中选择“刘采购”（见图4-72）。

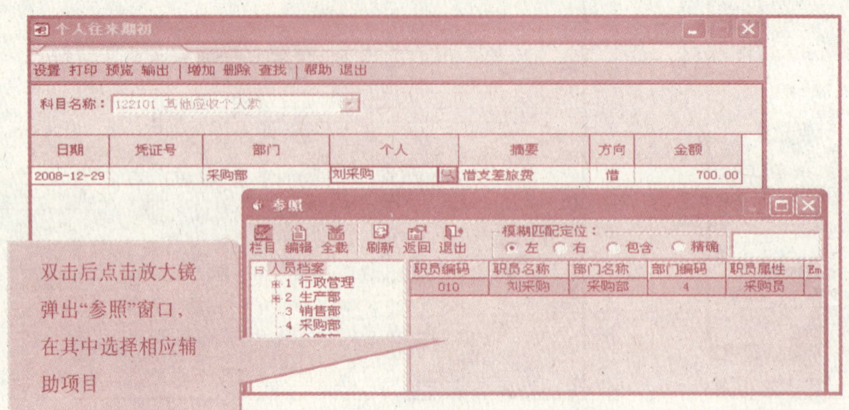

图4-72　个人往来期初录入

（5）如案例中的“160401 在建工程——建筑工程”余额录入：在“期初余额录入”窗口双击该科目余额栏空白处，打开“项目核算期初”窗口，单击【增加】，双击“项目”栏，点放大镜，在弹出的“参照”窗口中选择“生产在建”下的“一号厂房”，再输入借方金额1 600 000元，单击【退出】返回“期初余额录入”窗口，该科目余额栏显示出余额1 600 000元（见图4-73）。

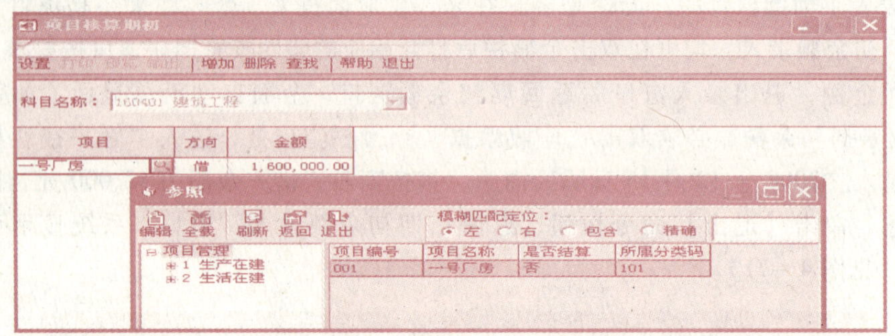

图4-73　项目期初录入

知识链接

期初余额包括：年初余额和月初余额。

- 如果账套启用月是某年度的1月份，则年初余额就是月初余额，系统只显示期初余额；
- 如果启用月不是1月份，则系统显示出两种余额，只要录入期初余额及累计借方发生额、累计贷方发生额，年初余额会自动计算出来。

教师点拨

- 只能录入最末级科目的余额和累计发生数，上级科目（为深灰色）的余额和累计发生数系统自动计算汇总。
- 在录入辅助核算科目期初余额之前，必须先设置各辅助核算目录。
- 所有辅助核算科目都不能直接在余额栏（为浅灰色）录入余额，必须双击该科目的余额栏，打开相应辅助核算期初窗口，依次按明细内容录入相关信息及余额。
- 有数量核算的科目，必须先录入期初余额，再录入数量。
- 有外币核算的科目，必须先录入本币余额，再录入外币余额。
- 期初余额录入完毕，必须进行对账并试算平衡。试算不平，将不能记账，但可填制凭证。
- 若已记过账，则不能再录入、修改期初余额，也不能“结转上年余额”。如果确实需要录入，必须取消记账。

教学小结

- 新建账套的创建由于还没有其他操作员，只能由系统管理员进行。操作思路是先增加用户，再建账，最后设置用户权限，要做什么就选什么菜单及命令。
- 对于已建账套的修改或者是年度账套的建立，因是对已存在账套的操作，所以由账套主管进行操作。要修改账套，进入“系统管理”中【账套】菜单下的【修改】；要建立年度账，则进入系统管理中【年度账】菜单下的【建立】。

第5章 UFO报表系统

学习目标

- ☐ 掌握自定义创建 UFO 报表的方法
- ☐ 熟练掌握报表格式设置、报表公式编辑、数据管理、表页操作的方法及报表输出的操作技术
- ☐ 熟练调用报表模板生成常用会计报表

课前导读

在会计电算化中，账务处理的结果以文件形式存放于有关数据库中，会计报表中各项目所需数据，绝大多数不是由操作员直接在屏幕上直接录入，而是通过报表公式从总账系统或其他子系统中取得，由系统生成报表数据。

本章内容包括 UFO 报表系统的功能及操作流程、UFO 报表的自定义设计、调用 UFO 报表模板及 UFO 报表数据生成与管理四个部分。需要完成的操作任务主要有：自定义设计报表格式及公式、调用报表模板生成资产负债表及利润表、数据生成、表页管理及报表输出。

实习情景

小赵在实习了总账系统日常业务、期末业务处理之后，已较为完整地认识了电算化软件中从凭证到账簿的操作流程，孙主管将继续向小赵介绍会计核算程序中最终环节——会计报表。小赵在孙主管的指导下，首先根据“货币资金报表”样表，实习创建报表、自定义报表格式、自定义报表公式三项内容；然后实习调用报表模板生成资产负债表和利润表的方法；之后实习录入关键字、审核报表、舍位平衡、表页管理等功能；最后实习查找表页、透视表页、联查明细账、报表打印这四个功能。

第一节 UFO 报表系统的功能及操作流程

UFO 报表系统是一个通用电子表格软件，它可以单独使用，也可与其他财务模块一起使用。可独立完成表格制作、数据运算、图形分析等电子表格的所有功能。与总账系统等模块关联运行时，则作为财务系统的通用会计报表系统使用，具有制作报表格式、数据运算、报表生成、报表输出、报表分析等功能。

一、UFO 报表系统的功能

（一）报表系统的功能

UFO 电子报表系统具有强大的报表编制和数据处理功能，由报表管理系统的一系列模块来实现。这些模块分别是文件管理功能、格式管理功能、数据处理功能、图表功能和二次开发功能。其基本框架如图 5－1 所示。

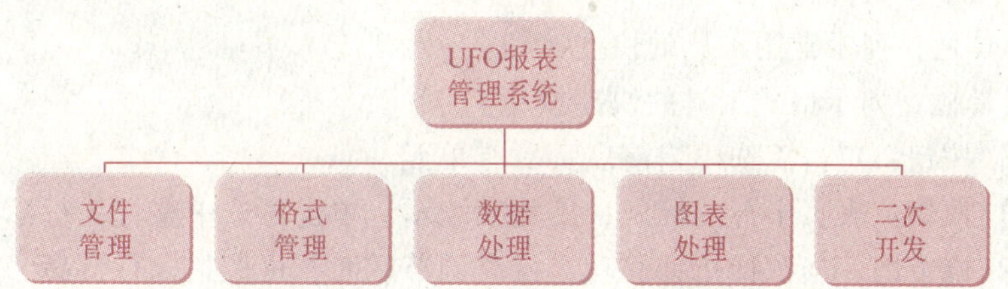

图 5－1 报表系统基本功能

（二）熟悉报表系统的窗口

启动 UFO 报表系统，出现系统窗口，如图 5－2 所示。

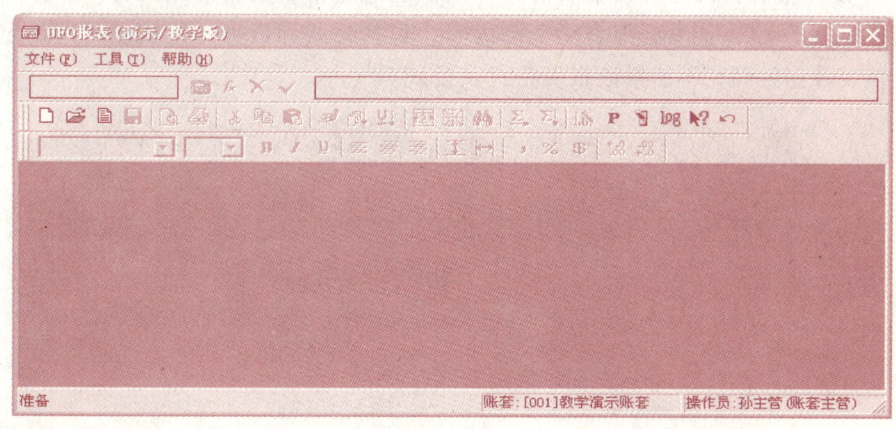

图 5－2 系统窗口

在系统窗口中创建一个空白报表文件或打开一个已存在的报表文件，系统窗口将转换为报表窗口，如图5－3所示。

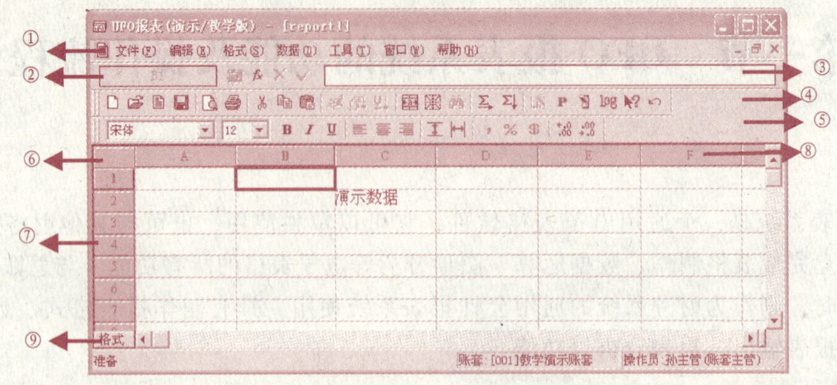

图5－3　报表窗口——格式状态

① 菜单栏：显示 UFO 电子报表系统中所有一级菜单功能项。

② 名称框：显示当前选中单元格。在格式状态下，显示选中区域名称；在数据状态下，显示选中区域的名称和表页号。

③ 编辑栏：用于编辑当前单元格格式内容或数据内容。光标所在单元格的内容将自动显示在编辑框中。

④ 常用工具栏：列示常用工具的快捷按钮。

⑤ 格式工具栏：列示格式工具的快捷按钮。

⑥【全选】按钮：单击后选中当前表页所有单元。

⑦【行标】按钮：表页中行的标识，用数字表示。单击可选中整行，行标与行标之间的下凹区域为行高调节区，当鼠标指针移动至行高调节区时，可调整该行行高。

⑧【列标】按钮：表页中列的标识，用英文字母表示。单击可选中整列，列标与列标之间下凹区域为列宽调节区，当鼠标指针移动至列宽调节区时，可调整该列列宽。

⑨【格式/数据】切换按钮：单击可在格式状态和数据状态之间切换。格式状态下（见图5－3）可设计报表格式、定义报表公式，而不能进行报表数据的录入、计算等操作；数据状态下（见图5－4）能看到报表的全部内容，包括格式和数据，但只能利用既定的报表格式进行报表数据处理，不能修改报表格式及公式。

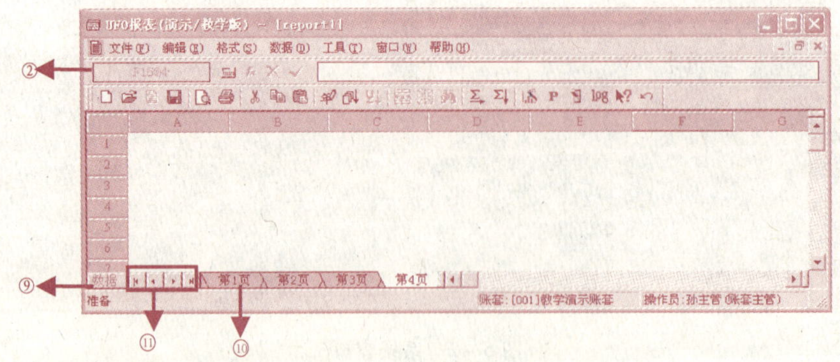

图5－4　报表窗口——数据状

⑩ 页标：是表页在报表中的序号。只有在数据状态下，页标才能显示出来。

⑪【页标滚动】按钮：当表页较多时，所有页标不可能同时显示，这时使用页标滚动按钮，查找所需表页。

（三）UFO 报表系统中的基本概念

1. 单元。单元是组成 UFO 报表的最小单位，单元名称由所在单元的“列标 + 行标”组合标识。列标用字母 A ~ IU 表示，最大列数为 255 列，行标用数字 1 ~ 9999 表示，最大行数为 9999。

2. 单元属性。指单元的类型、字体图案、对齐方式及边框等。UFO 系统中单元类型是指该单元格内容的类型，主要有三种类型，分别是数值单元、字符单元和表样单元。

- **数值单元**：用于存放数值型数据，可在数据状态下直接输入，也可由单元公式运算生成。建立一个新报表时，所有单元的类默认为数值型。

- **字符单元**：存放汉字、字母、数字及键盘可输入的符号组成的字符串，一个单元中最多可输入 63 个字符或 31 个汉字，字符单元的内容可在格式状态下直接输入或由单元公式生成。

- **表样单元**：用于存放报表的格式，是定义一个没有数据的空表所需的所有文字、符号或数字，一个单元中最多可输入 63 个字符或 31 个汉字，表样单元对所有表页都有效。表样单元在格式状态下输入和修改，在数据状态下只能显示不能修改。

3. 组合单元。由相邻两个或两个以上的单元组合而成，构成组合单元后，在格式设计和数据处理时被视为一个单元。在设置组合单元时，形成组合单元的单元必须是同一单元类型，组合单元的名称可能用区域名称或区域中的某一单元的名称来表示。

4. 区域。是由一张表页上的一组单元组成的矩形块。最大的区域是一个表页的所有单元，最小区域是一个单元。在描述一个区域时，在开始单元（左上角）名称与结束单元（右下角）名称之间加“:”连接，如 A3：H14。

5. 二维表与三维表。“维”是确定某一数据位置的要素。在平面直角坐标系中的任意一个点均可由其对应横坐标和纵坐标来表示，同理，表格中的任意一个数据所处的位置也可以由该数据所对应的行标和列标来表示。

二维表：是由行标、列标两个要素定位数据所处位置的表格。

三维表：将多个相同的二维表叠加在一起，定位表中一个数据的要素就增加一个，即页号，这个叠加表称为“三维表”。

若再将多个不同的三维表叠加在一起，定位表中一个数据的要素需增加一个，即表名，而三维表的表间操作称为“四维运算”。

6. 报表文件与表页。在 UFO 报表系统中可将格式相同而数据不同的报表，用表页的形式加以管理，表页是由若干行和列组成的二维表，把不同的数据放在不同的表页里，并用同一个报表文件名予以保存，一个 UFO 报表文件最多可容纳 99999 张表页。

例如：全年各月的资产负债表，报表结构和取数公式相同，而各月数据不同，可用不同的表页“第 1 页”、“第 2 页”……“第 12 页”分别表示 1 ~ 12 月的资产负债表，并存放于同一个名为“资产负债表”文件中。在此报表文件中，确定一个数据所在位置的要素是：表页号、行标和列标，因此，报表文件是一个三维表。

7. 关键字。关键字是游离于单元之外特殊的数据单元。关键字的显示位置在格式状态下设置，关键字的值则在数据状态下录入。每个报表可以定义多个关键字，一般包括：单位名称、单位编号、年、季、月、日等，也可以自行定义。关键字用于唯一标识一个表页，以便在多张表页中快速查找某一张表页。报表格式设计完成，可利用不同关键字值获得不同会计期间的报表。

二、UFO 报表系统的操作流程

UFO 报表系统的基本操作流程可用图 5 -5 表示。

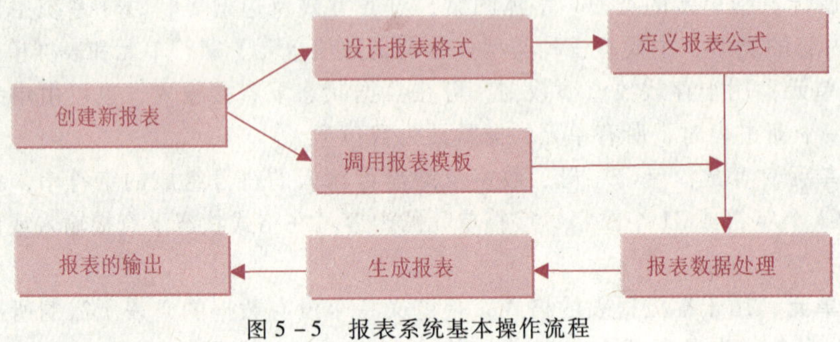

图 5 -5　报表系统基本操作流程

第二节　UFO 报表的自定义设计

运用 UFO 报表系统提供的各种格式定义工具，如设置表尺寸、表格线、组合单元、单元属性等，用户可根据实际工作需要，制作各种格式的报表。

一、创建新报表

操作任务

1 月 30 日，孙主管引导小赵在 UFO 报表系统中创建一张报表。要求：

1. 启动 UFO 报表系统。
2. 创建一个文件名为"货币资金报表 . REP"报表文件。

操作向导

启动 UFO 报表系统→新建报表文件→保存文件。

以孙主管身份登录"企业门户"后，在"企业流程"窗口【业务】选项卡中，依次单击【财务会计】→【UFO 报表】，打开"UFO 报表"系统窗口。单击【新建】按钮 或打开菜单【文件】→【新建】，新建报表文件，默认 report1，在相应位置保存为 . rep 的文件（见图 5 -6）。

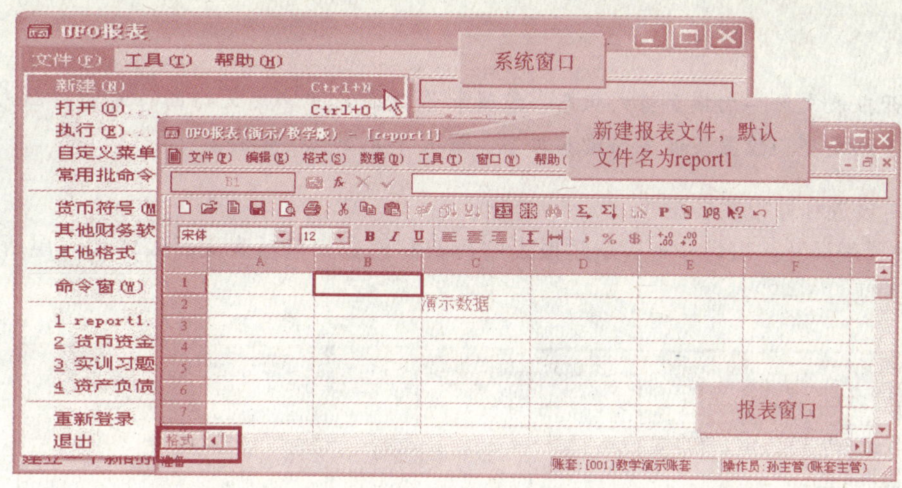

图 5－6　新建报表文件

二、自定义报表格式

报表格式设计是制作报表的基础，决定了每张报表的外观和结构，必须在格式状态下定义。

操作任务

1 月 30 日，孙主管指导小赵在新创建的“货币资金报表 . rep”文件中，根据样见表 5－1，完成自定义报表的设计。

表 5－1　　货币资金报表

单位名称：　　年　月　日　　单位：元

项目	期初余额	借方发生额	贷方发生额	期末余额
库存现金				
银行存款				
合　计				

单位负责人　　财务主管　　会计　　制表

1. 设置表尺寸为 7 行 5 列，表格行高和列宽自行定义。
2. 设置表格画线类型：网线，线型，细实线。
3. 设置表格单元类型：B4 ∶ E6 区域为数值型，格式为位小数加逗号；表格内其余单元区域均为表样型。
4. 设置单位名称、年、月、日为关键字，调整关键字至合适位置。
5. 按样表录入表格文字，自行设计字体图案、对齐方式。

操作向导

打开报表文件→切换至格式状态→设置和修改表尺寸→定义行高、列宽→画表格线→设置单元类型→设置关键字→输入文字、设置单元属性→保存。

（一）设置和修改报表尺寸

1. 设置表尺寸。表尺寸是指新建报表的行数和列数，包括表头、表体和表尾所占行数和列数。（见图5－7）

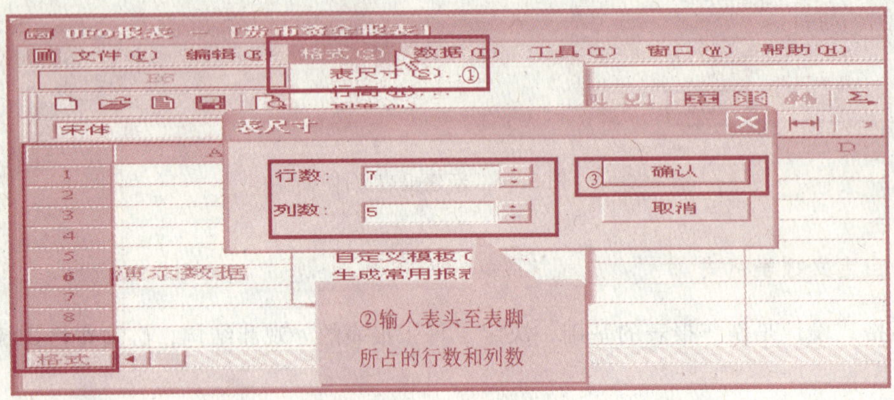

图5－7　设置报表尺寸

2. 修改表尺寸。单击【编辑】菜单下的【插入】或【追加】或【删除】，可分别选择【行】或【列】命令，输入需增加或删除的行数和列数。如图5－8是插入行或列的操作，追加、删除行列操作类似。

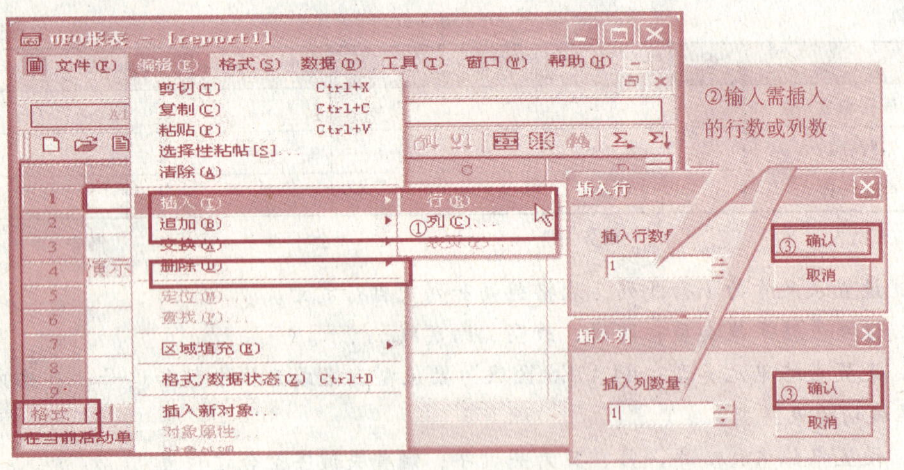

图5－8　插入行或列

知识链接

一张完整的报表一般由表头、表体和表尾三个部分组成，如表 5－2 所示。

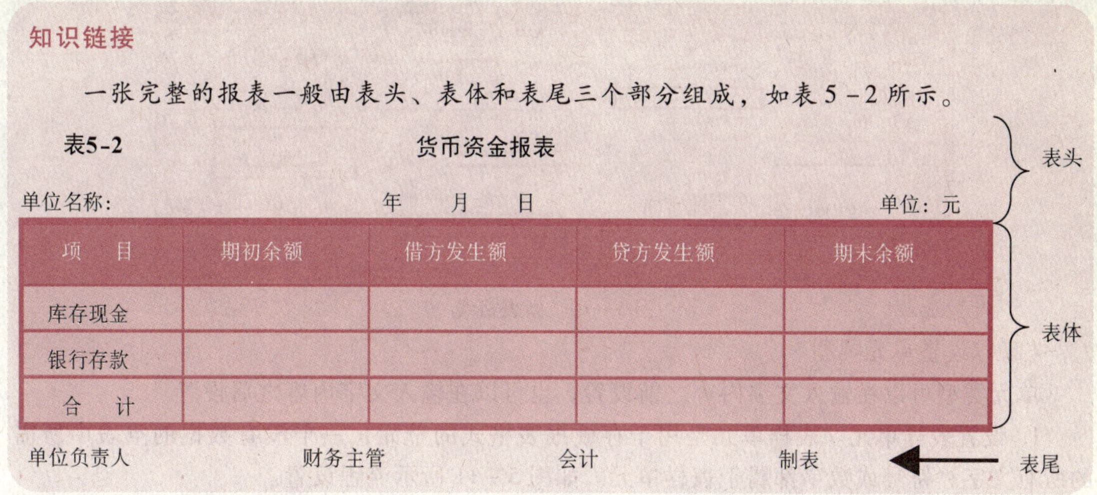

表5-2　　货币资金报表

单位名称:　　　　年　月　日　　　　单位：元

项　目	期初余额	借方发生额	贷方发生额	期末余额
库存现金				
银行存款				
合　计				

单位负责人　　财务主管　　会计　　制表

想想试试

【插入】和【追加】都可实现行和列的增加，这两个功能有何区别？

（二）定义行高和列宽

定义行高和列宽有利用菜单和鼠标两种方法。利用鼠标就是直接将光标定位在行标或列标分隔线上，直接拖动鼠标进行调整。利用菜单设置的操作方法是：在“格式”状态下单击【格式】下【行高】或【列宽】，可设置选定行和列的行高或列宽（见图 5－9）。

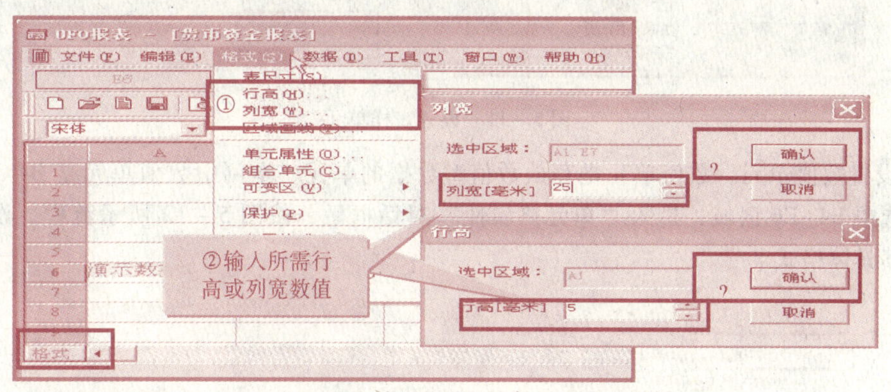

图 5－9　菜单法设置行高和列宽

（三）画表格线

表格的表头、表尾部分一般不用表格线，只需对表体部分设置表格线即可。

1. 画表格线。选中要画表格线的单元区域，单击【格式】下【区域画线】，在“区域画线”对话框中选择线的样式及画线类型，单击【确认】即可（见图 5－10）。

2. 修改表格线。在图 5－10 中，重新选择表格线类型修改成需要的表格线，在“样式”中选择样式为“无”时，将删除原有表格线。

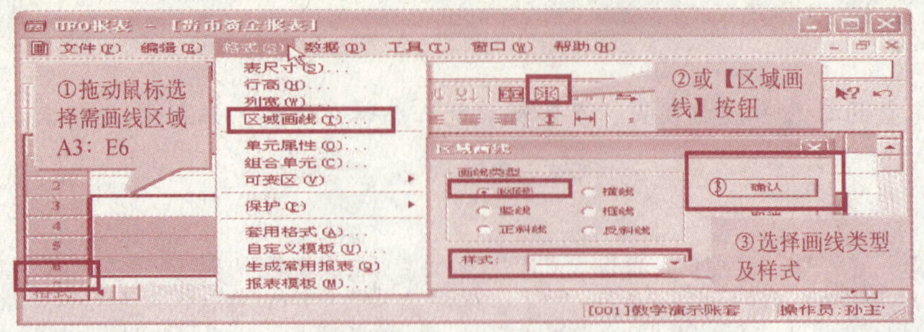

图 5－10　画表格线

（四）设置单元类型

单元类型可以在输入文字内容之前设置，也可以在输入文字内容之后设置。

1. 设置表样单元。表样单元是用于存放报表格式的单元，一个没有数据的空表中所需的所有文字、符号或数字都属于表样单元。如图 5－11 所示流程设置。

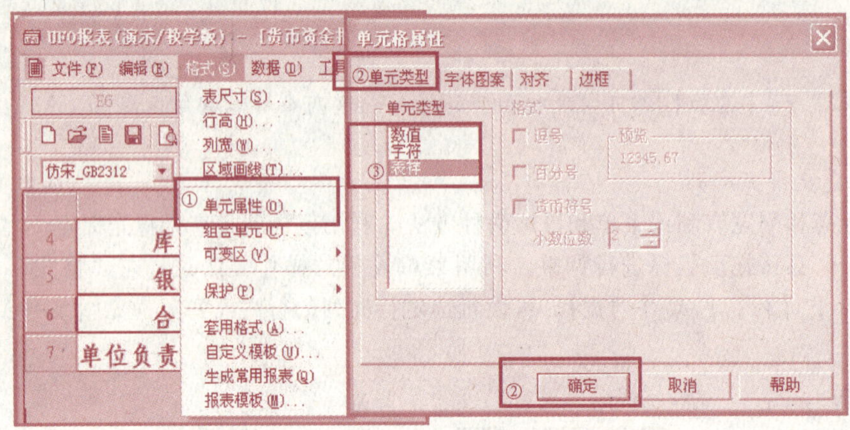

图 5－11　设置表样单元

2. 设置数值单元。数值单元是存放数值型数据的单元。本例中数值单元是 B4 : E6 单元区域，选中 B4 : E6 区域，进入“单元格属性”对话框后，按图 5－12 所示流程，设置数值单元及其具体格式。

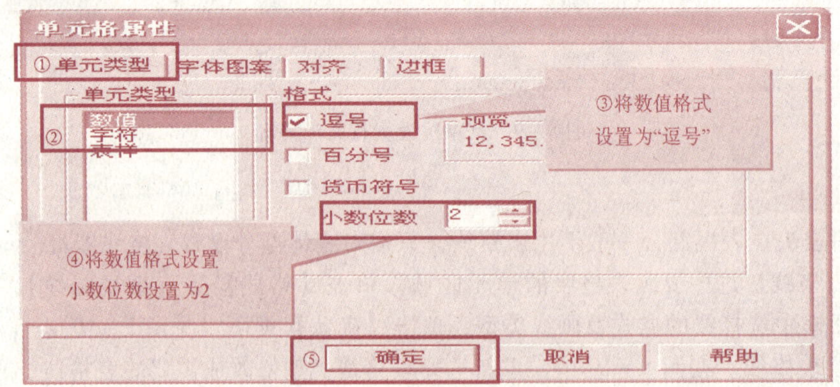

图 5－12　设置数值单元格式

（五）关键字设置

一个报表文件中包含有多张表页的情况下，关键字是区分不同表页的唯一标识。

1. 设置关键字。默认可以设置的关键字有：单位名称、年、季、月、日等，也可自定义。本例中要设置：单位名称、年、月、日，它们在样表中的位置分别是 A2、B2、C2 和 D2 单元格。详见下图 5－13。

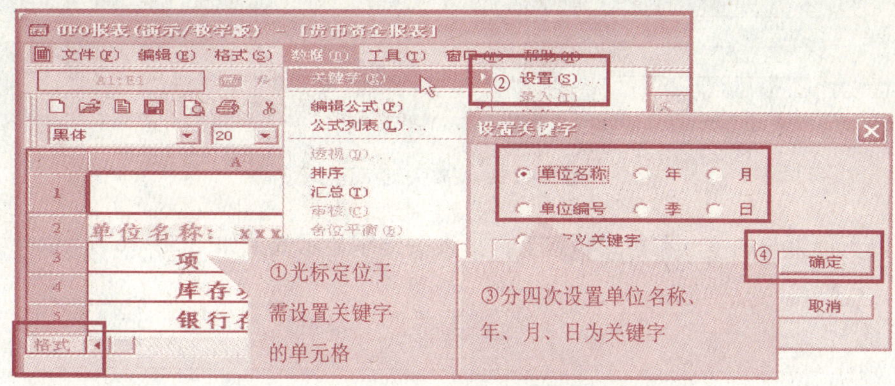

图 5－13　设置关键字

教师点拨

关键字应单项设置，即一次只能定义一个关键字。

关键字设置完毕，显示为红字，并在其后显示占位符 ×，× 的个数表示关键字值的最大长度。

2. 取消关键字。当关键字设置错误时，可按图 5－14 示意流程取消关键字。

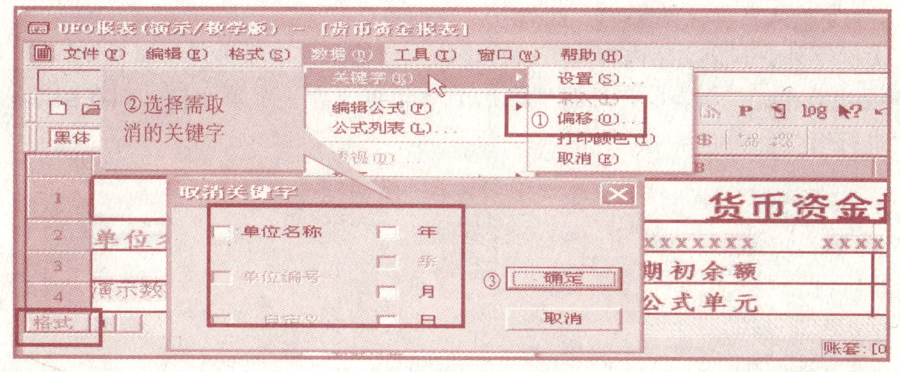

图 5－14　取消关键字

3. 调整关键字位置。关键字定义完成之后，几个关键字可能会重叠在一起，关键字之间的间隔也可能不合理，需要对其位置进行调整。具体流程见本例（见图 5－15）操作流程。

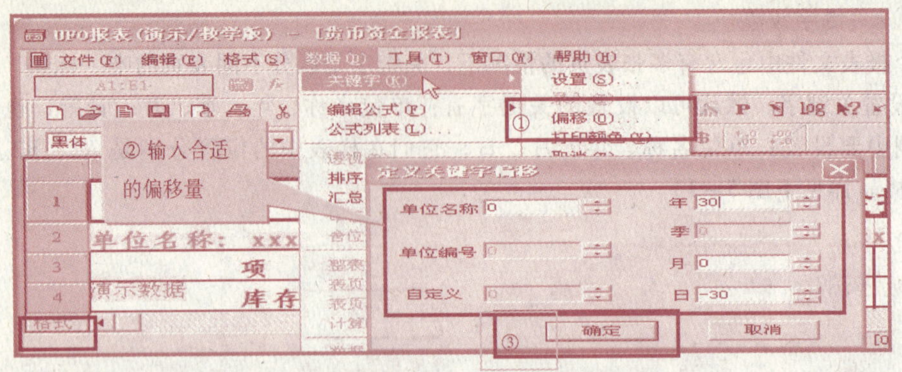

图 5－15　调整关键字位

通过以上设置与调整，在格式状态下，报表关键字显示效果如图 5－16 所示。

图 5－16　关键字设置效果图

教师点拨

关键字偏移量取值范围在－300～300 之间，负数表示向左偏移，正数表示向右偏移。

值得注意的是，在调整表格列宽时，将同时影响关键字之间的间隔。也就是调整表格的列宽到关键字的位置。

（六）文字输入及属性设置

除了关键字外，其余文字内容均可以直接输入。输入完毕后再进行属性设置。

1. 定义组合单元。报表中有时需要将几个单元组合为一个单元格。如在图 5－17 中标题行需要进行组合。

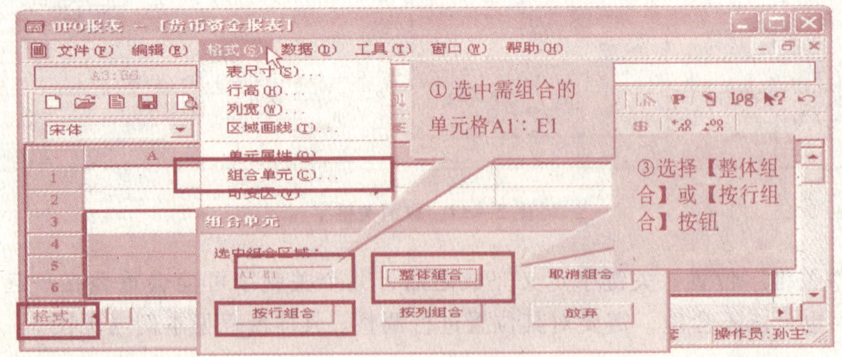

图 5－17　定义组合单元

2. 设置字体图案。字体图案包括字体、字型、字号及前景色、背景色、图案六项内容，可根据需要设置（见图 5 – 18）。

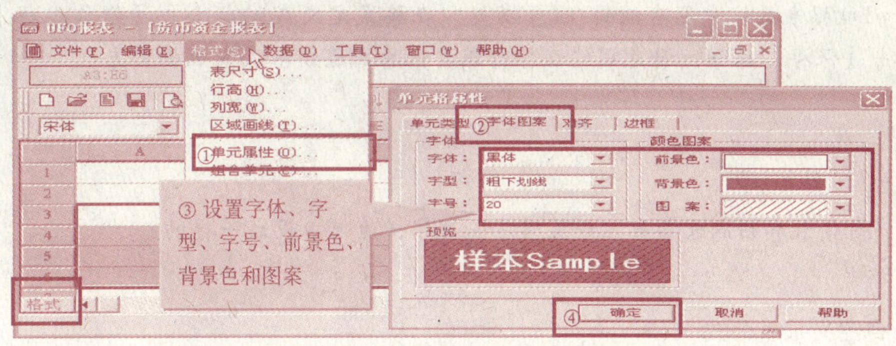

图 5 – 18　设置字体及颜色图案

3. 设置对齐方式。为使表格更为美观，还可进一步设置报表中文字的水平与垂直对齐方式（见图 5 – 19）。

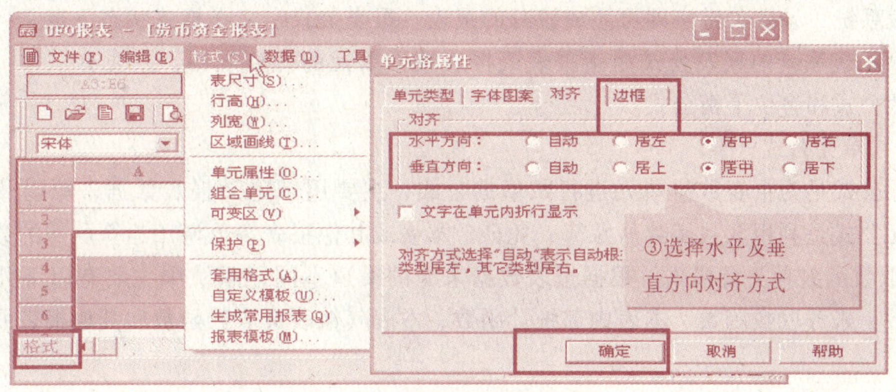

图 5 – 19　设置对齐方式

4. 设置边框。边框的设置除了可使用【格式】→【区域画线】命令之外，还可通过【格式】→【单元属性】命令中的【边框】选项卡进行设置（见图 5 – 20）。

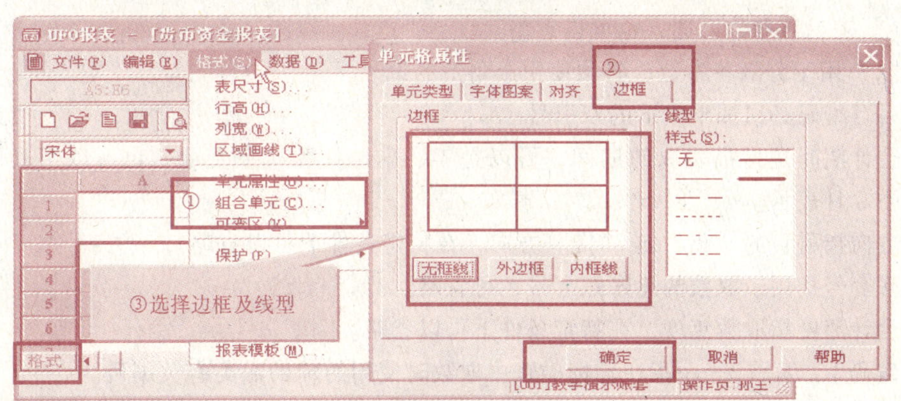

图 5 – 20　设置边框

教师点拨

在 UFO 报表系统中没有撤销/恢复功能，在格式定义或编辑公式等操作过程中，请经常单击【保存】按钮，避免因错误操作或其他原因造成格式或数据丢失。

想想试试

资产负债表和利润表各自应设置哪些关键字，为何不设成一样的？

三、自定义报表公式

在报表格式设置完毕之后，显示的是一张没有数据的空表，其数据需经用户定义报表公式，以从总账或应收（应付）、工资、固定资产等其他子系统中提取。报表文件中的报表公式只需在首次使用报表系统时定义一次，以后各月末完成全部凭证及期末业务后，则只需要进入报表系统，录入关键字即可生成该月的报表。报表公式定义在格式状态下定义。

UFO 报表系统的报表公式是指报表或报表数据单元的计算规则，主要有三种：单元公式、审核公式和舍位平衡公式。

（一）单元公式

单元公式是为报表数值单元进行赋值的公式，主要用于定义报表数据来源以及运算关系。单元公式是利用取数函数从账簿、凭证、本表或其他报表等处调用运算所需的数据。

1. 取数函数种类及格式。根据报表数据来源的渠道不同，系统中主要有以下几类报表取数函数：账务取数函数、本表内部统计函数、本表其他表页取数函数和其他报表取数函数等。

（1）账务取数函数。取自总账子系统数据的取数函数。通用格式为：

函数名（<科目编码>，<会计期间>，[方向]，[账套号]，[会计年度]，[编码1]，[编码2]）

其中：

- [ ] 表示该参数可选，也可以省略。
- “,”用于分隔各参数，必须使用半角下的逗号。
- 科目编码必须加半角下的双引号。
- 会计期间是指报表取的期间，可以是年、季、月等汉字变量，也可以用具体的年、季、月表示。
- 方向指科目的“借”或“贷”方向，在特定条件下可以省略。
- 账套号指用于取数的总账账套号，可省略。
- 会计年度指取数年度，在特定条件下可以省略。
- 编码 1、编码 2……指在辅助类账中取数时使用的辅助账类有关编码。
- 函数中所有字母和符号均应在半角状态下输入，否则无法正确取数。

主要财务取数函数如表 5 - 3 所示。

表 5－3

函数名	金额式	数量式	外币式
期初余额函数	QC	SQC	WQC
期末余额函数	QM	SQM	WQM
发生额函数	FS	SFS	WFS
累计发生额函数	LFS	SLFS	WLFS
条件发生额函数	TFS	STFS	WTFS
对方科目函数	DFS	SDFS	WDFS
净额函数	JE	SJE	WJE
汇率函数	HL		

教师点拨

此处函数名与期末业务自定义转账业务中取数函数的函数名大体一致，但需注意使用时格式有一定区别。

（2）本表页内部统计函数。本表页内部统计公式用于在本表页内指定区域中取得求和、计数、取平均值、取最大值、取最小值等统计运算的结果，主要实现本表页中相关数据的计算、统计功能。

主要本表页内部统计函数如表 5－4 所示。

表 5－4

函数名	函　数	函数名	函　数
求和	PTOTAL	计数	PCOUNT
平均值	PAVG	方差	PVAR
最大值	PMAX	偏方差	PSED
最小值	PMIN		

其格式为：

函数名（数据源区域）

具体应用：

PTOTAL（A1:B6）　　表示对 A1～B6 单元区域的数值求和。

PAVG（A1:B6）　　表示对 A1～B6 单元区域的数值求平均值。

（3）本报表其他表页取数函数。对于取自本报表其他表页的数据，可以利用某个关键字作为表页定位的依据，或者直接以页标号作为定位依据，指定取某张表页的数据。其格式为：

SELECT（　）或 <目标区域> = <数据源区域>@ <页号>

具体应用

C1 = SELECT（C2，月@ = 月 + 1）

表示 C1 单元格的数据取自本表上个月 C2 单元格的数据。

C1 = C2@2

表示 C1 单元格数据取自本报表第二张表页 C2 单元格的数据。

（4）其他报表取数函数。用于从另一报表表页的某个单元或某些单元中采集数据。在报表间取数时，不仅要考虑数据取自哪一张表页的哪一单元，还要考虑数据来源于哪一个报表文件，表间取数公式与同一报表内各表页间的计算公式类似，主要区别在于增加了报表文件名这一参数。其格式为：

<目标区域> = “报表名［.rep］” -> <数据源区域>@［<页号>］

其中，报表名必须加双引号，其扩展名 .rep，可以缺省；在报表名与数据源区域之间用” >”分隔；输入公式时，各参数之间不能留有空格；若有取数公式：E34 =”利润表 .rep” －>B21@2，则表示本表页 E34 单元格数据取自“利润表”第 2 页的 B21 单元格的值。

2. 定义单元公式。单元公式的定义方法主要有两种：一是直接输入法；二是函数向导输入法。

操作任务

1 月 30 日，孙主管指导小赵在其自定义的“货币资金报表 .rep”中，完成以下自定义单元公式的操作：

1. 利用相关函数定义“货币资金报表”中各数值单元公式。

2. 分别使用直接输入法和函数向导输入两种方法定义单元公式。

教师点拨

承前例中已完成格式定义的“货币资金报表”，各单元公式及含义如下：

B4 = QC（"1001"，月，"借"，"001"，2009，，，，，，）

含义：取 001 账套 2009 年 1001 库存现金科目的本月借方期初余额

B5 = QC（"1002"，月，"借"，"001"，2009，，，，，，）

B6 = PTOTAL（B4：B5）

含义：将 B4 至 B5 单元格的数值求和，公式也可为 B6 = B4 + B5

C4 = FS（"1001"，月，"借"，"001"，2009，，，，，，）

含义：取 001 账套 2009 年 1001 库存现金科目的本月借方发生额

C5 = FS（"1002"，月，"借"，"001"，2009，，，，，，）

C6 = PTOTAL（C4：C5）

D4 = FS（"1001"，月，"贷"，"001"，2009，，，，，，）

含义：取 001 账套 2009 年 1001 库存现金科目的本月贷方发生额

D5 = FS（"1002"，月，"贷"，"001"，2009，，，，，，）

D6 = PTOTAL（D4：D5）

E4 = QM（"1001"，月，"借"，"001"，2009，，，，，，）

含义：取 001 账套 2009 年 1001 库存现金科目的本月借方期末余额

E5 = QM（"1002"，月，"借"，"001"，2009，，，，，，）

E6 = PTOTAL（E4 : E5）

上述单元公式的参数中，账套号“001”和会计年度“2009”均可缺省，QC 函数和 QM 函数中方向“借”或“贷”可缺省，而 FS 发生额函数中方向不可缺省。另外，取数函数公式中不应含有空格。

（1）直接输入法。直接输入单元的取数公式。要求用户对各类函数及报表的编制原理、方法较为熟悉。

操作向导

打开已自定义格式的报表文件→切换至格式状态→【数据】→【编辑公式】→【单元公式】（进入公式编辑状态）→输入公式→确认输入。

现以 B4 单元公式为例演示直接输入法操作流程（见图 5－21）。

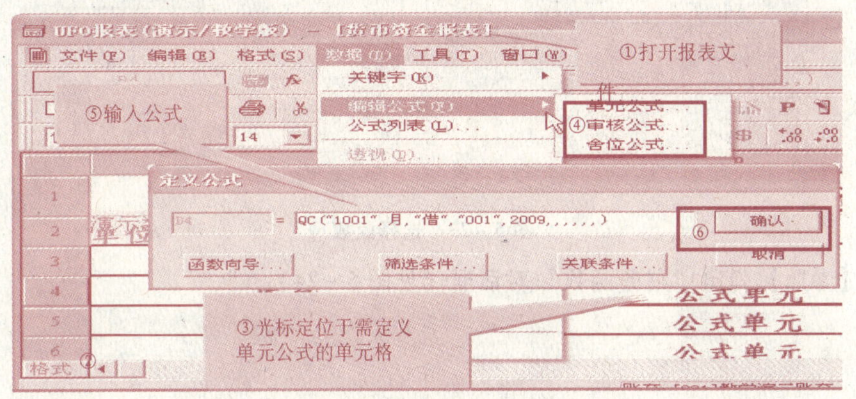

图 5－21　直接输入单元公式

教师点拨

除用上述【数据】菜单下【编辑公式】下【单元公式】的方法外，还可按键盘上“＝”键或单击工具栏【fx】按钮进入“公式定义”界面。

合计数公式除使用求和函数 PTOTAL 外，还可使用格式工具中的自动求和按钮 Σ↓ 和 Σ→，或【工具】菜单中的【自动求和】命令。

（2）函数向导输入法。为了方便用户输入公式，系统设计了函数向导，可直观、准确地输入复杂的函数公式。

操作向导

打开报表文件→切换至格式状态→进入公式编辑状态→函数向导→选择函数名→参照录入相关参数→确认输入。

以上例中 B5 单元格公式 QC（"1002"，月，"借"，"001"，2009，，，，，，）为例：以进入公式编辑状态为起点，单击【函数向导】命令（见图 5－22）。

图 5－22　进入函数向导

在左边“函数分类”框中选择函数类型，如本例中“用友财务函数”；在右边“函数名”框中选择函数名，如本例中“期初（QC）”（见图 5－23）。

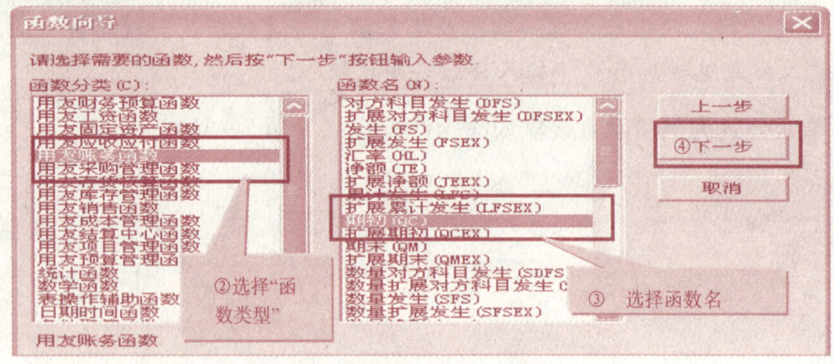

图 5－23　选择函数

单击【参照】弹出“财务函数”对话框（见图 5－24）。

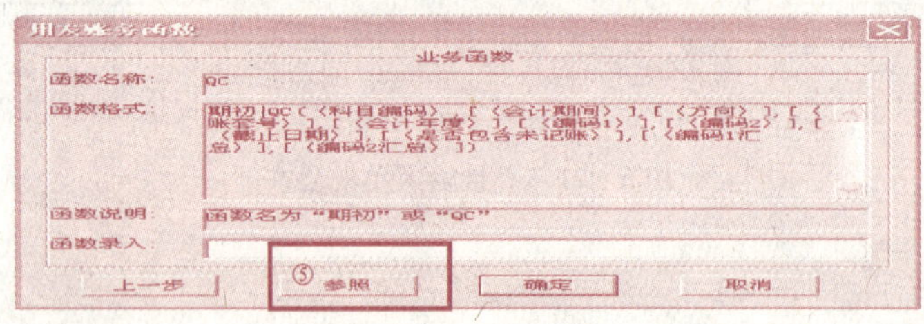

图 5－24　选择参照

依次选择或输入账套号、会计年度、科目、期间、方向等（见图 5－25）。

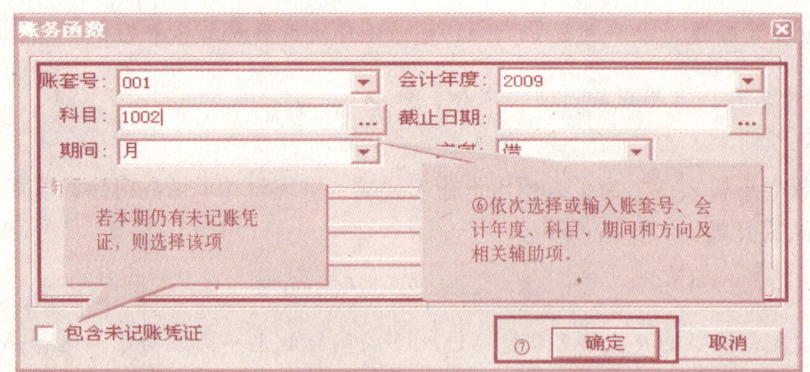

图 5－25　利用函数向导输入单元公式

可用类似的方法录入其余公式，公式输入完毕，单元格在格式状态下显示“公式单元”字样，如图 5－26 所示。

	A	B	C	D	E
1	货币资金报表				
2	单位名称：xxxxxxxxxxxxxxxxxxxxxxxxxxxxxx xxxx 年	xx 月		xx 日	单位：元
3	演示数据 项　目	期初余额	借方发生额	贷方发生额	期末余额
4	库存现金	公式单元	公式单元	公式单元	公式单元
5	银行存款	公式单元	公式单元	公式单元	公式单元
6	合　计	公式单元	公式单元	公式单元	公式单元

图 5－26　“货币资金报表”样表

教师点拨

在录入单元公式后，若需修改，则应在格式状态下，双击有“公式单元”字样的单元格进入公式编辑状态，即可进行单元公式的修改。

录入单元公式时，可将已录入的类似单元公式复制后进行修改即可。

（二）审核公式

UFO 报表系统提供了审核公式定义功能，根据报表数据间客观存在着的某种对应关系，即勾稽关系原理编制审核公式，以审核报表的正确性。定义了审核公式后，如果发现报表中数据没有满足这种勾稽平衡关系，则说明报表在编制过程中出现了错误。

如资产负债表中“资产应等于负债与所有者权益之和”、本章样表“货币资金报表”中各项目“期末余额等于期初余额加借方发生额减贷方发生额”等都是勾稽关系。

1. 审核公式格式。

<算术表达式> <比较运算符> <算术表达式> [MESS **“说明信息”**]

若在上述货币资金报表中，为检验“库存现金”项目是否满足“期末余额＝期初余额＋借方发生额－贷方发生额”的关系，可以定义如下审核公式：

E4＝B4＋C4－D4 MESS“期末余额不等于期初余额加借方发生额减贷方发生额”

其中：

E4 是期末余额，B4 是期初余额，C4 是借方发生额，D4 是贷方发生额；

“E4＝B4＋C4－D4”是平衡关系表达式，各表达式之间用“，”分隔；

“＝”是比较运算符，属于比较运算符的还有＞、＜、＞＝、＜＝、＜＞。

MESS 之后的文字是：当报表结果不满足之前的关系表达式条件时，应在屏幕上显示报错信息。

2. 审核公式定义方法。

操作任务

1 月 30 日，孙主管指导小赵在已完成单元公式定义的报表文件“货币资金报表.rep”中，实习定义审核公式：

检验“库存现金”、“银行存款”和“合计”三个项目是否满足“期末余额等于期初余额加借方发生额减贷方发生额”这一平衡关系。

教师点拨

为检验“库存现金”、“银行存款”和“合计”三个项目是否满足上述平衡关系，所定义的审核公式如下：

E4 = B4 + C4 - D4,

E5 = B5 + C5 - D5,

E6 = B4 + C6 - D6

MESS“期末余额不等于期初余额加借方发生额减贷方发生额!”

操作向导

打开报表文件→切换至格式状态→【数据】→【编辑公式】→【审核公式】→输入审核公式→确认输入。

打开报表文件后，按图 5 - 27 的流程进行操作。

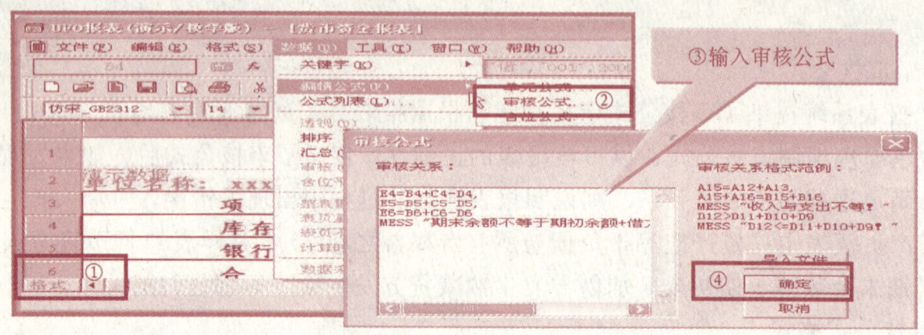

图 5 - 27　定义审核公式

（三）舍位平衡公式

企业的会计报表通常是以人民币“元”为单位进行编制的，但在上报时可能会转换为以“千元”或“万元”为单位的报表，报表数据在进行进位时，原来满足的数据平衡关系可能被破坏，因此，需要使用舍位平衡公式进行舍位，以重新调整平衡关系。

假设上例报表中库存现金的数据平衡关系为：

2 585 + 75 476 - 32 497 = 45 564

若舍掉 3 位数以“千元”为单位并保留两位小数，上式的数据成为：

2. 59 + 75. 48 - 32. 50 = 45. 57，等式不成立！

这样，原来的平衡关系被破坏，但采用舍位平衡公式调整后，系统自动将等式进行平衡调整，变为 2. 59 + 75. 48 - 32. 49 = 45. 56，等式成立！

舍位平衡公式格式：

REPORT” <舍位表文件名>”

RANGE <区域 1>，[<区域 2>]

WEI <位数>

[FORMULA <平衡公式 1> [，<平衡公式 2>] * [FOR <页面筛选条件>]]

• 舍位表文件名：和当前编辑的报表文件不能同名，如本例中取名为“货币资金报表千位舍位表”。

• 区域：要舍位的数据区域。可为多个区域，数据区之间用“,”分隔。

• 舍位位数：1～8 位。舍位位数为 1 时，区域中的数据除以 10，即以十位为单位；舍位位数为 2 时，区域中的数据除以 100，即以百位为单位；其余依此类推。本例中舍位位数为 3，即将数据除以 1000，进行千位舍位平衡。

• 平衡公式：<单元> = <算术表达式>。书写规则如下：

（1）逆顺序书写：首先写运算结果，然后一步一步向前推。

（2）每个公式写一行，各行公式之间用“,”隔开。

（3）公式只能使用“+”、“-”符号，不能使用其他运算符及函数。

（4）等号左边只能是一个不带页号和表名的单元。

（5）同一单元中只允许在等号右边出现一次。

• 页面筛选条件：确定参与舍位平衡的表页范围，缺省为当前表页，ALL 为所有表页。

操作任务

1 月 30 日，孙主管引导小赵在已完成单元公式定义的报表文件“货币资金报表.rep”中，对该表完成以下操作：进行千位舍位平衡，舍位表名为“货币资金报表千位舍位表”。

教师点拨

依据舍位平衡公式格式及书写规则，货币资金报表平衡公式如下：

E6 = E5 + E4

E6 = B4 + C6 - D6

E5 = B5 + C5 - D5

E4 = B4 + C4 - D4

操作向导

打开报表文件→切换至格式状态→【数据】→【编辑公式】→【舍位公式】→定义舍位表名、舍位范围、舍位位数及舍位公式→确认输入。

打开报表文件后，操作如图 5－28 所示的流程。

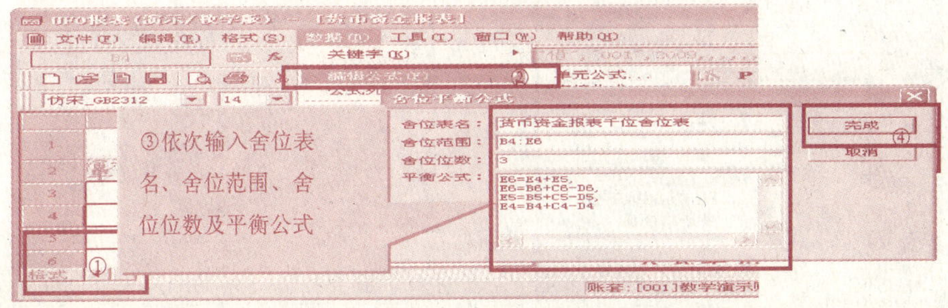

图 5－28　定义舍位平衡公式

想想试试

尝试编制资产负债表的审核公式及利润表的舍位平衡公式。

第三节 调用 UFO 报表模板

设计一个报表，除了自行设计报表格式、定义报表公式之外，还可以利用 UFO 报表系统提供的报表模板准确、高效地生成报表格式和公式。

UFO 系统提供了多个行业的标准财务报表模板，也包含可以由用户自定义的模板。用户可以根据所在行业选择相应的报表，套用其格式及公式。

一、调用 UFO 报表模板

操作任务

1 月 31 日，孙主管指导小赵实习 UFO 报表模板生成报表的方法：

1. 调用一般企业（2007 年新会计准则）报表模板生成一张资产负债表。
2. 调用一般企业（2007 年新会计准则）报表模板生成一张利润表。

操作向导

新建报表文件→切换至格式状态下→【格式】下【报表模板】→选择行业及财务报表名称→保存文件。

以资产负债表为例，演示调用报表模板的流程（见图 5 - 29）。

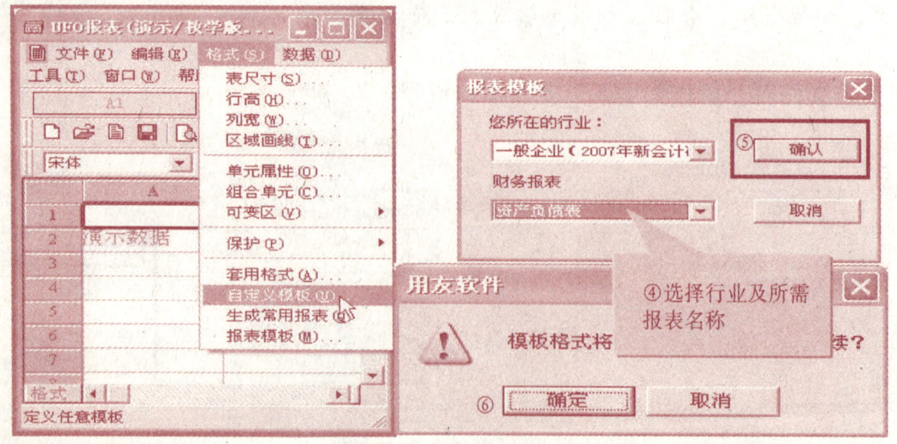

图 5 - 29 调用报表模板

教师点拨

经以上步骤，将生成一张预置好格式及公式的资产负债表空表，若报表中格式、文字和报表公式等存在不合适之处，可在格式状态下进行修改。

想想试试

尝试调用一般企业（2007 年新会计准则）报表模板生成一张利润表。

二、自定义报表模板

用户可根据本单位实际需要定制系统报表模板。

操作任务

1 月 31 日，孙主管指导小赵进行自定义报表模板操作：

（1）将自定义生成的“货币资金报表”添加到一般企业（2007 年新会计准则）报表模板中。

（2）试调用自定义报表模板“货币资金报表”生成一个新报表文件。

（一）自定义报表模板

操作向导

启动 UFO 报表【自定义报表模板】→选行业 →点击【下一步】进入增加自定义报表模板对话框。

打开报表窗口，按图 5－30、图 5－31 所示操作流程进行操作。

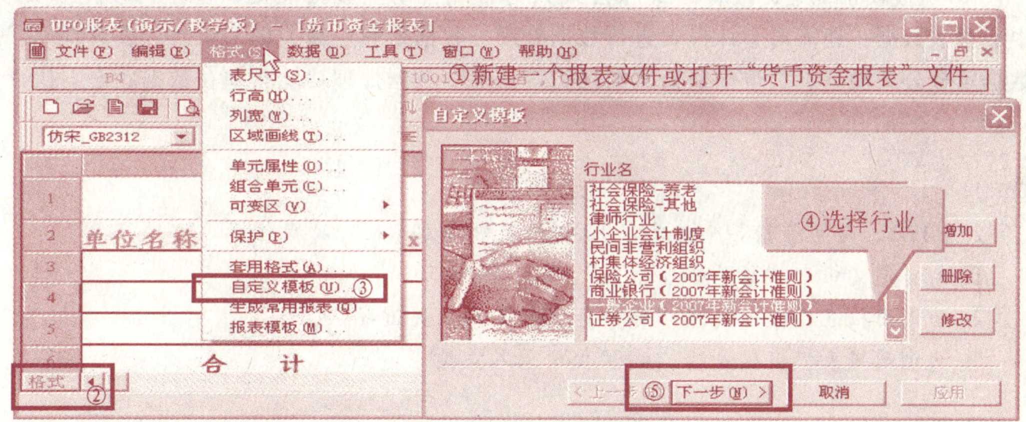

图 5－30　自定义报表模板

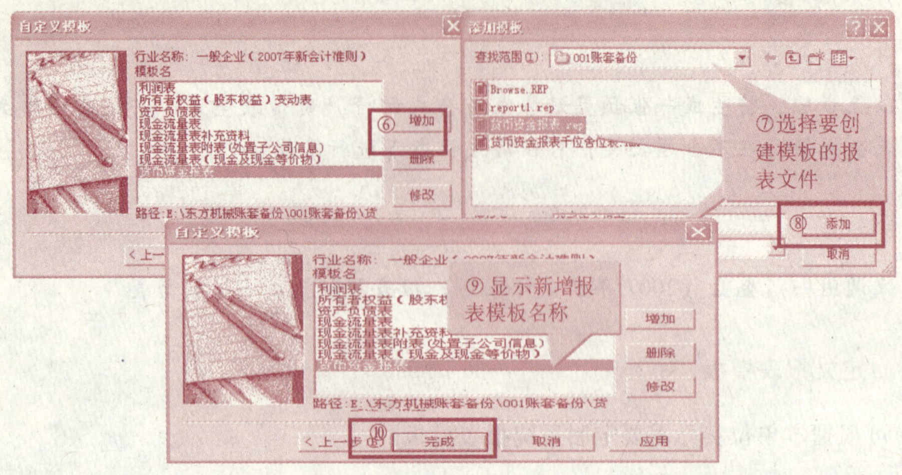

图 5-31　自定义报表模板

（二）调用自定义报表模板

完成报表模板自定义后，即可按前述方法调用自定义的报表模板。

第四节　UFO 报表数据生成与管理

一、UFO 报表数据的生成

在 UFO 报表系统中，报表格式和公式只为系统自动生成报表提供基本的规则和要求，要生成报表数据，还需对会计报表进行数据处理。数据处理包括关键字录入、表页管理、报表数据审核公式验证、舍位平衡公式的运行等功能。数据处理功能必须在数据状态下执行。

（一）关键字录入

操作任务

2 月 1 日，孙主管指导小赵实习 UFO 报表中关键字录入的操作：

1. 为自定义报表“货币资金报表”录入关键字。
2. 为调用报表模板生成的“资产负债表”录入关键字。
3. 为调用报表模板生成的“利润表”录入关键字。

教师点拨

格式状态下设置的关键字只是一个未赋值的变量。当需要系统生成确定期间的报表时，必须在系统中录入关键。

每一张表页对应不同关键字，输出时表页的关键字将显示出来。

操作向导

打开报表文件→切换至数据状态下→选择表页→单击【数据】下【关键字】下【录入】→ 录入关键字后【确认】→系统提示进行表页重算。

1. 以自定义报表“货币资金报表”为例演示录入关键字流程（见图5－32）。

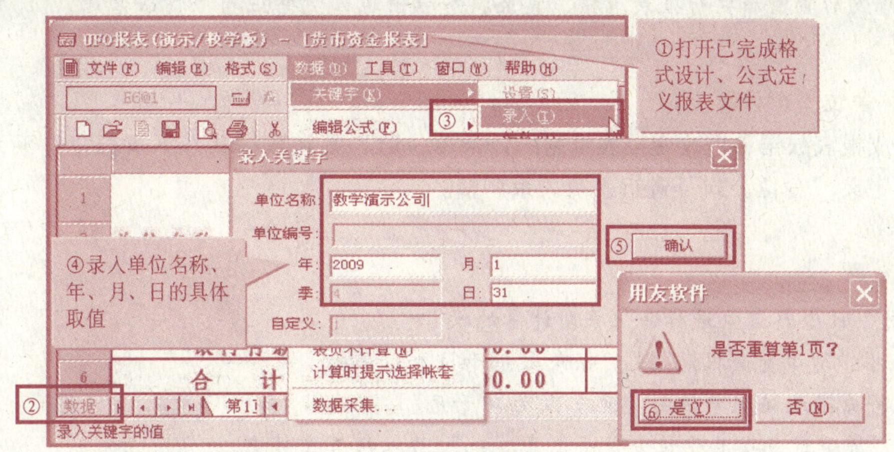

图5－32 录入关键字

2. 单击【是】，系统将自动根据取数公式计算出相应的报表数据。资产负债表和利润表关键字的录入方法相同，不再赘述。

知识链接

【数据】菜单下的【表页重算】、【整表重算】和【表页不计算】三个命令，在报表有多张表页时，【表页重算】命令只对当前表页进行计算，而【整表重算】则计算所有表页。但若某表页设置了【表页不计算】标志，则无论任何情况下，均不能对该表页进行计算。

若选择了【数据】菜单下【计算时提示选择账套】命令，则每次执行报表计算命令时，都需进行账套选择。否则，默认计算当前账套。

（二）审核报表

报表数据生成之后，应使用审核公式对报表进行审核，以检查报表各勾稽关系的准确性。

操作任务

2月1日，小赵对“货币资金报表”1月报表进行审核。

操作向导

打开报表文件→在数据状态下选择表页→【数据】下【审核】。

教师点拨

- 在报表审核之前必须录入关键字且生成报表数据，否则无法审核。
- 若报表文件有多个表页，则审核时应选择需审核的表页。
- 若审核结果错误：应先检查审核公式的正确性，再检查单元公式的正确性，如有错误，修改后再重新执行报表审核，直至状态栏出现“完全正确”提示信息。

（三）舍位平衡计算

如生成报表数据，需改变报表编制的计量单位时，则在数据状态下执行舍位平衡计算，以利用已定义“舍位公式”进行平衡关系调整。

操作任务

2月1日小赵自主进行舍位平衡计算的操作：

1. 对“货币资金报表”1月报表数据千位舍位平衡。
2. 将原报表编制单位由“元”改为“千元”。
3. “货币资金报表千位舍位平衡表.rep”存入报表文件夹。

操作向导

1. 打开已定义舍位公式的报表→切换至数据状态下→选择需舍位平衡的表页→【数据】→【舍位平衡】→修改报表编制单位→保存舍位表。
2. 完成前后情况如图5－33、图5－34所示。

货币资金报表

单位名称：教学演示　　2009 年　　1 月　　31 日　　单位：元

项　目	期初余额	借方发生额	贷方发生额	期末余额
库存现金	2,500.00	1,100.00	2,000.00	1,600.00
银行存款	173,000.00	567,450.00	109,000.00	631,450.00
合　计	175,500.00	568,550.00	111,000.00	633,050.00

演示数据

图5－33　舍位平衡之前的货币资金报表

货币资金报表

单位名称：教学演示　　2009 年　　1 月　　31 日　　单位：千元

项　目	期初余额	借方发生额	贷方发生额	期末余额
库存现金	2.50	1.10	2.00	1.60
银行存款	173.00	567.45	109.00	631.45
合　计	175.50	568.55	111.00	633.05

演示数据

图5－34　舍位平衡后货币资金报表

教师点拨

报表舍位平衡并非必须操作，一般是在报表汇总或合并时，由于各报表数据单位不一无法完成汇总或合并时，才进行报表舍位平衡操作。

（四）表页管理

在会计报表运用过程中，为了便于用户阅读和取数，通常需要将那些不同期间、相同类型的会计叠放在同一报表文件中，形成一个三维表来管理。同时，表页数和表页内容会随着会计期间的增加而不断增加。对表页的管理也是日常报表管理的重要内容之一。

1. 增加表页。

教师点拨

- 新增加表页与原表页有相同的格式和公式，但没有报表数据，只有录入关键字并经表页计算后，方可得到对应会计期间的报表数据。
- 打开报表文件并切换到数据状态后，增加表页可以通过插入和追加两种方式来实现。

操作任务

2月28日，孙主管指导小赵实习增加表页的操作流程，要求：

在“货币资金报表”中插入1张表页，追加2张表页。

操作向导

打开报表文件→在数据状态下单击【编辑】下【插入】或【追加】下【表页】→输入需增加表页数量→确认。

打开报表文件后，按图5－35所示操作流程插入或追加表页。

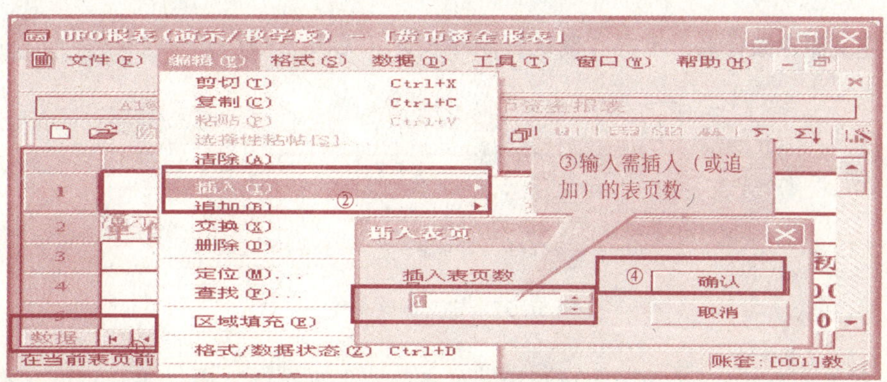

图5－35　插入表页

想想试试

1. 插入表页与追加表页有何区别？

2. 上例中，在“货币资金报表”中插入1张表页、追加2张表页后，报表中共有几个表页？关键字为“2009年1月”的报表应在第几页？

2. 删除表页。将报表文件中的一张或多张表页从报表文件中删除的操作。有两种方法：一是直接输入表页页标进行删除；二是输入删除条件进行删除。

操作任务

2月28日，孙主管指导小赵删除关键字为2009年1月的表页。

操作向导

打开报表文件→在数据状态下单击【编辑】下【删除】下【表页】→输入需删除表页页标或输入删除条件→确认删除。

(1) 打开报表文件“货币资金报表”，并切换至数据状态后，现演示条件删除法删除关键字为“2009年1月”的表页的操作（见图5-36）。

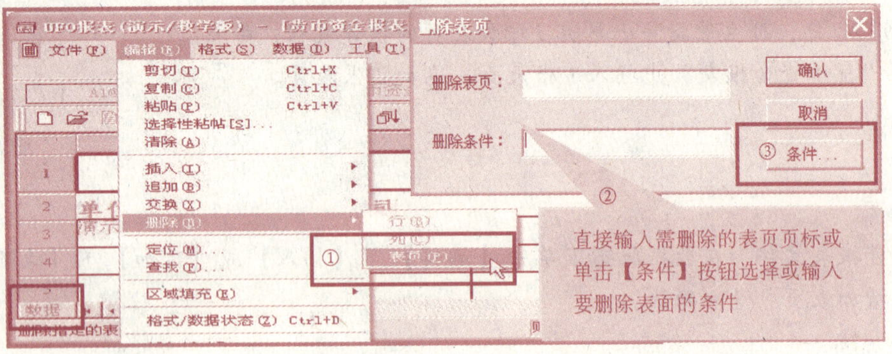

图5-36 删除表页方法

(2) 定义删除条件后，单击【确认】删除表页（见图5-37）。

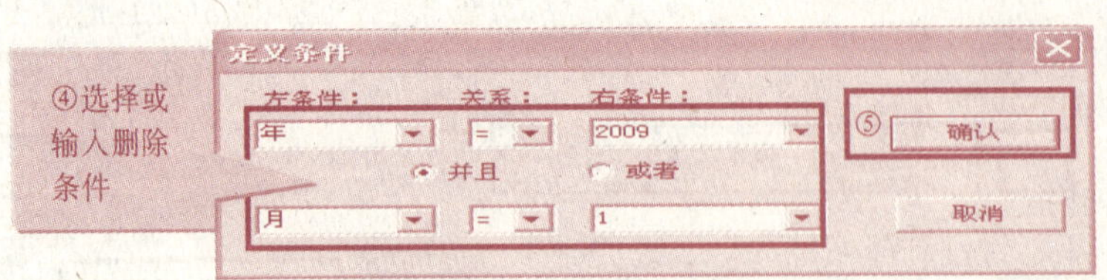

图5-37 定义删除条件

3. 表页交换或排序。编制报表过程中，可通过“表页交换”或“表页排序”来实现表页的位置需要调整。

操作任务

2 月 28 日，孙主管指导小赵完成以下表页交换及排序：

(1) 交换“货币资金报表”1、3 两页位置。

(2) 将各表页以“年”为第一关键字递增顺序，以“月”为第二关键字递增顺序，以“单位名称”为第三关键字递减顺序进行排序。

教师点拨

通过上述删除“货币资金报表”关键字为“2009 年 1 月”的表页后，该报表中只剩下了 3 张空表页，为使“交换表页”操作任务具有现实意义，在此先为 3 张表页依次录入不同的关键字。

操作向导

打开报表文件→在数据状态下单击【编辑】下【交换】/【排序】下【表页】→输入需交换的表页页标或需要排序的关键字→确认交换或排序。也可直接鼠标拖动页标移动到相应位置交换和排序表页。

(1) 表页交换：打开报表文件并切换至数据状态后，按图 5－38 流程进行交换表页的操作。

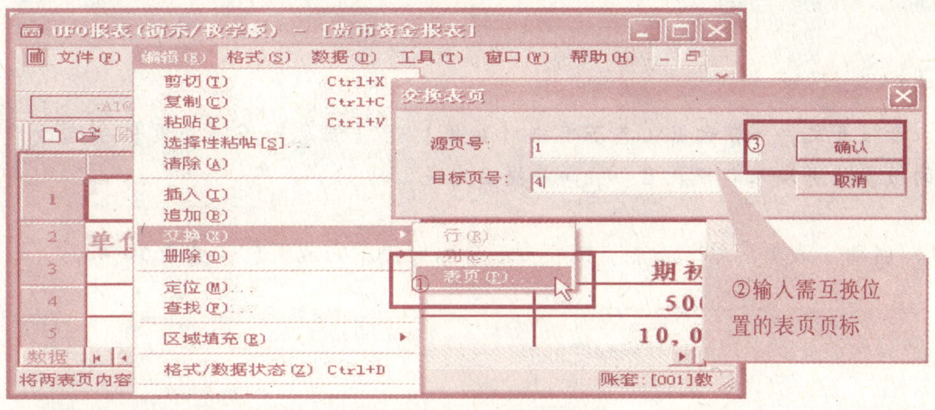

图 5－38 交换表页

(2) 表页排序：打开报表文件并切换至数据状态后，按图 5－39 流程进行表页排序的操作。

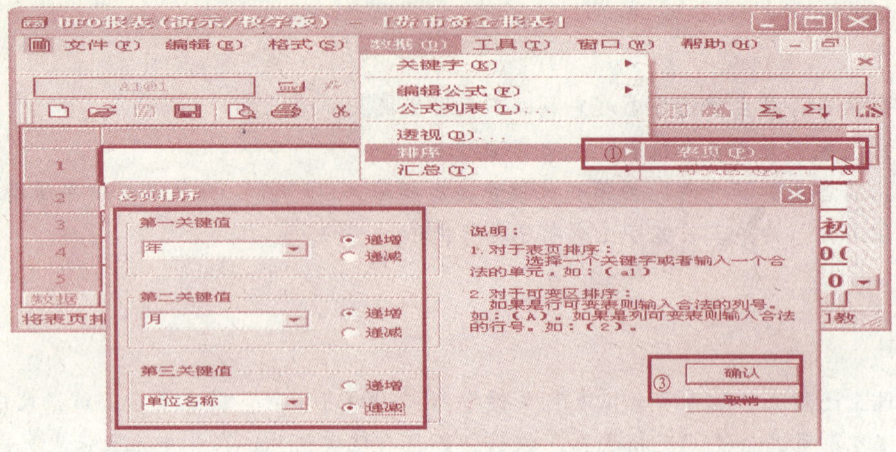

图 5－39　表页排序

4. 表页汇总。UFO 的表页提供了非常强大的报表汇总功能，可把多张格式相同、数据不同的报表经过汇总形成一个新的汇总表。在实际工作中，主要用于同一报表不同时期的汇总表，或同一单位不同部门的同一张报表的汇总。表页汇总可以汇总所有格式相同的表页，也可只汇总符合指定条件的表页。但报表汇总功能不可用于编制合并报表，编制合并报表必须使用具有编制合并报表功能的软件。

操作任务

3 月 31 日，孙主管指导小赵进行“货币资金报表”1—3 月报表数据汇总，生成新报表“一季度汇总表 . rep”。

操作向导

打开报表文件→在数据状态下单击【数据】下【汇总】下【表页】→选择“汇总到新的报表”并输入新报表名→按向导提示完成汇总。

（1）启动“表页汇总”功能，按表页汇总向导提示完成汇总（见图 5－40）。

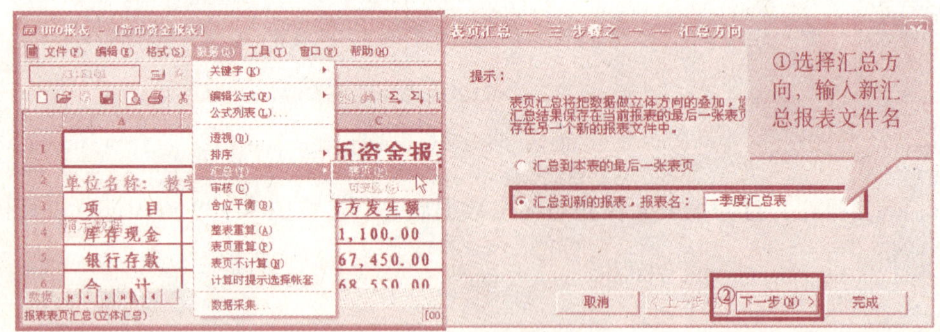

图 5－40　表页汇总方向

(2) 选择或输入汇总条件，如不输入条件则默认汇总所有表页。选择汇总区域的位置(见图 5-41、图 5-42)。

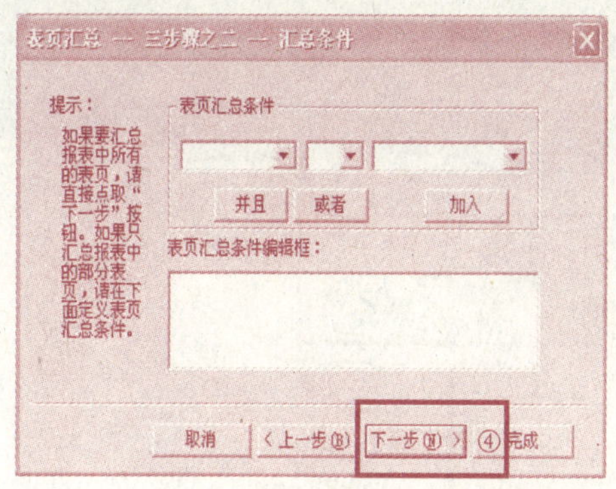

图 5-41　表页汇总——汇总条

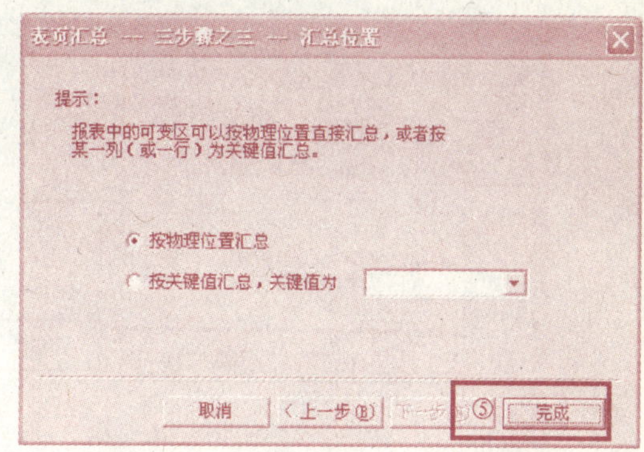

图 5-42　表页汇总——汇总位置

(3) 完成汇总后，打开“一季度汇总表”，将查看到 1—3 月汇总情况，UFO 系统将汇总报表设置“表页不计算”标志。

教师点拨

若将总公司下属子公司同一时期同类报表进行汇总，要求报表格式统一，汇总时按以下步骤进行：

第一，总公司在 UFO 报表系统中，打开总公司同类报表数据文件，在数据状态下，通过【数据】下【数据采集】命令，逐一将各下属部门的报表数据采集到系统中，并以不同的表页表示。

第二，执行表页汇总功能，按提示完成汇总。

二、UFO 报表的输出

UFO 报表的输出形式主要有报表查询、打印输出、网络传送及磁盘输出四种。

(一) 报表查询

报表查询是报表系统的一项重要应用。在报表系统中，可以对正在编制的报表予以查阅，也可以迅速对历史报表进行查询，一般以整张表页的形式输出，也可以将多张表页的局部内容同时输出，后者的输出方式称为“表页的透视”。

1. 查找表页。

操作任务

3 月 31 日，孙主管指导小赵以“月份”为依据在“货币资金报表”中查找 2009 年 1 月的表页。

操作向导

打开报表文件→在数据状态下单击【编辑】下【查找】→输入查找条件→开始查找。

打开“货币资金报表”，数据状态下单击【编辑】下【查找】，依次输入查找条件（见图5-43）。

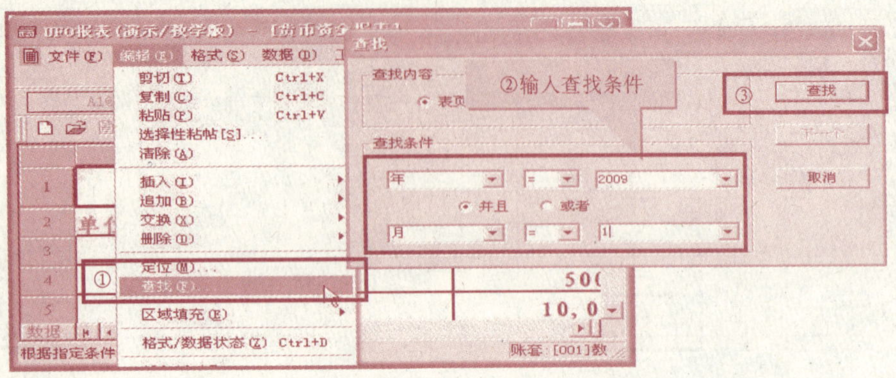

图5-43 查找表页

教师点拨

- 查找完毕，第一个符合条件的表页将成为当前表页。
- 点取“下一个”按钮，下一个符合条件的表页将成为当前表页。
- 如没有符合条件的表页，将显示“满足条件的记录未找到！”
- 查找条件可以是某关键字或某单元取值。如：若要查找E5单元的值大于4000的表页，则可定义查找条件“E5 >4000”。

2. 透视表页。UFO报表系统中，正常情况下，每次只能看到一张表页的内容。若想对各个报表的数据进行比较，可以利用数据透视功能，把多张表页的多个区域的数据同时显示出来。

操作任务

3月31日，孙主管指导小赵制作“货币资金报表”各月表页的“库存现金”、“期初余额”、“借方发生额”、“贷方发生额”和“期末余额”数据透视表，以默认文件名保存。

操作向导

打开报表文件→在数据状态下选择需透视的区域范围→单击【数据】下【透视】→输入需透视的列标字串→生成透视表→保存。

教师点拨

执行表页透视功能时，若鼠标定位于第1表页，则显示所有表页的透视内容；否则，透视结果只显示光标所在表页及之后表页的透视内容。

(1) 打开“货币资金报表”，切换至数据状态，定位于第1表页，按图5-44、图5-45所示流程进行表页透视。

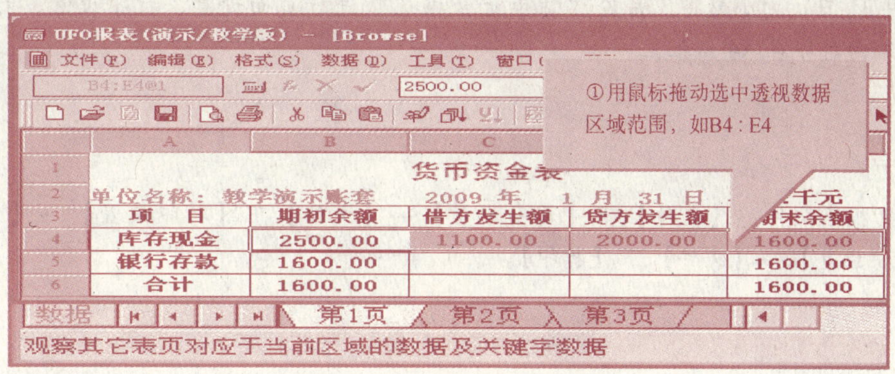

图5-44 选择透视表页及区域

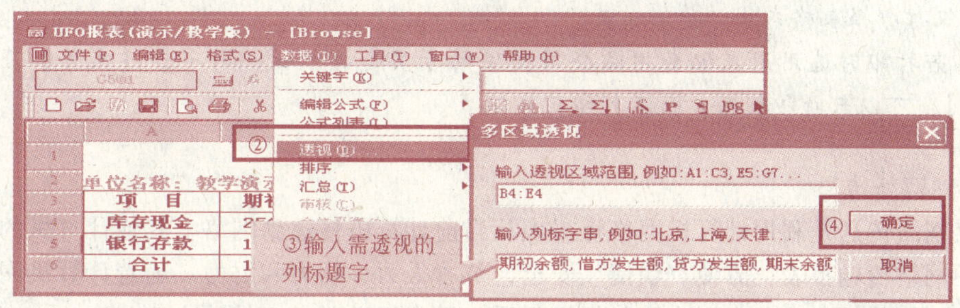

图5-45 选择透视表区域确认

(2) 生成数据透视表，保存文件（见图5-46）。

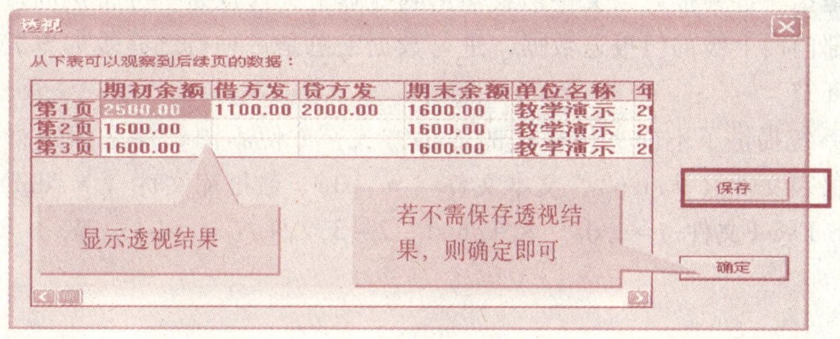

图5-46 生成透视结果

（二）报表打印

会计电算化规范要求将报表打印输出到纸质介质上。在打印报表之前，可以根据报表的实际情况，使用【工具】菜单下的【强制分页】或【取消分页】功能来对报表分页进行设置，同时，为达到满意的打印效果，可通过【页面设置】和【打印设置】功能，对报表打印参数进行设置，通过【打印预览】功能预览打印效果，最后运行【打印】功能打印指定报表。

操作任务

3 月 31 日，由小赵将 3 月份“货币资金报表”进行页面设置、打印设置、打印预览，并纵向打印在 A4 纸张上。

操作向导

打开报表文件→【文件】下【页面设置】→【文件】下【打印设置】→【文件】下【打印预览】→【文件】下【打印】。

教师点拨

- 只有在数据状态下，才可以打印出完整的报表格式和数据来。若报表处于格式状态，则仅打印报表格式。
- 若打印时选用用友配套用品公司提供的专用套打纸张，则单击【文件】下【数据套打】，可以只打印数据，而不打印报表格式。

（三）网络传送

报表网络传送是利用计算机网络将报表从当前计算机传递到网络上其他计算机的传输方式。使用网络传输报表，方便、快捷、安全，节省人力、物力和财力。随着计算机网络的日益普及，网络传输方式正在逐步取代报送纸质文件或报送磁盘文件的方式。

报表网络传送只需将报表生成网页文件，即可发布在企业内部网或互联网上。

（四）磁盘输出

磁盘输出是指将各种报表以文件形式输出到磁盘上，这也是一种常用的输出方式。此类输出对于下级部门向上级部门报送数据，进行数据汇总是一种行之有效的方式。更是进行数据备份的必要环节。

UFO 报表系统提供了不同文件格式的输出方式，方便不同软件之间进行数据交换，文件输出格式有报表文件（＊. rep）、文本文件（＊. txt）、数据库文件（＊. dbf）、Access 文件（＊. mdb）、MS Excel 文件（＊. xls）和 Lotus1 -2 -3 文件（＊. wk4）等。

常见问题

问题 1：定义资产负债表公式时，货币资金、存货、固定资产、未分配利润、应收账款和预收账款、应付账款和预付账款以及各合计、总计的公式同学们往往弄不清楚。

处理方法：

(1) 货币资金项目。包含库存现金、银行存款和其他货币资金三项内容，故货币资金项目年初余额取数公式为：QC（“1001”，“全年”，“借”）+ QC（“1002”，“全年”，“借”）+ QC（“1012”，“全年”，“借”），在公式中分别取出了本年年初三个账户的借方余额；而期末余额取数公式也可依此类推。

（2）存货项目。包含（1401）材料采购、（1402）在途物资、（1403）原材料、（1404）材料成本差异、（1405）库存商品、（1406）发出商品、（1407）商品进销差价、（1408）委托加工物资、（1411）周转材料、（1471）存货跌价准备等资产类账户及（5001）生产成本账户。取数公式只需将这些科目的借方余额相加、贷方余额相减即可。

（3）需考虑备抵科目的项目。在资产类账户中坏账准备是应收账款和其他应收款的备抵账户，累计折旧和固定资产减值准备是固定资产的备抵账户，而累计摊销和无形资产减值准备是无形资产的备抵账户，在为这些项目取数时，均应反映其净额，需用这些账户的余额分别减去其备抵账户的余额，公式请参见本书附录。

（4）未分配利润项目。该项目应根据（4103）本年利润账户和（4104）利润分配账户的余额计算填列。由于本年利润账户年末需将余额转入利润分配——未分配利润账户，年末无余额，故年末，本项目可直接根据利润分配账户余额填列；在 1—11 月，则需用本年利润账户余额与利润分配账户余额计算填列，两账户余额方向相同则相加，余额方向相反则相减，结果为贷方余额表示未分配利润净额，为借方余额则表示未弥补亏损净额。

（5）应收账款和预收账款、应付账款和预付账款项目。这四个项目需根据明细账余额分析计算填列。以“应收账款”项目为例，“应收账款”项目等于应收账款明细账借方余额与预收账款明细账借方余额之和减去对应收账款计提的坏账准备贷方余额，由于填列时需考虑明细账方向，故在编制取数公式时，应采用通配符“??”表示符合指定余额方向的明细科目代码，则上述“应收账款”项目期末余额取数公式为：QM（"1122??"，月，借）+ QM（"2203??"，月，借）- QM（"1131"，月，贷）。而“预收账款”项目等于应收账款明细账贷方余额与预收账款明细账贷方余额之和，则其取数公式只需将上述“应收账款”公式中“借”改为“贷”，并将式中第三项表示坏账准备的公式删除即可，并可依此类推得出“应付账款”和“预付账款”两个项目取数公式。

（6）合计、总计项。资产负债表中有多处需要编制合计数及总计数，编制其公式主要考虑需要汇总的项目所在单元格是否连续。

若需汇总项目在报表中排列在同一行或同一列上，且中间没有不需汇总项目，可直接使用系统提供的 PTOTAL 求和函数，如资产负债表中“流动资产合计数”。

若需汇总项目在报表中所处单元格不在同一行或同一列，或中间有无关项目，则其单元公式应使用单元格名称与运算符（+、-、*、/ 等）组成。报表中其他合计数公式均可依此类推。

问题 2：在利润表中，如何编制上期金额的取数公式？

处理方法：

在利润表中，需要提供各报表项目本期金额及上期金额，本期金额主要用 FS 发生额函数及单元格计算方法取得，而上期金额指上年同期金额，主要有三种方法取得：

第一种方法：使用 FS 发生额函数，只需将函数中“会计年度”及“期间”两项参数定义成上月的年和月的具体数值，如本月是 2009 年 1 月，则上期是 2008 年 1 月，若以“营业收入”项目为例，其上期金额公式应为：FS（"6001"，1，"贷"，，2008）+ FS（"6051"，1，"贷"，，2009）。这种方法比较容易理解，但缺点是：每个月的上期都是不同的时间，每月生成报表数据前，都需先修改上期金额单元公式中的“会计年度”

及“期间”参数，比较麻烦，同时公式的通用性比较差。

第二种方法：使用本表他页取数函数 SELECT。但使用这个函数要求本期利润表和上年同期利润表必须存放在同一报表文件的不同表页中。仍以“营业收入”项目某年1—12 月的上期金额为例，其单元公式可以定义为：

C5 = SELECT(B5, 年@ = 年 +1 and 月@ = 月)

式中：

第一个参数 B5 表示利润表中“营业收入”本期金额所在的单元格名称；

第二个参数是取数条件，其中：“@”表示当前，则“年@”表示当前年，“月@”表示当前月，“年@ = 年 +1”表示上年，“月@ = 月”表示同月，而“and”表示所连接的两个条件必须同时满足。

因此，本例中的条件可综述为：取本报表中关键字值是上年同月的表页中本期金额 B5 单元格的数据，作为本月的上期金额。这种方法优点是通用性比较强，缺点是不易理解。

若上年报表与本年报表未存放于同一文件中，则不能使用该公式。

另外，本表他页取数函数也可直接以页标号作为定位依据，指定取某张表页的某单元格的数据。如上例，假设上年同月利润表所在表页是“第 3 页”，则“营业收入”上期金额公式，也可简化为：C5 = B5@3，此公式易于输入和理解，但通用性较差，也需用户每个月修改单元公式。

第三种方法：使用其他报表取数函数。当利润表的上年同期报表与本期报表不在同一报表文件时，可采用此法。如上例，假设上月利润表所在报表文件存放位置及文件名为：E：/报表/2008 年利润表 . rep，且“营业收入”项目 1 月的本期金额位于该文件“第 1 页”的 B5 单元格，而 2009 年利润表未与上年利润表在同一文件中，则 2009 年 1 月报表“营业收入”上期金额公式应定义为：C5 = “E：/报表/2008 年利润表 . rep“ – > B5@1，此公式在使用时要求本期金额所在报表文件必须已经保存在存储介质中，否则公式无法取出金额。

问题 3：编制利润表时，本期发生需冲减损益类账户发生额业务如何处理？

处理方法：

在编制利润表时，当本期发生需冲减损益类账户发生额的业务，如：销货退回冲减主营业务收入，收到利息收入冲减财务费用，盘盈材料系因管理不善而冲减管理费用等业务时，会出现报表中各项目“本期金额”与对应损益类账户的实际发生额无法取得一致的情况。

以企业收到利息收入 125 元为例，此时企业需借记“银行存款”，贷记“财务费用”，但在利润表中因为“财务费用”项目的本期金额的取数公式为：FS（" 6603"，月，借，,,），这一公式将只能取出“财务费用”账户本期借方发生额，而无法自动减去该账户相反方向的冲减额 125 元，导致利润表中对应项目的本期金额不能反映“财务费用”因收到利息收入而被冲减之后的实际发生额。解决这一问题的思路是将涉及冲减损益类账户的业务填制成红字凭证，即作如下变化：

借：银行存款　125　　　　　　　　　　　　　　借：财务费用　125（红字）

贷：财务费用　125　　　⇨　　　　　　　　　　贷：银行存款　125（红字）

这样，被冲减的“财务费用”将从借方金额中减去，利润表中的金额与“财务费用”的实际发生额完全一致。可见，当涉及冲减损益类账户的业务时，只需将对应凭证填制为红字凭证即可。

教学小结

报表系统是会计电算化软件中一个独立的子系统，它为企业内部各管理部门及外部相关部门提供综合反映企业一定时期财务状况、经营成果和现金流量的会计信息。本章主要阐述了报表系统的基本概念及编制报表的基本工作过程，着重介绍了报表系统格式设置、公式定义的基本原理、报表模板的使用、报表数据管理的方法。

在编制会计报表时，若为首次编制，则按图5－47流程生成报表：

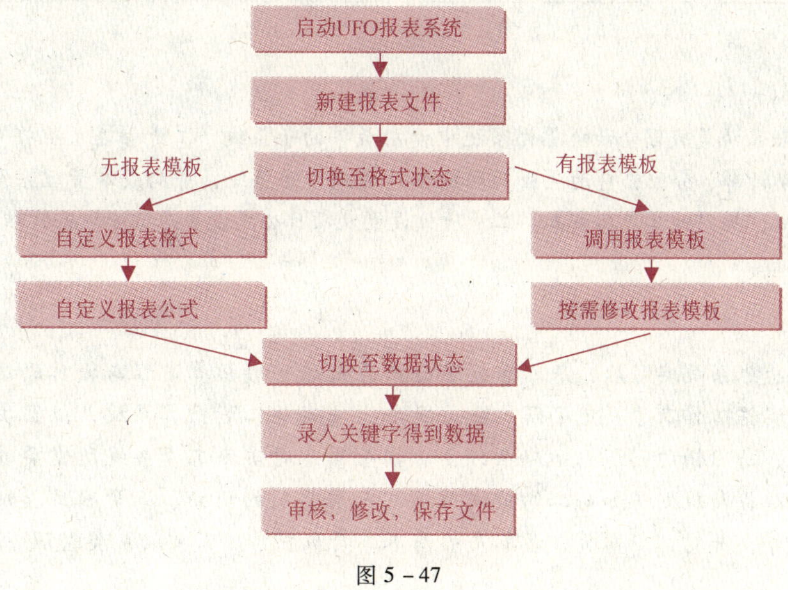

图5－47

若并非首次编制时，则按图5－48流程生成报表：

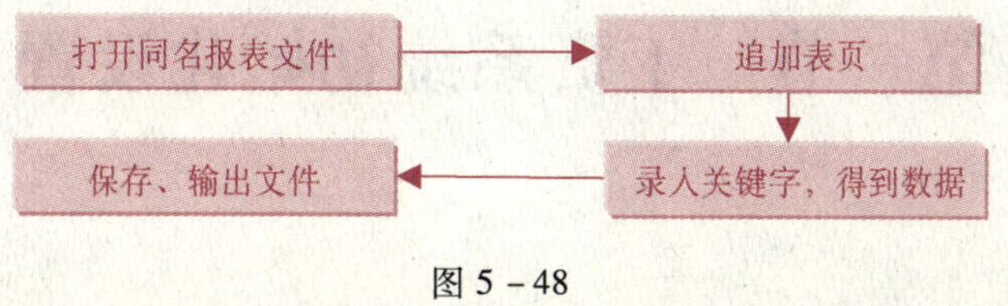

图5－48

第6章 工资管理子系统

学习目标

- ☐ 掌握工资项目的设置、工资项目的计算公式设置
- ☐ 掌握工资数据的计算、个人所得税的计算
- ☐ 掌握工资分配的方法、工资分配凭证的生成方法
- ☐ 掌握各类工资账表的查询及输出

课前导读

工资管理系统是我国会计电算化系统中使用最早的子系统。工资管理系统将可以对职工工资进行自动计算、分配并自动生成转账凭证传递到总账系统，并向成本管理系统传递有关人工费用数据，据以计算产品成本。工资项目设置及项目公式设置是工资系统的难点。

实习情景

小赵经总账系统实习后，基本掌握了会计系统的一般核算流程与操作思维，对会计电算化系统实施工作有了一定了解。公司决定上马实施工资核算系统，以解决手工核算费时、费力、易出错的问题。小赵在孙主管指导下，对实施工资系统所需要的基础数据作了必要的准备与规划，如职工的编码规则、人员类别的划分、工资项目类别及各项目的计算方法等，并对部门职员、各职员的基本工资数据作了必要的分类整理。

第一节　工资系统初始化设置

工资系统的初始化工作与其他系统的初始化在本质上是一样的，目的是把通用系统通过

相关设置转变为符合本单位实际的专用系统，同时把手工会计数据转化为计算机数据。也就是要把小赵手工整理的各种基础数据录入计算机系统，从而实现工资会计电算化。

一、工资系统的启用及授权

小赵通过前面各子系统的学习，已清楚在用友财务系统里，每开始使用一个子系统，都要首先启用该子系统，并给需要使用该系统的操作人员授予所要使用的子系统的相应操作权限。完成这两个基础工作后，才能进行初始化设置工作。

操作任务

2009 年 2 月 1 日。在正式使用工资系统之前，小赵以主管身份启用工资系统。

为操作员授予工资子系统的相应使用权限：

（1）操作人员：王会计。

（2）权限：具有工资子系统的所有权限。

操作向导

以账套主管身份登录“企业门户”进入“企业流程”主窗口→左边选择“设置”选项卡→单击【基本信息】下的【系统启用】→选择“☑WA 工资管理”→以系统管理员 Admin 或仍然以账套主管的身份注册进入“系统管理”模块，设置工资系统的操作权限。

1. 启用工资子系统。小赵以主管的身份注册进入【系统启用】，选择“☑WA 工资管理”，启用系统（见图 6－1）。

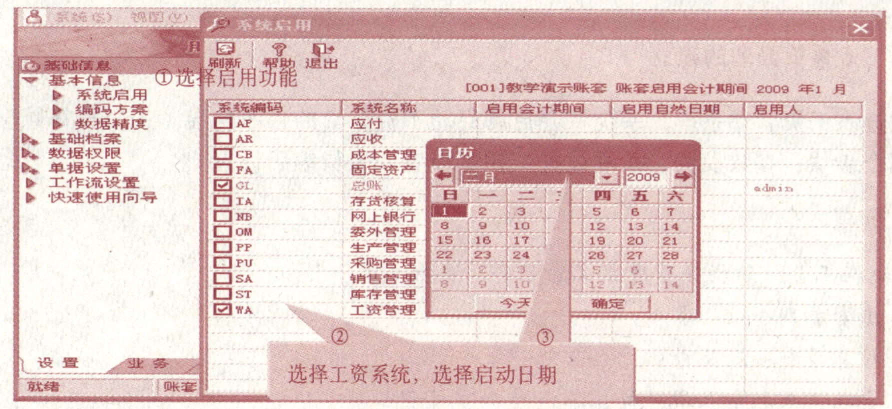

图 6－1 工资系统启用

想想试试

不建立总账账套，直接启用工资系统可以吗？

教师点拨

- 只能对已经安装的产品进行启用。
- 工资系统的启用时间应该等于或位于总账启用时间之后。
- 只有系统管理员和账套主管有系统启用权限。

2. 工资系统授权。以系统管理员身份注册，选择【权限】下的【权限】功能，进入“操作员权限”设置窗口，在设置权限时必须先选择所操作的账套和要授权的操作员，单击【修改】进行授权（见图6-2）。

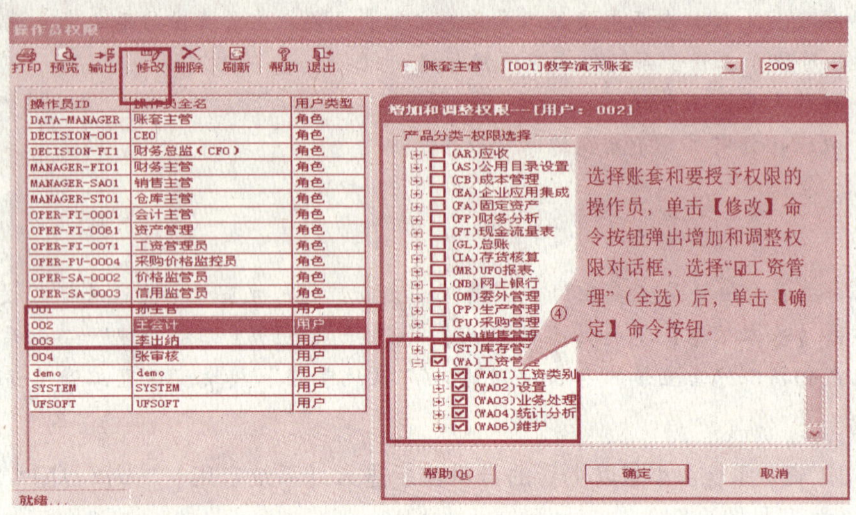

图6-2 工资系统授权

二、工资核算账套的建立

首次进入工资管理系统，系统将会自动启动工资账套的建账向导。工资核算账套的建立共分为四个步骤：参数设置、扣税设置、扣零设置和人员编码设置。

操作任务

小赵在王会计的指导下建立工资账套。参数设置如下：

- 工资类别个数：多个；
- 核算币种：人民币；
- 要求：代扣个人所得税，不进行扣零处理；
- 人员的编码长度：3位；
- 启用日期：2009年2月1日。

操作向导

以会计身份注册，进入【工资管理】→按引导操作。

1. 工资账套参数设置（见图 6－3）。

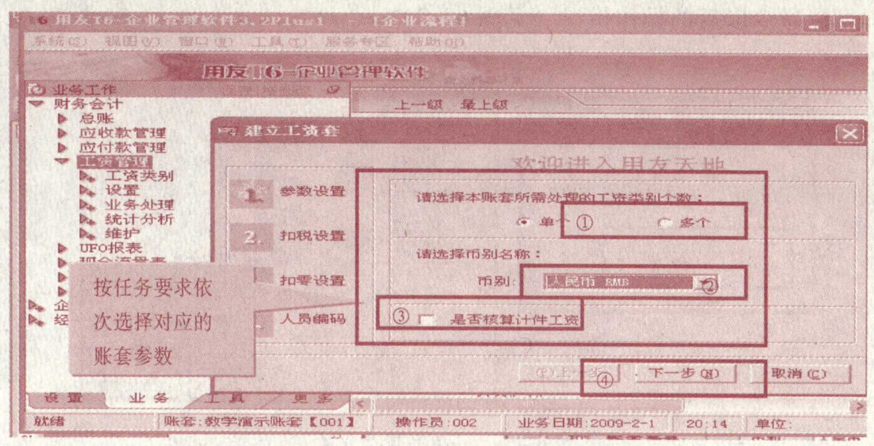

图 6－3 工资账套参数设置

教师点拨

企业内的不同职员可能具有不同的薪酬构成内容及薪酬计算方式，这样就形成了不同的工资类别，所以应该选择“☑多个”工资类别。

2. 扣税、扣零设置（见图 6－4、图 6－5）。

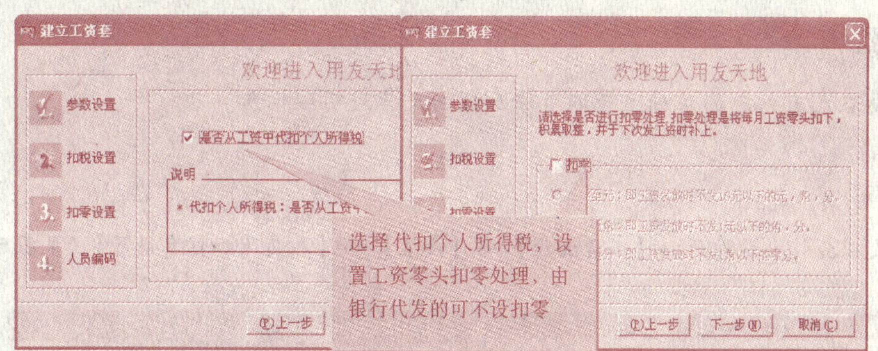

图 6－4 工资账套建立 1　　　　图 6－5 工资账套建立 2

3. 人员编码设置（见图 6－6）。

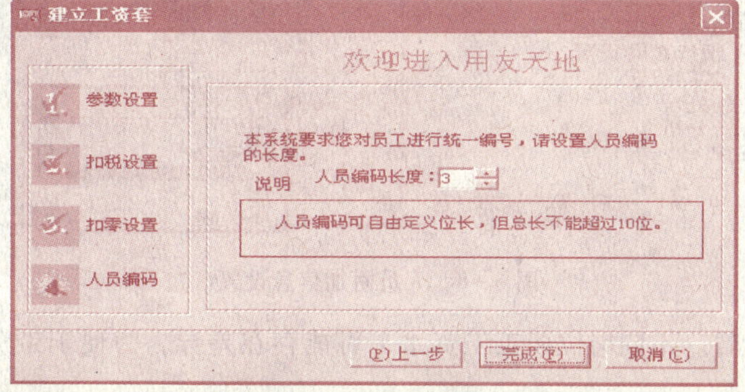

图 6－6 工资账套建立 3

系统自动提示“未建立工资类别”，确定后，系统会启动工资类别向导，这时先取消不建立，这样可以减少以后的操作错误（见图6－7）。

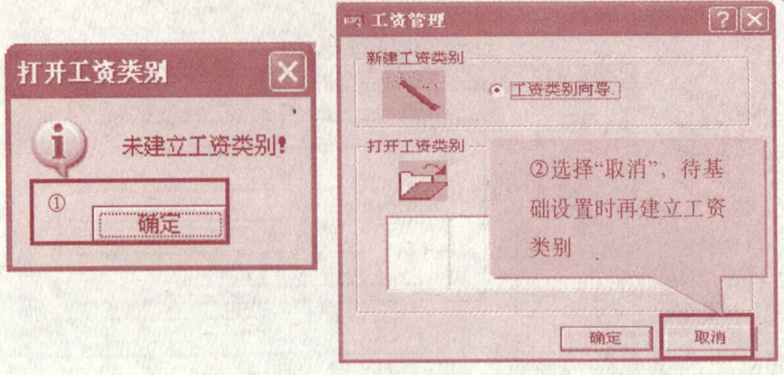

图6－7　工资账套建立4

三、工资管理基础设置

建好工资账套，还需对工资处理所涉及的部门、人员、类别、工资项目、工资计算公式等基础信息进行设置。

1. 人员附加信息设置。人员附加信息是职员信息的构成内容，在职员的姓名、编号、所属部门等信息不够详细时，可以通过附加信息的功能来进一步细化、明确。

操作任务

小赵在已有信息的基础上为职员增加性别及学历明细信息。

操作向导

小赵以会计身份注册→【工资管理】→【设置】→【人员附加信息设置】（见图6－8）。

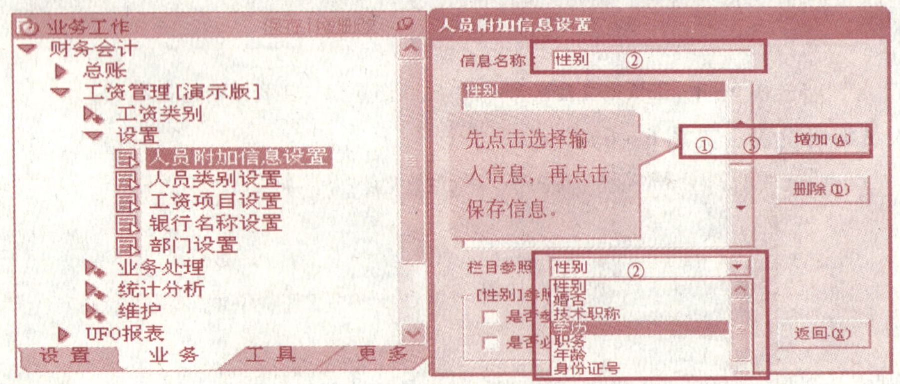

图6－8　人员附加信息设置

2. 人员类别设置。不同岗位职工工资水平可能存在差异，为便于工资多级化管理，有必要对职工进行分类。

操作任务

小赵在了解了公司人员情况后，在王会计的指导下对公司职员进行了分类。公司人员类别情况见表 6－1。

表 6－1

本公司人员类别名称	行政管理人员
	车间管理人员
	车间生产人员
	企业销售人员
	其他临时人员

操作向导

以会计身份注册，进入【工资管理—设置—人员类别设置】→进行人员类别的操作（见图 6－9）。

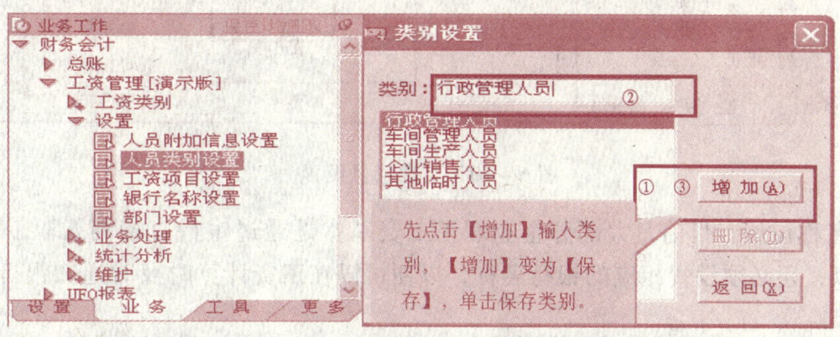

图 6－9　人员类别设置

3. 工资项目设置。工资项目是企业各类职工薪酬的构成内容，不同类别的职工其薪酬项目构成可能不同。

操作任务

小赵对公司各类员工的薪酬构成项目按表 6－2 进行设置。

表 6－2

项目名称	类型	长度	小数位数	增减项
基本工资	数字	8	2	增项
奖金	数字	8	2	增项
交补	数字	8	2	增项
应发合计	数字	8	2	增项
社会保险	数字	8	2	减项
住房公积金	数字	8	2	减项
病事假天数	数字	8	2	其他
病事假扣款	数字	8	2	减项
代扣税	数字	10	2	减项
扣款合计	数字	10	2	减项
实发合计	数字	10	2	增项

操作向导

选择【工资管理—设置—工资项目设置】→进入工资项目设置界面→在系统默认的工资项目中选择工资项目或修改工资项目（见图 6－10）。

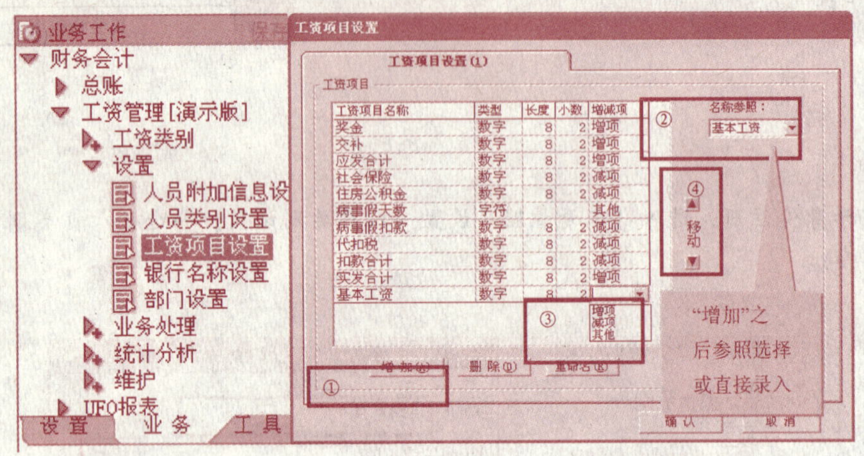

图 6－10　工资项目设置

4. 银行名称设置。目前，大部分企业职工工资基本是通过银行直接划入职工的银行工资卡上的，所以，还必须设置相应的银行名称，以便可以在工资计算时及时通知银行进行发放。

操作任务

小赵将公司员工薪酬发放银行的有关信息进行设置：

- 薪酬发放银行——工商银行；
- 银行卡号位数——11 位长。

操作向导

选择【工资管理—设置—银行名称设置】→进入银行名称设置界面→对有关银行信息进行操作（见图 6－11）。

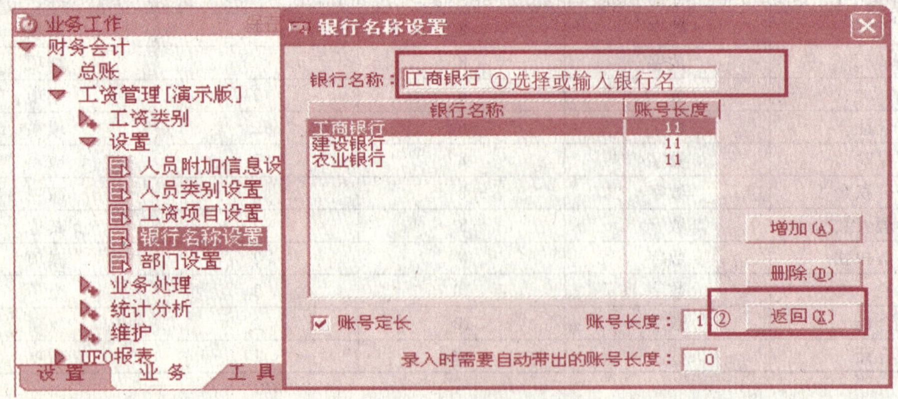

图 6－11　银行名称设置

教师点拨

如果使用了银行代发工资，那么删除某一银行名称后，和这个银行有关的所有设置过的内容将一起被删除，所以要特别小心哦！

5. 部门设置。设置完成银行名称后，应该设置企业的部门了。因为企业内的每一个员工，不管是正式员工还是临时员工，都应该归属于某一个部门，所以应该先设置部门后设置员工。

操作任务

小赵对公司所有部门的信息进行了设置（见表 6－3）。

表 6－3

部门编码	部门名称	部门编码	部门名称
1	行政管理	202	辅助生产车间
101	办公室	3	销售部
102	财务部	4	采购部门
103	工会	5	仓管部门
2	生产部门	501	一号仓库
201	基本生产车间	502	二号仓库

操作向导

选择【工资管理—设置—部门设置】操作。

选择【部门设置】功能后却出现“操作员无权限”的提示信息（见图 6－12）。

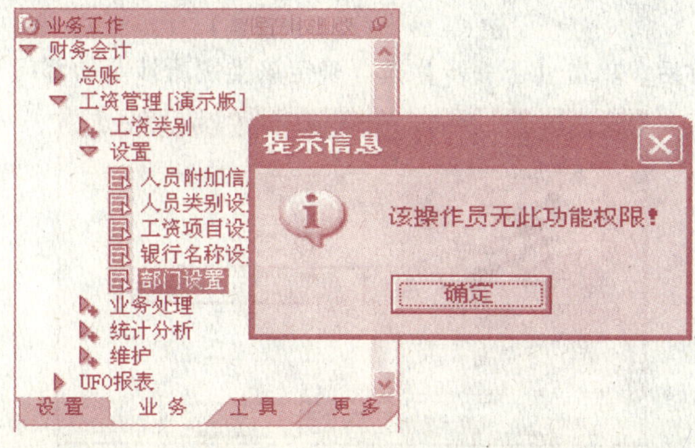

图 6－12　部门设置 1

出现这一问题的原因主要在于：设置该档的操作人员（王会计）未被授予“部门设置”的权限，因此，必须由系统管理员经过“系统管理”界面下的【权限】菜单下的【权限】命令，授予王会计“公用目录”中的“机构设置”权限后才能操作（请参看总帐系统权限分配操作）。调整了王会计的权限后，小赵再次注册进入系统，总账系统已经设置了部门档案信息，无需再次输入。

6. 工资类别设置。有了部门档案，就该设置每个部门中的员工了。不过，此时在菜单项下并没有一个功能可以增加职员档案，其原因是还没有设置工资类别，因为每个职工必然属于企业中的某一种工资类型，所以要先设置工资类别后才能设置具体的员工信息。

操作任务

根据薪酬的不同情况，小赵对公司员工的薪酬作出分类（见表6-4）。

表6-4

工资类别名称	所选部门	启用时间
正式职工	所有部门	2009年2月1日
临时职工	所有部门	2009年2月1日

操作向导

选择【工资管理—工资类别—设置工资类别】→按准备好的资料设置职工工资类别。

（1）选择【新建工资类别】功能后，在引导窗口中输入工资类别，如“正式职工”（见图6-13）。

图6-13　工资类别设置1

（2）设置好名称后，单击【下一步】选择确定该类别所涉及的部门（见图6-14）。

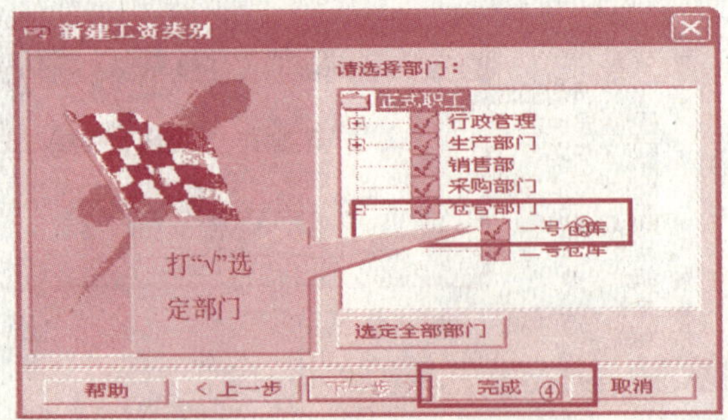

图6-14　工资类别设置2

(3) 工资类别建立完成后，系统自动提问本类别的启用日期，在此选择【是】确认(见图6－15)。

图6－15 工资类别设置3

7. 人员档案设置。设置完工资类别后，可针对某一工资类别设置本类别所涉及的人员档案信息。

操作任务

针对公司的不同工资类别，小赵首先对正式职工类别所涉及的员工信息进行录入设置。见表6－5。

表6－5

部门名称	人员编号	人员姓名	人员类别	账号	中方人员	是否计税	工资停发	性别	学历
办公室	001	张志强	行政管理人员	20090009001	是	是	否	男	大学
办公室	002	刘光	行政管理人员	20090009002	是	是	否	男	大学
办公室	003	陈新	行政管理人员	20090009003	是	是	否	男	大专
财务部	004	孙主管	行政管理人员	20090009004	是	是	否	女	大学
财务部	005	王会计	行政管理人员	20090009005	是	是	否	女	大专
财务部	006	李出纳	行政管理人员	20090009006	是	是	否	男	中专
财务部	007	张审核	行政管理人员	20090009007	是	是	否	男	大学
基本生产车间	008	赵主任	车间管理人员	20090009008	是	是	否	男	大学
销售部	009	陈销售	企业销售人员	20090009009	是	是	否	男	大专
采购部门	010	刘采购	行政管理人员	20090009010	是	是	否	女	大专
基本生产车间	011	赵斌	车间生产人员	20090009011	是	是	否	男	大学
基本生产车间	012	宋佳	车间生产人员	20090009012	是	是	否	男	大学
一号仓库	013	孙健	行政管理人员	20090009013	是	是	否	男	大专
二号仓库	014	王华	行政管理人员	20090009014	是	是	否	女	大专

操作向导

选择【工资管理—工资类别—打开工资类别】→在【设置—人员档案】下录入员工信息。

（1）单击【打开工资类别】，选择具体的类别后单击【确认】（见图6－16）。

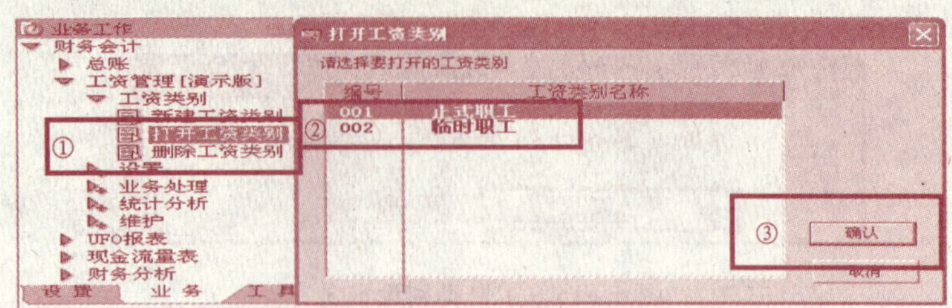

图6－16　人员档案设置1

（2）选择【人员档案】增加正式职员信息，由于职员档案属于系统的基础信息，因此，可通过【导入】功能“从系统基础档案导入”数据后修改使用，不需要重新录入（见图6－17）。

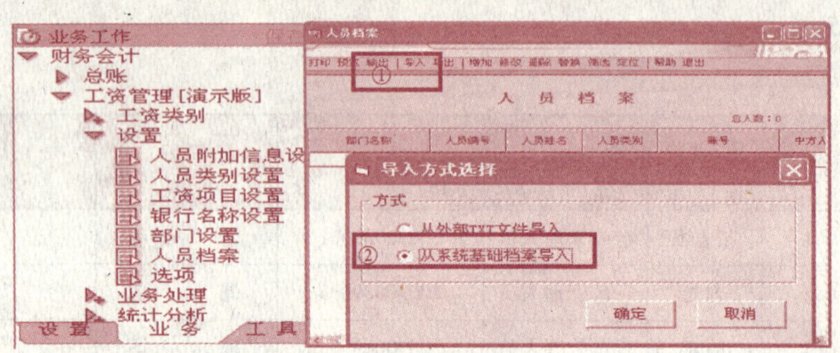

图6－17　人员档案设置2

（3）在所有部门的“选择”栏上通过双击鼠标打上“√”，导入所选择部门的职员数据（见图6－18）。

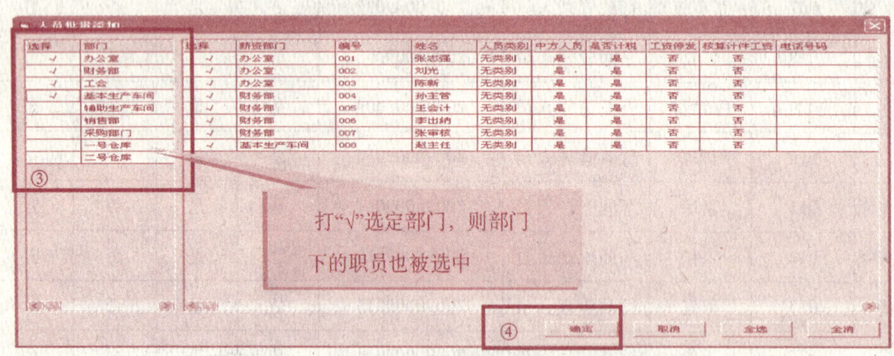

图6－18　人员档案设置3

（4）人员档案信息导入后，可以看到所有被导入的人员其类别都被系统默认设置成了行政管理人员。此外，还有一些项目未设置内容，需要通过【修改】对相应的人员信息作修改（见图6－19）。

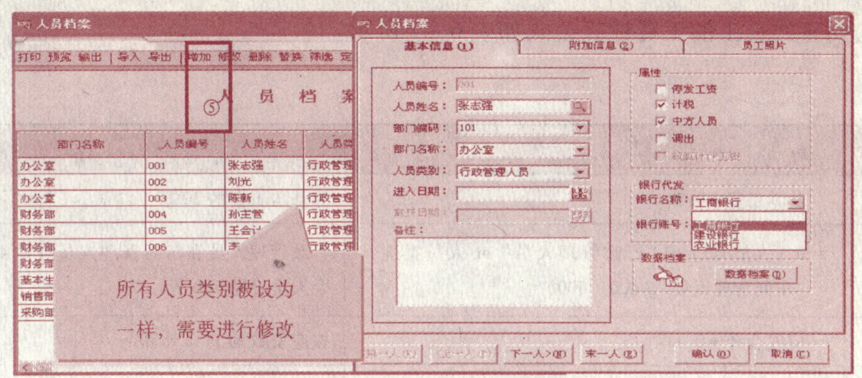

图 6－19　人员档案设置 4

（5）单击【增加】，增加总账系统中未进行设置的其他员工档案（见图 6－20）。

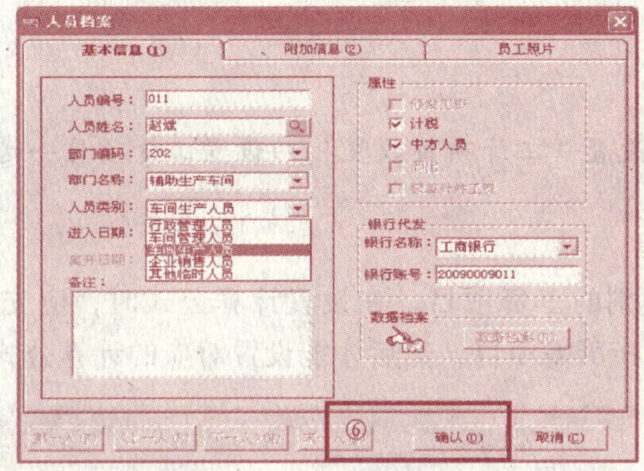

图 6－20　人员档案设置 5

8. 工资项目公式设置。职员档案设置完毕后，即可设置工资计算公式了。

操作任务

针对正式员工工资类别，小赵需确定其工资项目的构成内容。见表 6－6。

表 6－6

项目名称	类型	长度	小数位数	增减项
基本工资	数字	8	2	增项
奖金	数字	8	2	增项
交补	数字	8	2	增项
应发合计	数字	8	2	增项
社会保险	数字	8	2	减项
住房公积金	数字	8	2	减项
病事假天数	数字	3		其他
病事假扣款	数字	8	2	减项
代扣税	数字	10	2	减项
扣款合计	数字	10	2	减项
实发合计	数字	10	2	增项

设置公司正式员工的工资计算公式如表 6－7 所示。

表 6－7

项目名称	计算公式	描述
奖金	基本工资 * 0.3	为基本工资的 30%
交补	if（人员类别 = “行政管理人员” or 人员类别 = “车间管理人员”，400，300）	行政管理人员和车间管理人员补贴 400 元，其余人员补贴 300 元
社会保险	应发合计 * 0.11	按应发数的 11% 计算
住房公积金	应发合计 * 0.15	按应发数的 15% 计算
病事假扣款	病事假天数 * 应发合计/21	按每月 21 天工作日计算扣除

操作向导

选择【工资管理—设置—工资项目设置】→设置工资项目→选择“公式设置”选项卡→进行公式设置。

（1）设置某类工资类别的工资项目。在设置计算公式时，应先针对某类工资类别从设置好的所有工资项目中选择所需项目，然后才能设置对应的计算公式（见图 6－21）。

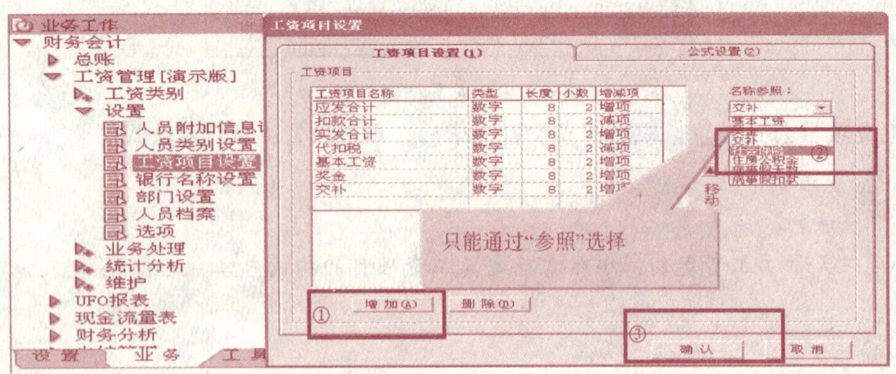

图 6－21　公式设置 1

想想试试

1. 是否能删除已输入数据的工资项目或已设置计算公式的工资项目？
2. 为什么要进行两次工资项目的设置？两次设置有什么联系？

（2）设置某类工资类别的工资项目计算公式。设置计算公式可以直观地表达工资项目之间的相互关系及运算过程，灵活地进行工资计算处理。选择好工资项目后，就可直接选择“公式设置”选项卡设置公式（见图 6－22）。

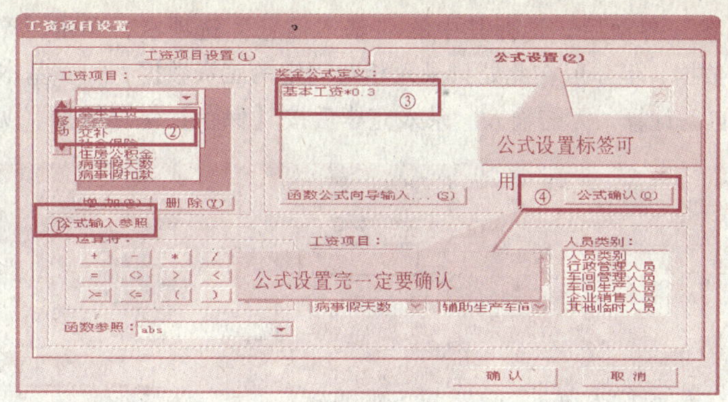

图 6－22　公式设置 2

教师点拨

● 对系统固定的工资项目：应发合计、扣款合计和实发合计的公式不用设置，系统自动根据增减关系进行计算。

● 定义公式时要注意先后顺序才能保证计算结果的正确性。排列在工资项目表前面的项目先设置公式，实发合计的公式要在应发合计和扣款合计公式之后。

9. 固定工资数据录入。工资计算公式设置完成，小赵还需要把员工的基础工资数据录入系统，这些工资项目的金额一般在一个年度中是不会变动的，通常称为“固定工资项目”，它们的金额一般要直接输入，然后才能根据基础工资数据自动计算其余各种工资项目的金额。

操作任务

录入公司正式员工工资项目中固定工资项目的数据（见表 6－8）。

表 6－8

部门名称	人员编号	人员姓名	基本工资
办公室	001	张志强	5 000
办公室	002	刘光	5 000
办公室	003	陈新	3 000
财务部	004	孙主管	4 500
财务部	005	王会计	2 500
财务部	006	李出纳	2 500
财务部	007	张审核	3 000
基本生产车间	008	赵主任	4 500
销售部	009	陈销售	3 000
采购部门	010	刘采购	3 000
基本生产车间	011	赵斌	3 500
基本生产车间	012	宋佳	3 000
一号仓库	013	孙健	3 000
二号仓库	014	王华	2 800

操作向导

选择【工资管理—设置—人员档案】→选择对应的员工记录→单击【修改】菜单→进行人员档案修改。

进入“人员档案”界面后，选择其中的“基本信息”选项卡，单击【数据档案】，录入和修改个人的工资数据，但一般在此处只录入相对固定的工资数据，如：基本工资，其余各项目可通过计算公式自动计算，无需输入。录入完毕后按【保存】保存数据（见图6－23）。

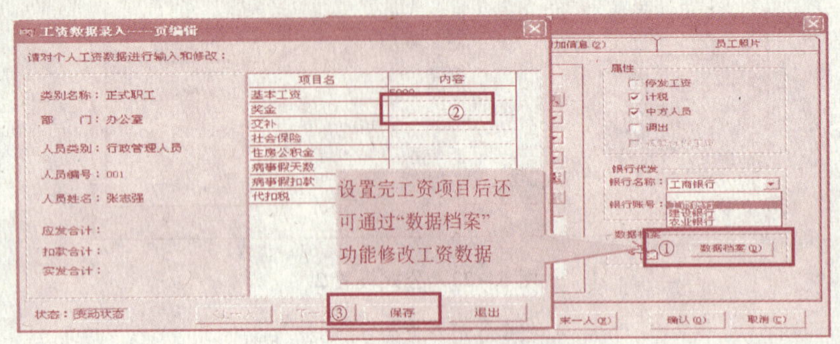

图6－23　固定工资数据录入

操作任务

公司临时员工的各类信息见表6－9至表6－12。

表6－9　档案信息

部门名称	人员编号	人员姓名	人员类别	账号	中方人员	是否计税	工资停发	性别	学历
基本生产车间	020	张志新	车间生产人员	20090009020	是	是	否	男	大学
基本生产车间	021	刘光明	车间生产人员	20090009021	是	是	否	男	大学
基本生产车间	022	陈新荣	车间生产人员	20090009022	是	是	否	男	大专

表6－10　工资项目信息

项目名称	类型	长度	小数位数	增减项
基本工资	数字	8	2	增项
奖金	数字	8	2	增项

表6－11　工资计算公式

项目名称	计算公式	描述
奖金	基本工资＊0.3	为基本工资的30%

表6－12　固定工资数据

部门名称	人员编号	人员姓名	基本工资
基本生产车间	020	张志新	2 500
基本生产车间	021	刘光明	2 500
基本生产车间	022	陈新荣	2 500

10. 账套选项修改。所有基本数据设置完毕，王会计提出了一个问题：如果在建立工资核算账套的过程中，有一些参数，如：是否扣零、是否扣税等需要进行调整，又该怎么办呢？

操作任务

基础数据处理完后，小赵分析尝试账套参数修改的操作思路。

操作向导

小赵经过对各菜单功能的查看寻找，在【业务工作—财务会计—工资管理—设置—选项】菜单下发现了这些参数的修改功能。但此时所做的修改将只会对所打开的工资类别生效（见图 6－24）。

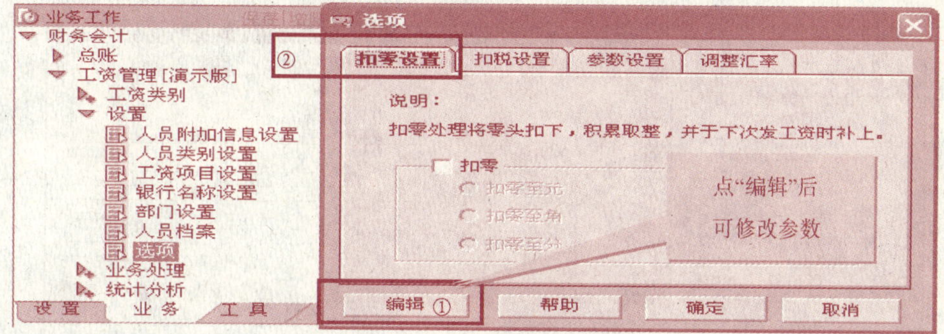

图 6－24　工资账套参数修改

第二节　工资系统日常业务处理

一、工资变动管理

工资变动管理用于对人力资源部门提供的职工考勤、考核等情况及职工其他情况所引起的工资日常变动数据进行的调整、计算，以准确计算职工当月薪酬的管理。这些需要进行调整的数据相对于固定工资来说，每个月都会不同，这些工资项目通常称为“变动工资项目”。

操作任务

月底，小赵处理正式员工的变动工资数据（见表6－13）。

表6－13

变动项目	变动数据描述
病事假天数	陈新请假2天；赵斌请假1天
奖金	销售部业绩好，每人增加500元奖金

操作向导

选择【工资管理—业务处理—工资变动】→对变动工资数据进行处理。

1. 如果在进行人员档案设置时没有对工资数据进行录入，可以在表格中直接输入或通过【编辑】功能输入工资数据（见图6－25）。

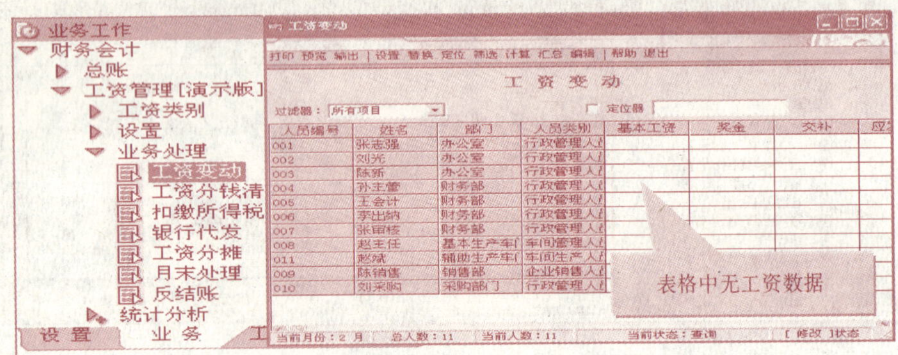

图6－25　工资变动数据处理1

2. 在“工资变动”窗口找到要录入数据的工资栏，直接在其中输入数据（见图6－26）。

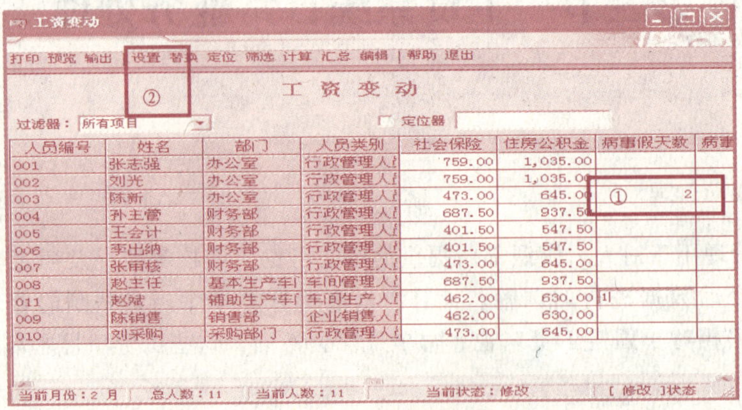

图6－26　工资变动数据处理2

3. 病事假处理完后，选择【替换】菜单项，调整销售部的本月奖金，销售部每人在原来的奖金基础上增加 500 元（见图 6－27）。

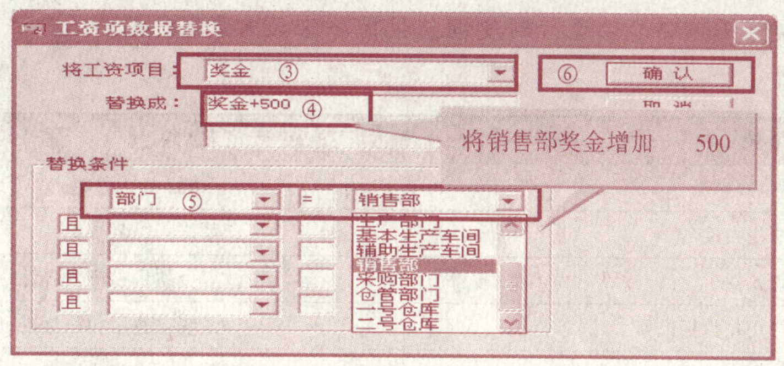

图 6－27 工资变动数据处理 3

4. 系统提示替换后数据不可恢复，单击【是】确认，同时确认重新计算工资数据（见图 6－28、图 6－29）。

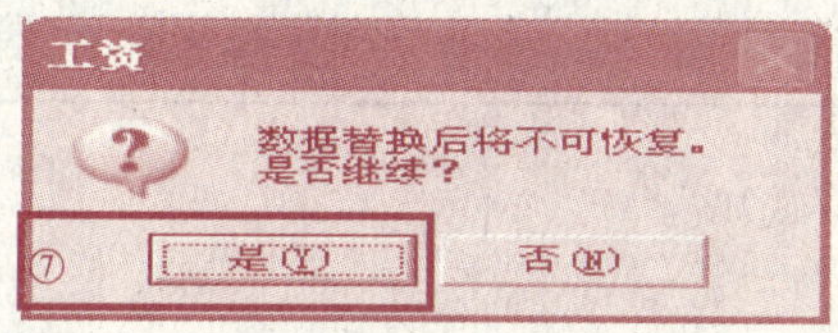

图 6－28 工资变动数据处理 4

图 6－29 工资变动数据处理 5

教师点拨

修改工资数据、重新设置计算公式或对数据进行替换操作后，都必须使用【计算】、【汇总】功能重新计算、汇总，以保证工资数据正确。

5. 计算完工资的数额，按程序就应该到银行提取现金准备发放工资或者将工资数据报给银行由银行代发工资了。虽然公司现在都是通过银行代发工资，不需要提取现金，但如果需要发放部分现金薪酬的，还需要作工资分钱的处理。由于比较简单，不再讲述。

二、个人所得税代扣处理

按照会计业务工作流程，确定了应发工资后，还要进行代扣代缴的处理，特别是个人所得税，应由企业进行代扣代缴纳税申报，并编制好纳税申报表。

操作任务

小赵在王会计的指导下进行本月职工个人所得税代扣代缴处理。编制本月的个人所得税申报表，见表6－14。按现行制度调整税前扣除数为2 000元。

表6－14

栏目名称	数据来源
序号	系统：序号
纳税人姓名	系统：姓名
收入额	工资项目：应发合计
费用扣除标准	系统：费用扣除标准
应纳税所得额	系统：应纳税所得额
税率	系统：税率
速算扣除数	系统：速算扣除数
应扣税额	工资项目：代扣税
已扣税额	工资项目：代扣税
备注	

操作向导

单击【工资管理—业务处理—扣缴所得税】→依次对个人所得税申报项目进行设置→单击【确定】。

1. 依次确定计税工资项目、申报期间等如图6－30所示。

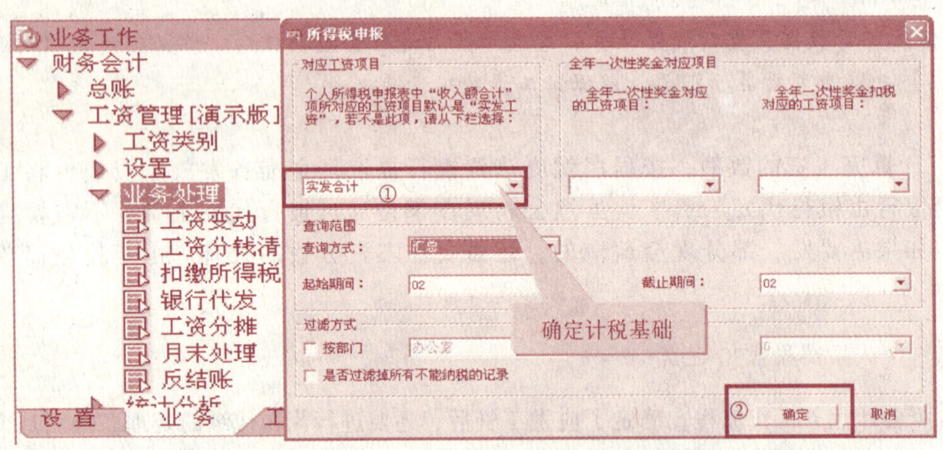

图6－30 扣缴所得税处理1

2. 系统自动计算出应缴所得税。如果申报表栏目不符合税务机关的要求，可以通过【栏目】功能，对所得税申报表进行格式调整（见图6－31）。

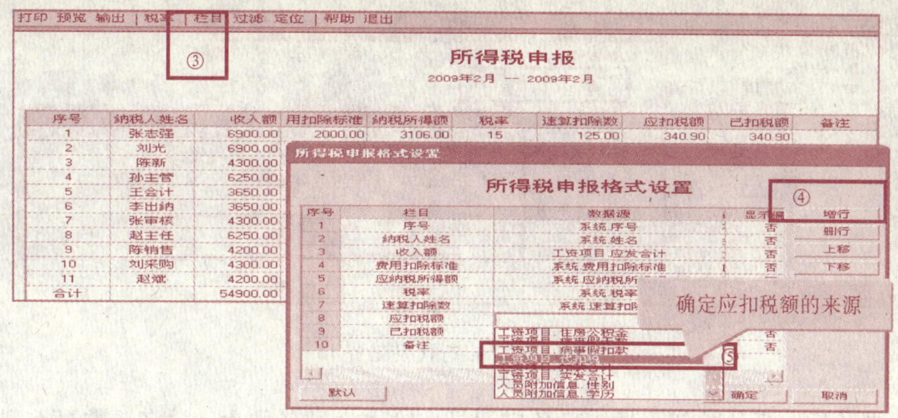

图 6－31　扣缴所得税处理 2

3. 个人所得税扣税基数可在图 6－31 中，单击【税率】，打开“税率表”进行调整。修改了“税率表”或重新选择了“收入额”的数据来源，则在退出个人所得税功能后，需要到“数据变动”功能中执行重新计算及汇总的功能，以保证前后个人所得税数据一致（见图 6－32）。

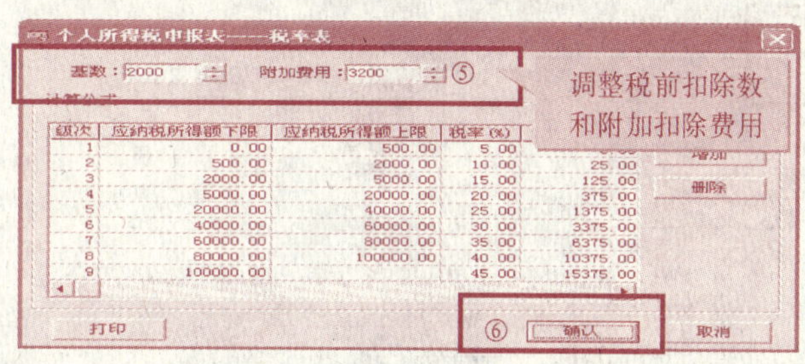

图 6－32　扣缴所得税处理 3

三、银行代发工资处理

通过银行代发工资，只需要月末向银行提供银行给定文件格式的数据文件，银行据此将职工的工资划入个人账户，职工个人凭银行工资卡到银行支取。

操作任务

月底，小赵在王会计指导下制作银行报盘文件向开户行传递工资数据。

银行报盘文件采用系统提供的默认格式，考虑到数据清晰明细，在文件格式中增加“姓名”字符栏目，长度为 10，来源为“人员姓名”。

操作向导

选择【工资管理—业务处理—银行代发】→选择代发方式等→制作银行报盘文件。

1. 如未使用网络传输，选择【银行报盘文件】方式传递数据，并过滤掉工资小于零的数据（见图 6－33）。

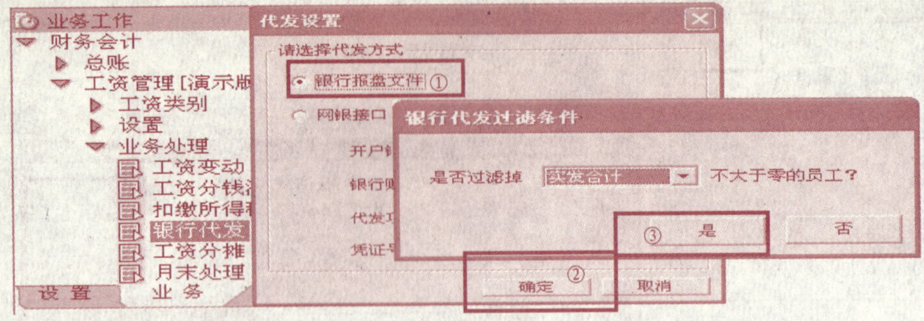

图 6－33　银行代发工资 1

2. 单击【插入行】按钮，插入一条空记录，输入栏目名称为：姓名；数据类型为：字符型；总长度为：10；数据来源为：人员姓名。【确认】后，系统列示出银行代发一览表（见图 6－34）。

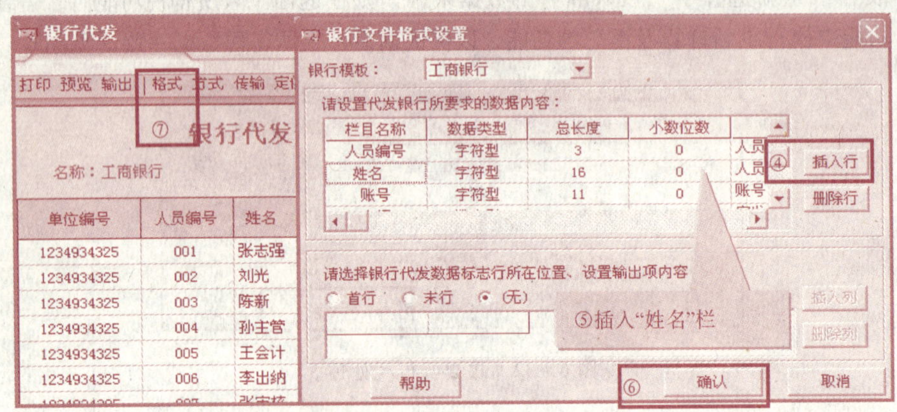

图 6－34　银行代发工资 2

3. 单击【方式】菜单功能来制作银行需要的数据文件。然后单击【输出】功能，保存文件即可上报银行了（见图 6－35）。

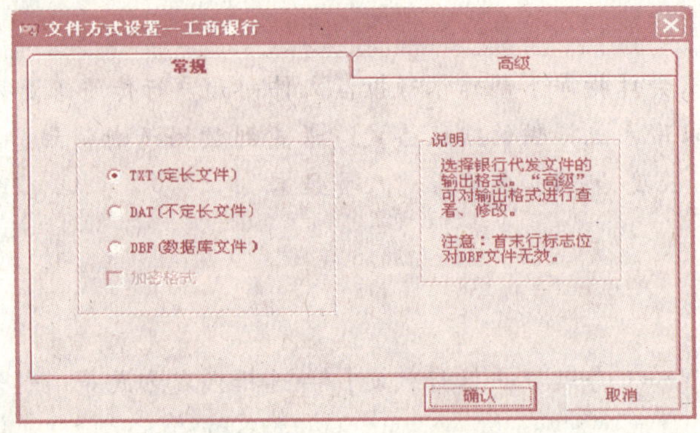

图 6－35　银行代发工资 3

四、工资分摊处理

工资分摊，就是对当月发生的工资费用进行工资总额的计算、分配及各种经费的计提并制作自动转账凭证后传递到总账系统供记账之用。

操作任务

月底，小赵在王会计指导下对本月正式员工的工资进行分配处理。

1. 应付工资分摊设置信息见表 6－15。

表 6－15

部门名称	人员类别	借方科目	贷方科目
办公室	行政管理人员	550202	2151
财务部	行政管理人员	550202	2151
基本生产车间	车间管理人员	4105	2151
基本生产车间	车间生产人员	410101	2151
销售部	企业销售人员	5501	2151
采购部门	行政管理人员	550202	2151
一号仓库	行政管理人员	550202	2151
二号仓库	行政管理人员	550202	2151

2. 应付福利费分摊设置信息见表 6－16。

表 6－16

部门名称	人员类别	分摊比例	借方科目	贷方科目
办公室	行政管理人员	14.00%	550203	2153
财务部	行政管理人员	14.00%	550203	2153
基本生产车间	车间管理人员	14.00%	4105	2153
基本生产车间	车间生产人员	14.00%	410101	2153
销售部	企业销售人员	14.00%	5501	2153
采购部门	行政管理人员	14.00%	550203	2153
一号仓库	行政管理人员	14.00%	550203	2153
二号仓库	行政管理人员	14.00%	550203	2153

根据以上资料，生成应付工资凭证和应付福利费凭证。

操作向导

选择【工资管理—业务处理—工资分摊】。

1. 工资分摊设置（见图 6－36）。

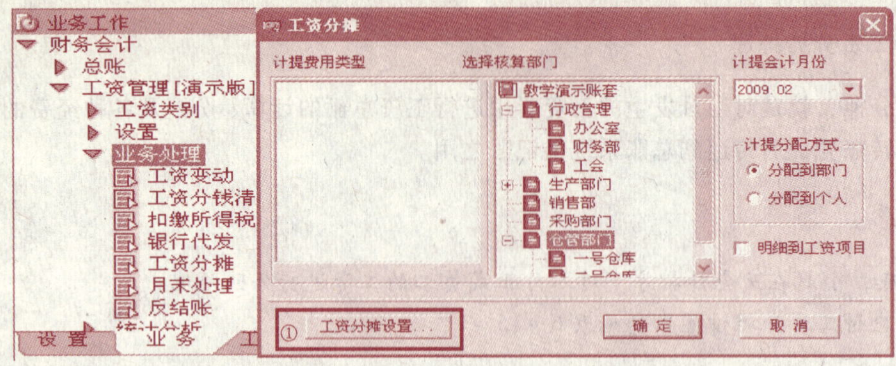

图 6－36　工资分摊设置 1

（1）在“分摊类型设置”窗口，单击【增加】，并在“计提类型名称”框内输入“应付工资”，“分摊计提比例”中的调整比例为：100%。然后单击【下一步】（见图 6－37）。

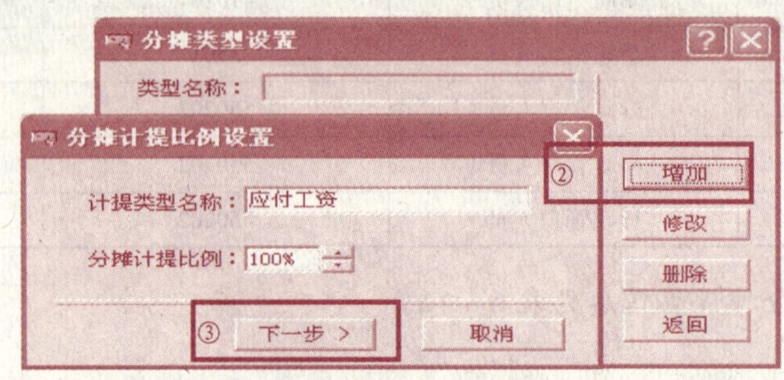

图 6－37　工资分摊设置 2

（2）在“分摊构成设置”窗口，依次设置工资分摊的有关项目及对应的借贷会计科目（见图 6－38）。

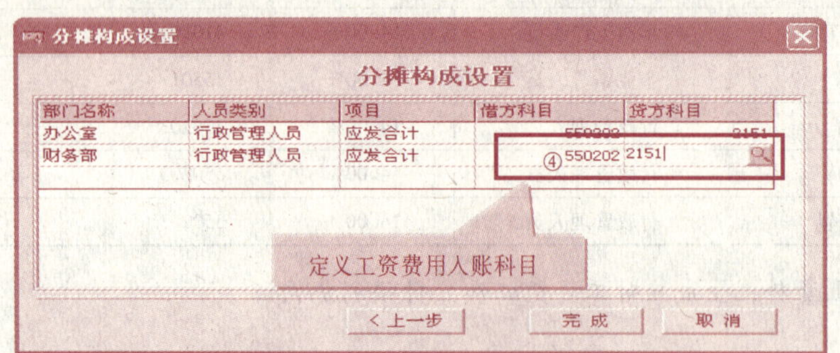

图 6－38　工资分摊设置 3

（3）依此方法完成应付工资和应付福利费的分摊设置，在“工资分摊”窗口选择“计提费用类型”为：应付工资和应付福利费；“核算部门”为：所有部门。再选择“明细到工资项目”复选框。设置完毕后，单击【确定】（见图 6－39）。

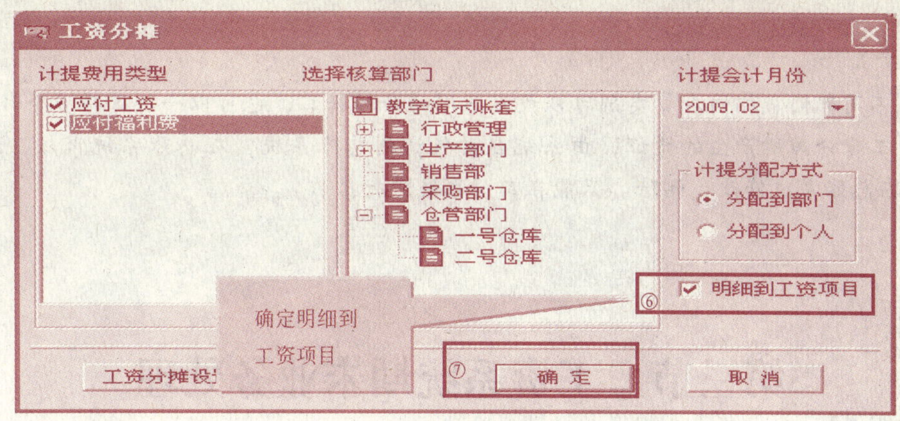

图 6－39 工资分摊设置 4

2. 工资分摊会计凭证生成。在“工资分摊明细”窗口，单击“类型”下拉列表选择不同的分摊类型进行查看。单击【制单】菜单项，生成当前分摊类型所对应的凭证（见图 6－40）。

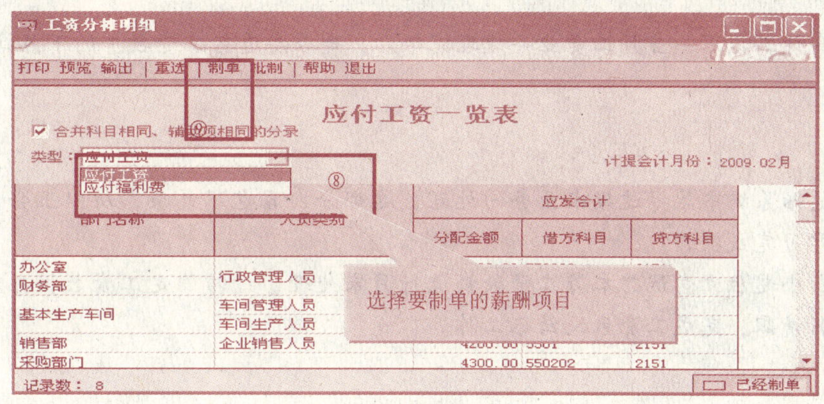

图 6－40 工资分摊设置 5

分摊凭证生成后只是显示到屏幕上，需要单击【保存】。这时，凭证左上角显示红色“已生成”字样，并将传递到总账系统（见图 6－41）。

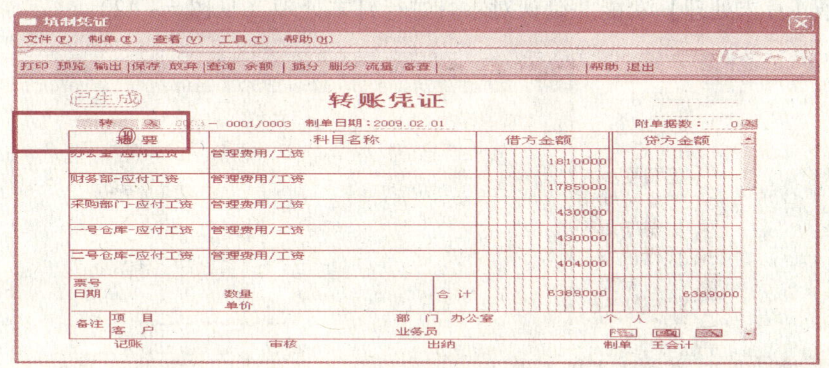

图 6－41 工资分摊凭证生成

教师点拨

● 不同部门、相同人员类别可以设置不同的分摊科目，也可以一次选择多个部门。

● 工资分摊所产生的凭证，由系统自动传递到总账系统，在总账系统审核、记账，但不能在总账系统修改、删除。只能在工资系统进行操作。

第三节　工资系统期末业务处理

工资系统期末业务处理用于对本月工资数据进行结转并结束本月工资业务。

想想试试

手工会计工作下，当月工资业务处理完毕后，是否要进行工资数据的下月结转操作？

操作任务

前面总账系统中学习过期末业务的处理，这部分内容也不复杂，所以王会计决定让小赵自主学习完成操作。

月底，小赵独立尝试对本月工资数据进行月末处理，结转固定工资数据并对变动工资数据进行清零，完成工资系统结账工作。

操作向导

选择【工资管理—业务处理—月末处理】→进行工资系统月末结账。

1. 选择【月末处理】功能并确认对本月进行月末处理（见图6－42）。

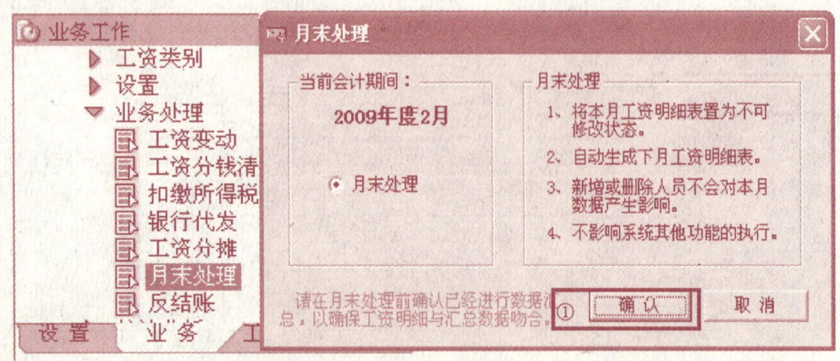

图6－42　工资月末处理1

2. 在“工资”窗口，单击【是】继续处理，并确认要进行清零处理（见图6－43、图6－44）。

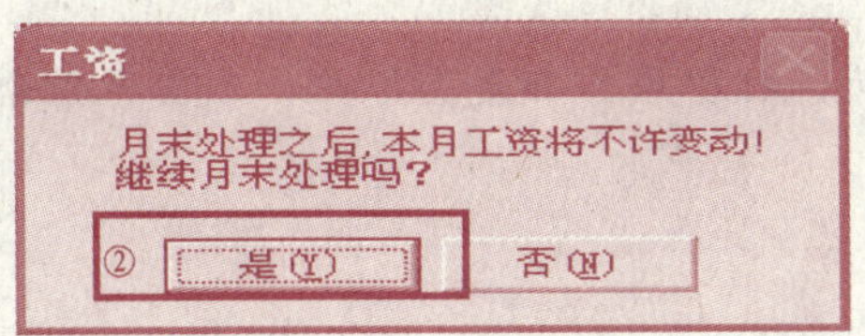

图6－43　工资月末处理2

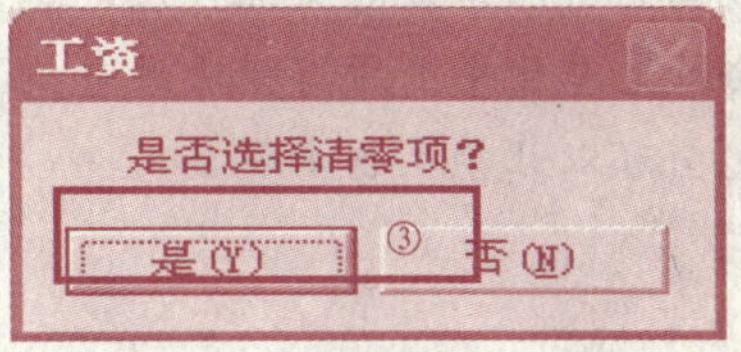

图6－44　工资月末处理3

3. 在工资项目中，有些项目是变动的，它们的数据每个月可能都会不同，清零处理就是要将这些项目的数据在结转下月时清为空数据，以备下个月时再输入新的数据。选择“清零项目”，如选择“病事假天数”和“病事假扣款”两项为清零项，左边选择框移动到右边文本框中，然后单击【确认】，系统自动把选择的清零项数据清空（见图6－45）。

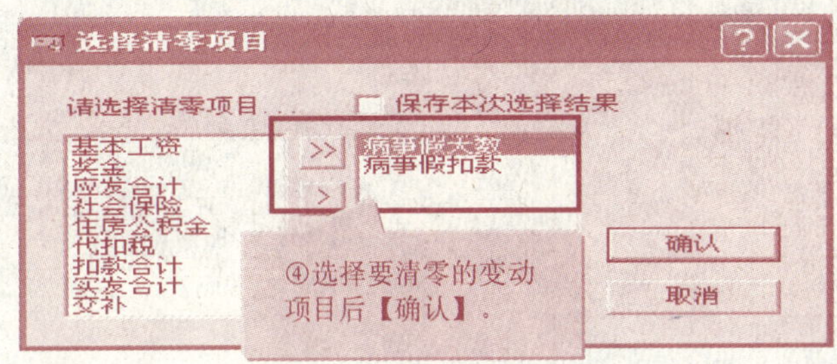

图6－45　工资月末处理4

4. 如果结账后发现尚有业务事项未处理完毕，需使用“反结账”功能，方法同总账系统反结账（见图6－46）。

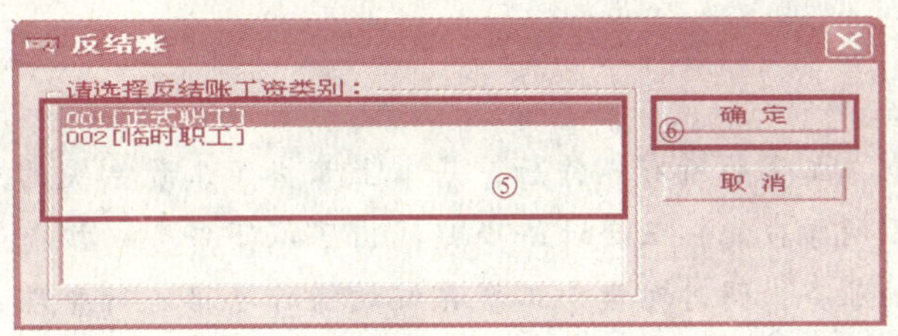

图6－46　反结账

第四节　工资数据统计分析

工资数据统计分析用于对工资业务相关数据进行查询、统计、分析及打印。

操作任务

查询并打印工资有关统计表及工资凭证。

会计电算化中，所有模块的查询、统计、分析、打印操作都是类似的，无需再作介绍，完全可以让学生自主解决。

操作向导

选择【工资管理—统计分析】→进行工资系统统计分析查询（见图6-47）。

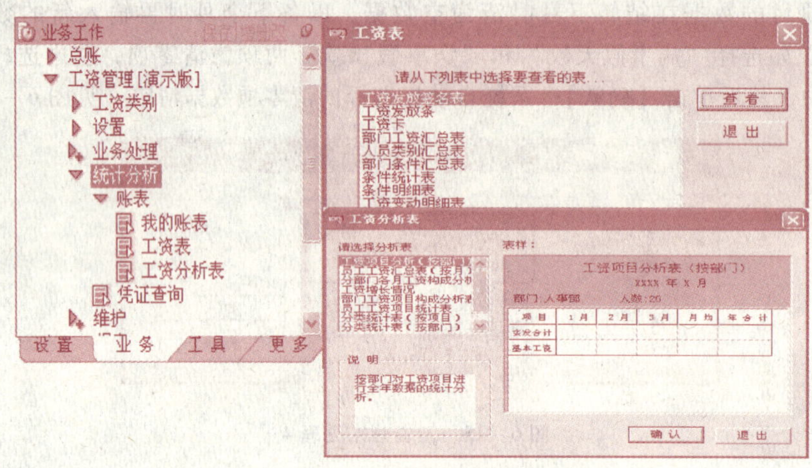

图6-47 工资统计分析

操作任务

小赵在完成了职工工资的所有操作后，基本上掌握了工资系统的业务流程。为了进一步理清思路，巩固所学技能，王会计给小赵提出了以下任务：按前述各环节思路完成临时工尚未处理完的业务，同时对整个工资系统的操作思路进行整理，并结合总账系统进行比较分析，使学习能力和操作技能真正提升一个层次。

具体任务：完成以下公司临时员工的工资数据操作：

1. 变动工资数据如表6-17所示。

表6-17

变动项目	变动数据描述
奖　金	按时完成生产任务，每人增加250元奖金

2. 进行个人所得税申报表格式设置（同第七章第二节正式职工）。
3. 进行银行代发处理。
4. 应付工资分摊设置信息（见表6-18）。

表6-18

部门名称	人员类别	借方科目	贷方科目
基本生产车间	车间生产人员	410101	2151

5. 应付福利费分摊设置信息（见表6-19）。

表6-19

部门名称	人员类别	分摊比例	借方科目	贷方科目
基本生产车间	车间生产人员	14.00%	410101	2153

6. 生成应付工资及福利费转账凭证。
7. 期末业务处理进行银行代发处理。
8. 打印工资发放签名表及部门工资汇总表进行银行代发处理。

常见问题

工资核算子系统的常见问题主要有：

工资账套建立成后，如果仍有项目设置不正确，可再进入工资管理系统主界面下的【设置】菜单下的【选项】中进行调整。

问题一：建立工资账套后，系统菜单里没有工资类别菜单（见图6-48的左图）。

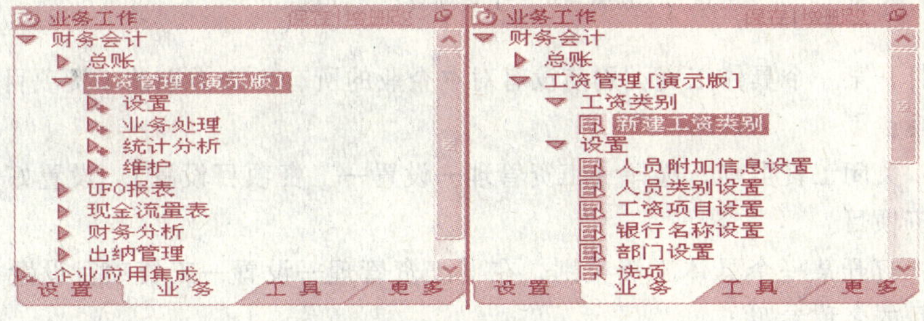

图6-48 工资类别设置问题

原因：在建立工资账套的过程中，工资类别的参数被设置为了“单个”类别。

解决方案：选择【工资管理—设置—选项】，打开“参数设置”标签。将其中的“工资类别”参数调整为“多个”后，系统菜单里自动出现【工资类别】菜单（见图6-48的右图）。

问题二：系统的设置菜单里没有职员档案录入功能（见图6-49的左图）。

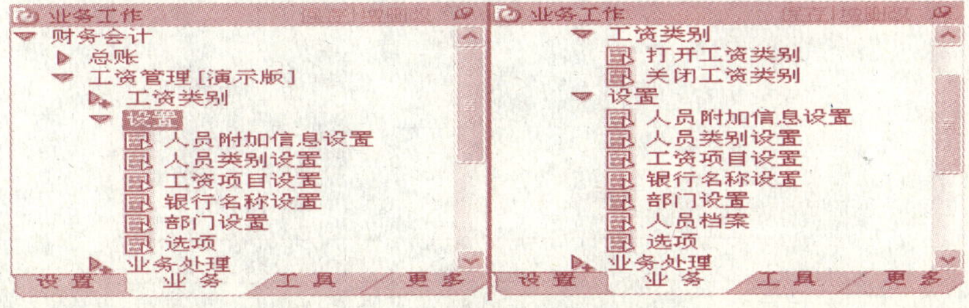

图6-49 人员档案录入问题

原因：还没有建立工资类别或没有打开某一个工资类别。

解决方案：

第一步：选择【工资管理—工资类别—新建工资类别】，建立好某一个工资类别。

第二步：打开某一个工资类别，在【工资管理—设置】下就会出现【人员档案】菜单了（见图6－49的右图）。

问题三：进行某一类工资类别的工资项目设置时，名称参照为空，不能进行参照（见图6－50）。

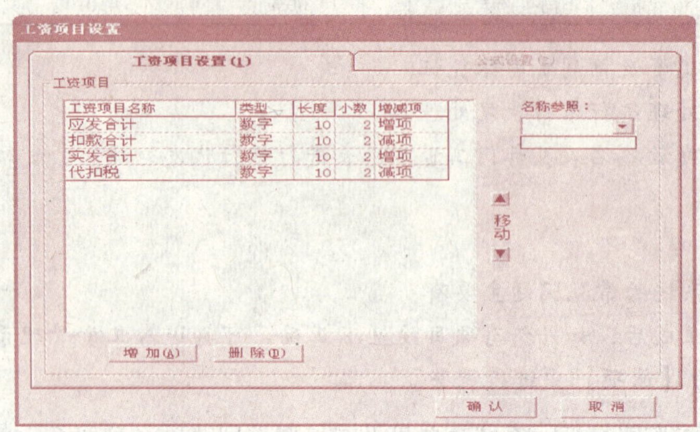

图6－50　工资项目设置问题

原因：打开某一个具体工资类别前没有对本企业的所有工资类别的工资项目进行设置。

解决方案：

第一步：关闭工资类别，选择【工资管理—设置—工资项目设置】，设置好所有工资类别涉及的工资项目。

第二步：打开某一个具体工资类别，在【工资管理—设置—工资项目设置】下就可以进行工资项目的名称参照了。

问题四：进行某一类工资类别的工资项目设置时，不可以选择"公式设置"选项卡，不能进行工资计算公式的设置（见图6－51）。

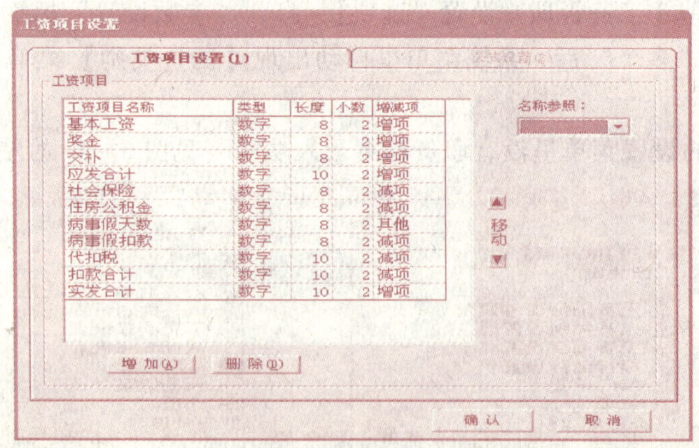

图6－51　工资项目公式设置问题

原因： 打开某一个具体工资类别后没有设置本类别所对应的职工档案信息。

解决方案：

第一步：打开对应的工资类别，选择【工资管理—设置—人员档案】，录入本工资类别的职工档案或通过导入功能导入账务系统的人员档案信息。

第二步：选择【工资管理—设置—工资项目设置】功能，这时“公式设置”选项卡就可以使用了。

问题五： 通过导入功能导入账务系统的人员档案信息后，无法进行显示（见图 6－52）。

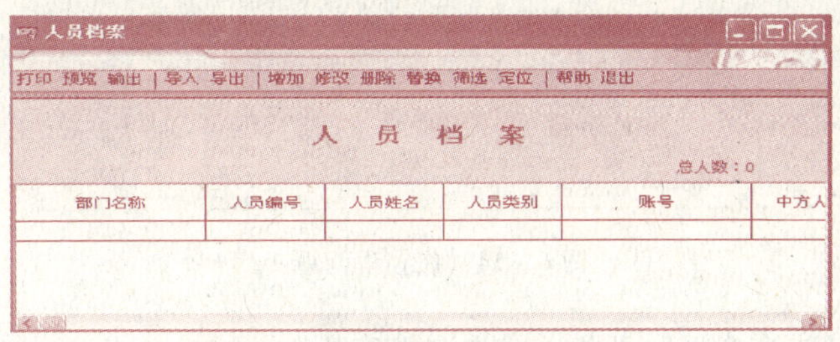

图 6－52　导入人员档案问题 1

原因： 系统对【基础信息—数据权限—数据权限控制设置】中的【工资权限】作了限制图（见图 6－53）。

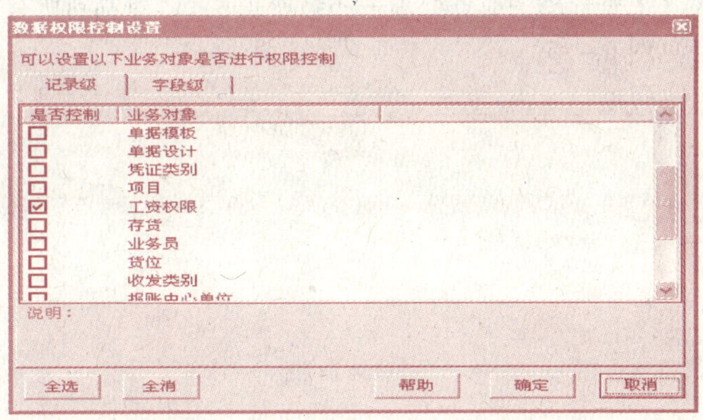

图 6－53　导入人员档案问题 2

解决方案：

第一步：以账套主管的身份重新注册系统，选择【基础信息—数据权限—数据权限控制设置】功能，取消【工资权限】控制复选框。

第二步：再以工资系统操作员身份重新注册系统，进入【工资管理—设置—人员档案】即可看到从基础信息中导入的人员档案信息。

问题六： 基础工资数据输入完毕并确定正确后，在【工资变动】功能下显示的工资数据不正确，包括应发合计、扣款合计、实发合计不正确的情况。

原因： 在进行工资项目设置时，将工资项目的“增减项”设置错误。

解决方案：

第一步：关闭工资类别，选择【工资管理—设置—工资项目设置】，检查并修改设置错误的工资项目的“增减项”栏目。

第二步：打开对应的工资类别，进入【工资管理—业务处理—工资变动】后，系统会自动根据所作的修改进行重新计算。

问题七：在进行代扣税处理时，系统不能全部显示需要扣缴个人所得税的全部职工的代扣信息，只显示其中的一条或几条记录（见图6－54）。

打印 预览 输出 | 税率 | 栏目 过滤 定位 | 帮助 退出

所得税申报

2009年2月 -- 2009年2月

序号	纳税人姓名	收入额	免税收入额	许扣除的税	用扣除标准	纳税所得额	税率	应扣税额	已扣税额
1	王华	4040.00			2000.00	989.60	10		
合计		4040.00	0.00	0.00	2000.00	989.60		0.00	0.00

图6－54 代扣税问题1

原因：没有在【工资变动】功能中对工资进行计算和汇总处理。

解决方案：

第一步：选择【工资管理—业务处理—工资变动】，在此功能下，分别单击工具按钮【计算】和【汇总】对工资数据进行计算和汇总处理。

第二步：再进入【工资管理—业务处理—扣缴所得税】，即看到所有需要缴纳个人所得税的职工代扣信息（见图6－55）。

所得税申报

2009年2月 -- 2009年2月

序号	纳税人姓名	收入额	免税收入额	许扣除的税	用扣除标准	纳税所得额	税率	应扣税额	已扣税额
1	张志强	6900.00			2000.00	3106.00	15		
2	刘光	6900.00			2000.00	3106.00	15		
3	陈新	4300.00			2000.00	1182.00	10		
4	孙主管	6250.00			2000.00	2625.00	15		
5	王会计	3650.00			2000.00	701.00	10		
6	李出纳	3650.00			2000.00	701.00	10		
7	张审核	4300.00			2000.00	1182.00	10		
8	赵主任	6250.00			2000.00	2625.00	15		
9	陈销售	4200.00			2000.00	1108.00	10		
10	刘采购	4300.00			2000.00	1182.00	10		
11	赵斌	4850.00			2000.00	1589.00	10		
12	宋佳	4200.00			2000.00	1108.00	10		
13	孙健	4300.00			2000.00	1182.00	10		
14	王华	4040.00			2000.00	989.60	10		
合计		68090.00	0.00	0.00	28000.00	22386.60		0.00	0.00

图6－55 代扣税问题2

问题八：在进行职工个人所得税的代扣处理时，所有显示出的个人所得税申报信息均不能列示应扣税额和已扣税额两个栏目的数据（见图6－56）。

原因：在进行代扣税处理时，没有指明代扣税额和已扣税额的数据来源。

解决方案：

第一步：在【工资管理—业务处理—扣缴所得税】，选择【栏目】功能。

第二步：在“所得税申报格式设置”窗口下，通过双击应扣税额和已扣税额的数据源栏，将其数据来源设置为“代扣税”即可（见图6－56）。

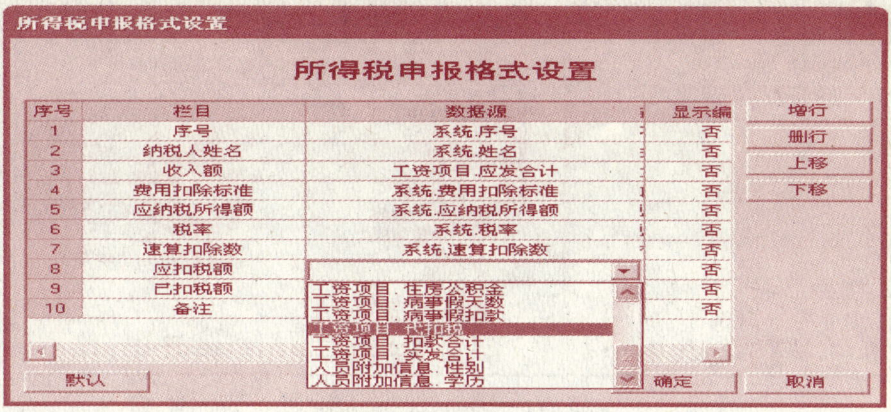

图 6－56 代扣税问题 3

问题九： 调整了工资的计税基数后，扣缴的个人所得税金额仍然是调整前的金额。

原因： 调整了计税基数后没有对工资数据进行计算和汇总处理。

解决方案：

第一步：选择【工资管理—业务处理—工资变动】功能。

第二步：在"工资变动"窗口下，分别单击工具按钮【计算】和【汇总】对工资数据进行计算和汇总处理，这时扣缴的个人所得税金额将按所调整的税率重新进行计算。

问题十： 在工资分摊设置时，已设置了对应的入账会计科目，但分摊后应付工资一览表的借、贷方科目仍然为空，不能自动生成（见图 6－57）。

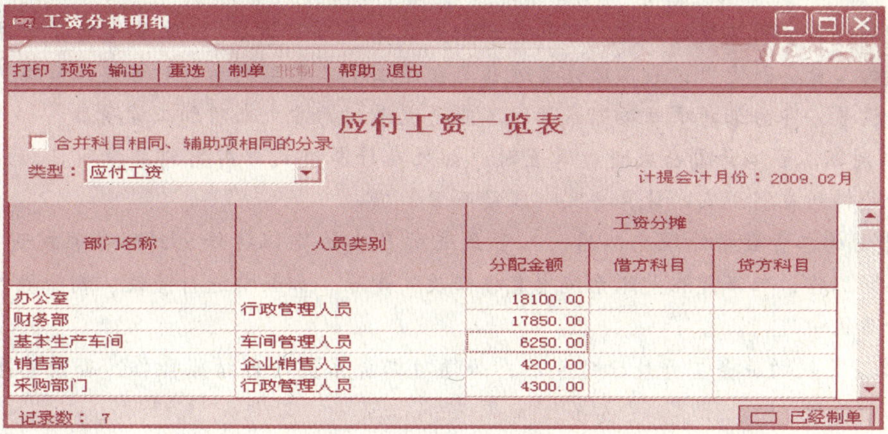

图 6－57 工资分摊生成问题 1

原因： 在进行工资分摊设置时，没有选择"明细到工资项目"复选框这一选项。

解决方案：

第一步：选择【工资管理—业务处理—工资分摊】，在第一个设置窗口中，选择"☑明细到工资项目"（见图 6－58）。

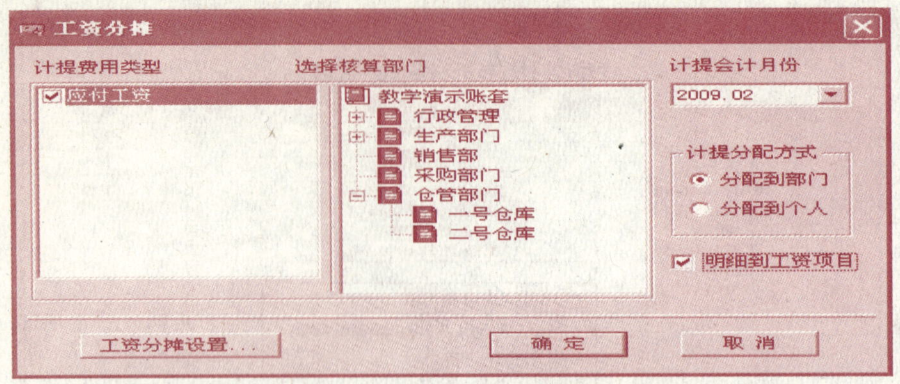

图 6－58　工资分摊生成问题 2

第二步：进入“工资分摊一览表”，系统自动设置了借方科目和贷方科目。在“工资变动”窗口下，分别单击工具按钮【计算】和【汇总】重新对工资数据进行计算和汇总处理即可。

教学小结

- 工资系统是会计电算化中相对较简单的子系统。其业务处理较为单纯，主要是每月职工薪酬的计算及人工费用的分配处理。
- 在对企业职工的工资项目进行设置时，要进行两次设置，第一次是针对企业所有工资类别的所有工资项目进行设置，可称为“初始化工资项目设置”，主要是为了方便以后提供给不同的工资类别使用；第二次设置过程是在建立了工资类别后针对各类工资类别所作的工资项目设置，即为工资项目参照设置，不能通过录入的方式来增加工资项目。
- 在对职工薪酬计算公式进行设置时，如果在计算公式中引用到工资项目，则这个工资项目必须排列在引用它的计算公式（工资项目）前。
- 当月的工资数据处理完毕后，工资系统所产生的凭证将传递到账务系统进行审核、签字及记账工作，但不能在总账系统中直接修改、删除。如果要进行修改、删除操作，只能回到工资系统中进行。
- 工资系统的业务工作处理完毕后，必须对工资系统进行结账操作，否则总账系统不能进行结账处理。

第 7 章

固定资产管理子系统

学习目标

- □ 掌握固定资产使用状况、增减方式、折旧方法、卡片项目和格式的设置。
- □ 掌握固定资产卡片管理，包括固定资产台账管理及固定资产的会计处理。
- □ 掌握固定资产折旧的管理，包括折旧的计算及折旧分配表的生成。
- □ 掌握各类固定资产账表的查询及输出。

课前导读

固定资产管理系统是电算化系统中的一个重要组成部分，可取代手工业务下固定资产管理卡片的所有功能，对固定资产的增减变动情况进行精确管理，完成资产评估及减值计提工作，对企业的固定资产总值及折旧数据进行动态管理，协助设备管理部门做好固定资产实体的各项指标管理、分析工作，能自动生成相关会计凭证，传递到总账和成本管理子系统。固定资产变动情况及变动对应科目的设置、折旧分配的设置是固定资产子系统的难点。

实习情景

经过前面各环节的实习实践，小赵逐步养成了良好的会计电算化业务处理思路，已具备了独立完成总账、报表、工资等业务处理的能力，初步具备了借助“系统帮助”独立完成新开发业务的能力。公司实施会计电算化系统也取得了明显的效果，决定继续扩大实施会计电算化系统的范围，使用固定资产管理模块。为此，公司决定让小赵参与固定资产系统的实施。根据前期所积累的经验，小赵对公司的固定资产管理情况作了详细调查，与相关固定资产使用部门的员工作了交流，整理完成了固定资产电算化所需要的初始资料，为固定资产管理子系统的实施作好了充分的准备。

第一节　固定资产系统初始化设置

固定资产系统的初始化工作与其他系统的初始化工作在本质上是一样的，目的是把手工账转化为电算化账，并定义出既符合单位实际，又能实施更高效、科学、全面管理的系统。

一、固定资产系统的启用及授权

使用一个新系统之前，必须先启用系统，并给使用系统的操作人员授予相应操作权限。启用方法与其他子系统相同，可由学生独立完成。

操作任务

2009 年 3 月 1 日，小赵首先进行系统启用及相应的权限设置操作：

1. 启用固定资产子系统：
   - 启用人：账套主管——孙主管。
   - 启用系统：FA 固定资产系统。
   - 启用时间：2009 年 3 月 1 日。
2. 给王会计授予固定资产子系统的相应使用权限。

操作向导

以账套主管身份进入【用友 T6—中小企业管理软件企业门户—基础信息—基本信息】界面→启用“固定资产系统”→设置操作员权限。

想想试试

1. 不建立总账账套，直接启用固定资产系统可以吗？
2. 固定资产系统的启用时间与总账系统的启用时间有何关系？
3. 哪些人具有系统的启用权限？

二、固定资产核算账套的建立

小赵以会计身份进入【用友 T6—中小企业管理软件企业门户—业务工作—财务会计—固定资产】。由于是首次进入固定资产管理系统，系统将会提问是否进行固定资产系统的初始化账套工作。选择【是】（见图 7－1），依次对固定资产系统进行初始化设置。

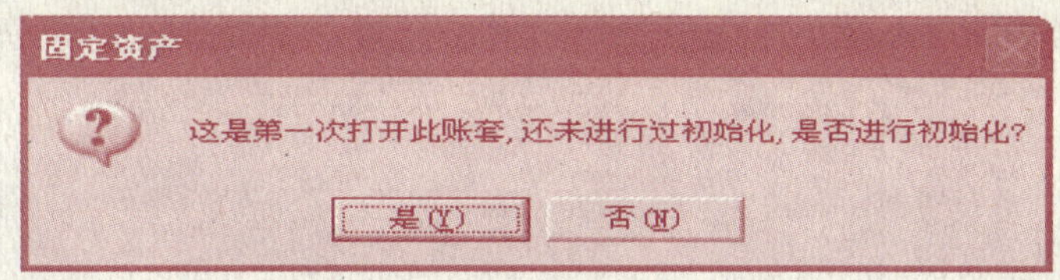

图 7－1　固定资产账套建立 1

操作任务

按表 7－1 中的信息建立固定资产核算账套并设置相关参数。

表 7－1

控制参数	参数设置
约定与说明	默认
启用月份	2009 年 3 月　默认
折旧信息	本账套计提折旧 折旧方法：平均年限法（一） 折旧汇总分配周期：1 个月 当折旧时间为折旧期限的最后一个月时，将剩余折旧全部提足
编码方式	资产类别编码方式：2112 固定资产编码方式：按“类别编号＋序号”自动编码 卡片序号长度为 5
财务接口	与总账系统进行对账 对账科目：固定资产对账科目－1501 固定资产 累计折旧对账科目－1502 累计折旧 对账不平不允许结账
补充参数	业务发生后立即制单 月末对账前一定要完成制单登账业务 固定资产缺省入账科目：1501 累计折旧缺省入账科目：1502

操作向导

在“固定资产初始化向导”界面→按引导设置固定资产系统参数。

1. 约定及说明（见图 7－2）。

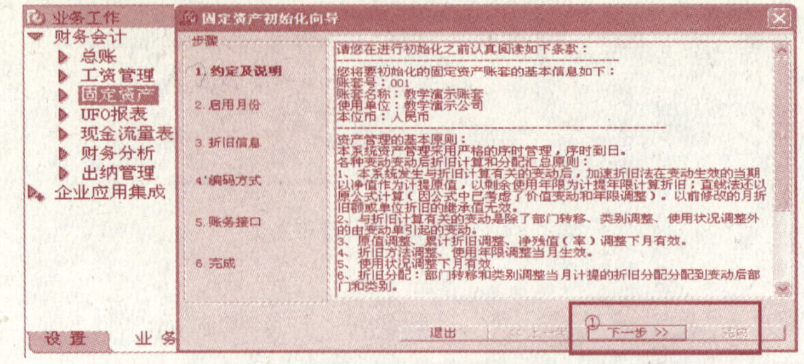

图 7-2　固定资产账套建立 2

2. 启用月份。启用月份默认启用时登录“固定资产系统”时的机器时间，不能修改（见图 7-3）。

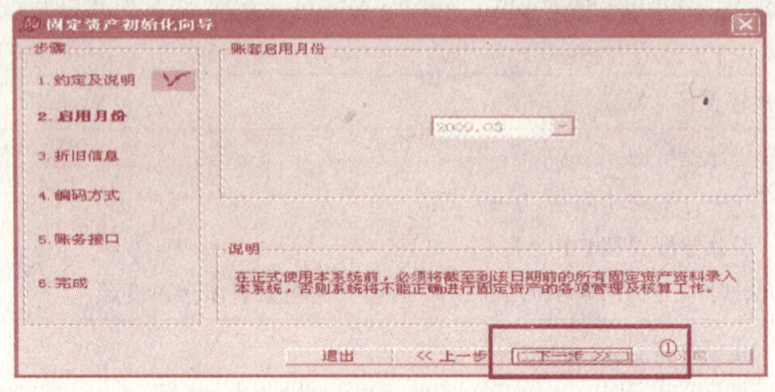

图 7-3　固定资产账套建立 3

教师点拨

- 在启用日期前的企业所有原固定资产信息都将作为期初数据，在启用月份当月开始使用系统计提折旧。
- 固定资产子系统与总账系统一样遵循相同的编码设置和使用原则。

3. 折旧信息。折旧信息是企业固定资产的折旧计算方法、折旧时间等的有关说明。小赵根据之前所准备的有关资料，确定本公司的折旧计算方法为平均年限法（一），折旧时间为按月计提（见图 7-4）。

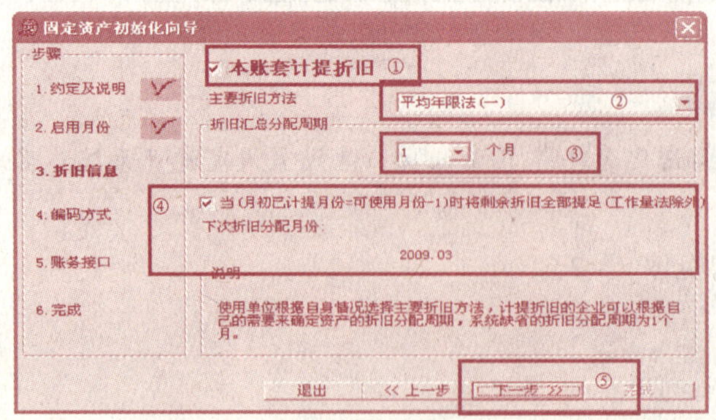

图 7-4　固定资产账套建立 4

4. 编码方式。固定资产编号是资产管理者为不同固定资产设置的标识，这个号码可以由手工方式输入系统，也可以由计算机系统自动编号产生。根据任务表设置（见图 7－5）。

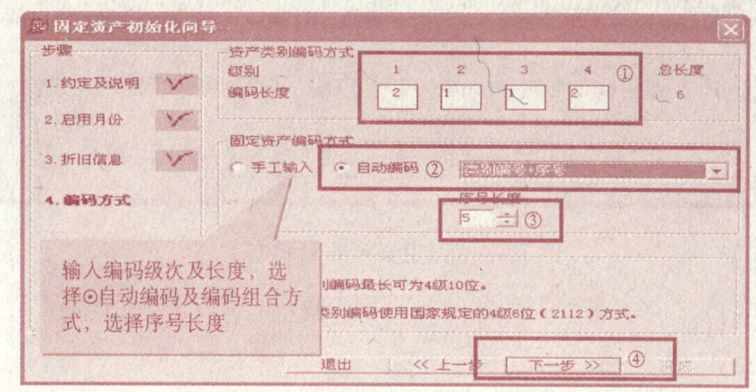

图 7－5　固定资产账套建立 5

5. 账务接口。账务接口主要是为了将固定资产系统的相关数据和总账系统内部的固定资产相关数据进行核对，以判断固定资产的有关数据是否正确的手段。如果两个系统数据不等，则说明两个系统中某个或某些方面存在问题，应该予以调整（见图 7－6）。

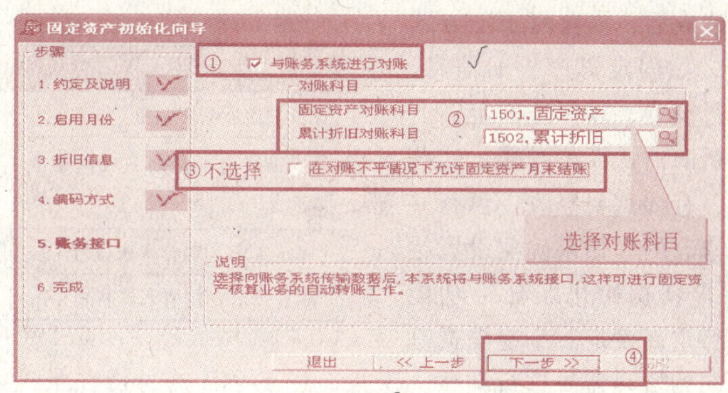

图 7－6　固定资产账套建立 6

6. 完成。以上步骤设置完成后，系统将给出初始化设置的汇总报告，在此要仔细检查该报告，如果发现有问题，单击【上一步】返回修改。一旦选择【完成】确认初始化完成，那么其中的一部分初始化参数将不允许进行修改（见图 7－7）。

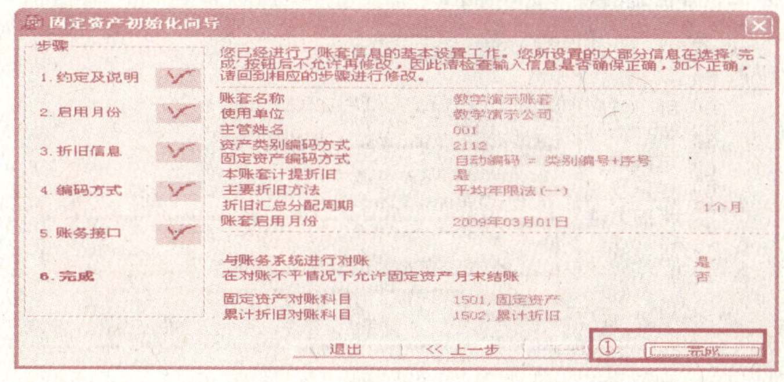

图 7－7　固定资产账套建立 7

单击【是】确定保存初始化设置，可以使用“固定资产系统”（见图7-8）。

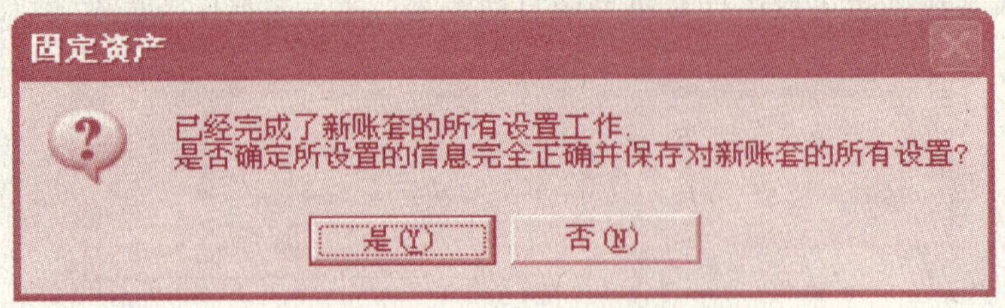

图7-8　固定资产账套建立8

教师点拨

如果初始化过程中参数设置有错误，只能通过【业务工作-财务会计-固定资产-维护-重新初始化账套】功能实现。

三、固定资产系统选项设置

固定资产账套建成后，需要对手工方式下的一些基础资料，如固定资产折旧信息、折旧方法等参数进行设置，以保证固定资产系统能够正确进行折旧的计算和对账，这些参数有些已设置过，有些需要修改。但有些参数是不可以进行修改的，如果确实设置错误了，只能通过“重新初始化账套”功能对固定资产账套进行重新设定。小赵根据基础数据，发现有些初始资料需要进行调整。于是，以王会计的身份登录进入固定资产系统，选择【选项】功能对原来没有设定的表7-2所列参数进行了调整。

表7-2

选项名称	选项参数
业务发生后立即制单	是
月末结账前不定期完成制单登账业务	是
［固定资产］缺省入账科目	1501，固定资产
［累计折旧］缺省入账科目	1502，累计折旧

选择“与账务系统接口”选项卡，对有关参数进行调整（见图7-9）。

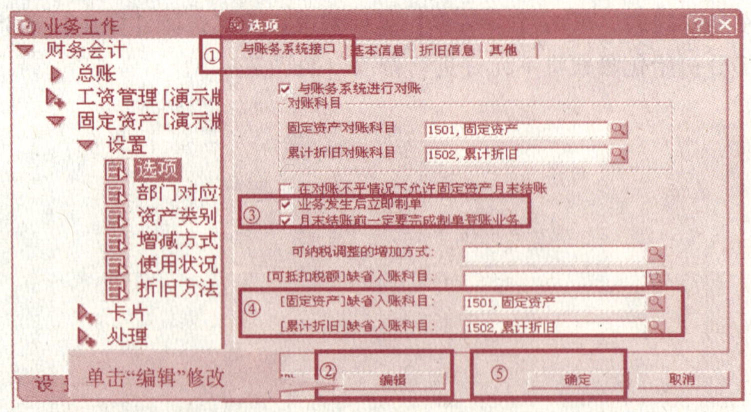

图7-9　固定资产账套选项

四、固定资产部门对应折旧科目设置

按照会计准则的规定，固定资产的折旧应该按照固定资产的使用部门和用途分别计入有关的成本或费用账户。因此，部门折旧科目的设置是系统自动编制计提折旧会计分录的前提。

操作任务

为每个部门设置对应的折旧费用入账科目（见表7－3），以便自动产生会计分录。

表7－3

部门编码	部门名称	折旧入账科目
101	办公室	管理费用——折旧费
102	财务部	管理费用——折旧费
103	工会	管理费用——折旧费
201	基本生产车间	制造费用
202	辅助生产车间	制造费用
3	销售部	销售费用
4	采购部门	管理费用
501	一号仓库	管理费用
502	二号仓库	管理费用

操作向导

选择【固定资产－设置－部门对应折旧科目】→设置“累计折旧”的对应科目（见图7－10）。

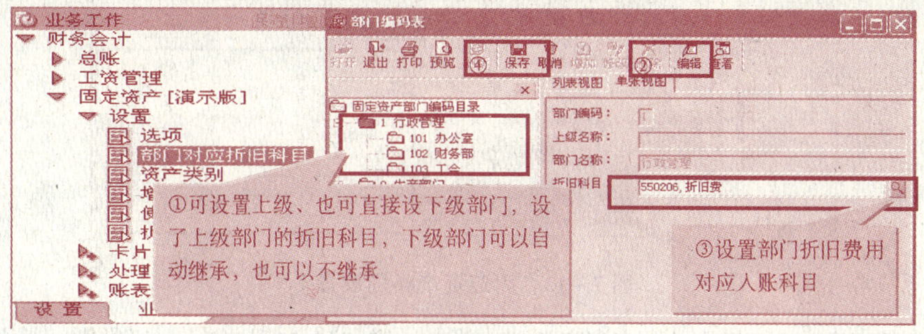

图7－10　部门对应折旧科目设置1

如果对上级部门设置了折旧科目，系统会提示是否将上下级部门设为相同的折旧科目（见图7－11）。

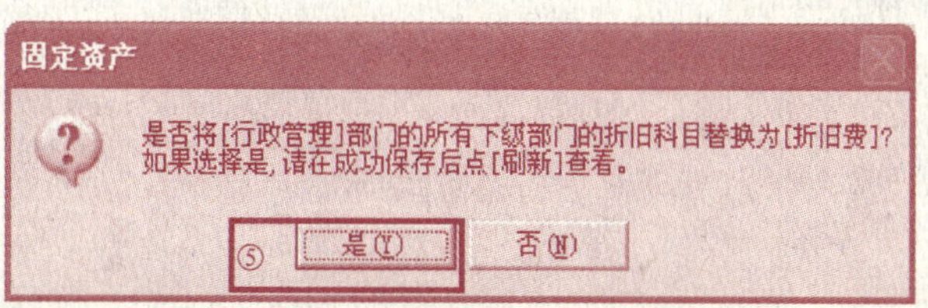

图7－11　部门对应折旧科目设置2

五、固定资产类别设置

固定资产的合理分类，是科学管理固定资产，充分发挥固定资产使用效益的重要保证。小赵结合公司特点和管理要求，对公司固定资产进行了重整分类处理。

操作任务

结合公司特点与管理要求，对公司的所有固定资产作出合理分类（见表7-4）。

表7-4

类别编码	类别名称	使用年限	净残值率	计提属性	折旧方法	卡片样式
01	房屋及建筑物	30	2%	正常计提	平均年限法（一）	通用样式
011	行政办公楼	30	2%	正常计提	平均年限法（一）	通用样式
012	生产用厂房	30	2%	正常计提	平均年限法（一）	通用样式
02	在用机器设备				平均年限法（一）	通用样式
021	产品生产线	10	3%	正常计提	平均年限法（一）	通用样式
022	办公用设备	5	3%	正常计提	平均年限法（一）	通用样式

操作向导

选择【固定资产-设置-资产类别】→对固定资产进行分类操作。

1. 选择【资产类别】，进入“类别编码表”窗口，单击【增加】或【修改】，按资料依次录入类别名称、使用年限、净残值率、计提属性、折旧方式等信息后，单击【保存】（见图7-12）。

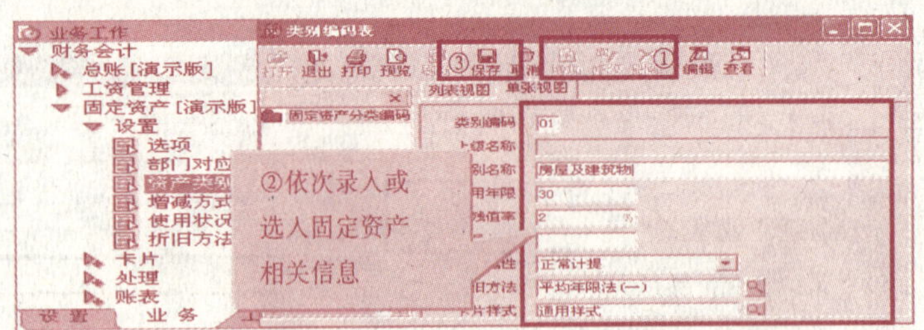

图7-12　固定资产类别设置1

2. 选择需要增加下级类别的固定资产类别，单击【增加】继续增加下一级类别（见图7-13）。

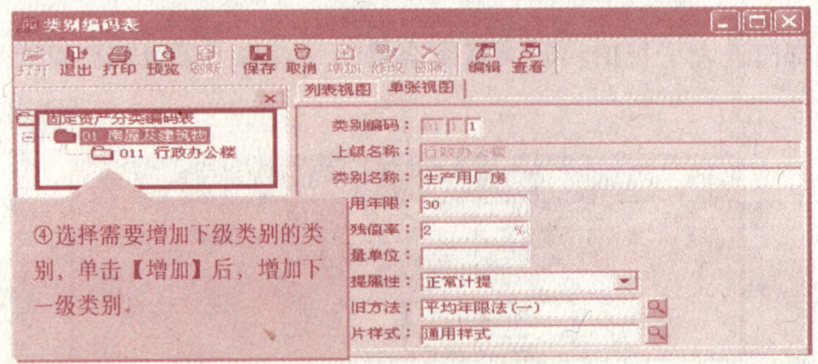

图7-13　固定资产类别设置2

教师点拨

- 设置资产类别时，必须先定义上级类别后定义下级类别。
- 类别编码、名称、计提属性和卡片样式不能为空。
- 已使用的类别不能作增加、删除、修改的操作。

六、固定资产增减方式设置

固定资产的增加方式不同，计价也就不同，所涉及的入账会计科目也会不同。如：购买增加的固定资产涉及银行存款科目，而投资者投入的固定资产则涉及实收资本科目。所以，设置增减方式主要是为了让软件系统能自动确定固定资产的计价和会计处理方法，便于日后自动生成会计凭证及对固定资产实施有效的管理。

操作任务

小赵按公司实际情况设置固定资产增减方式及入账科目（见表 7－5）。

表 7－5

增加方式	对应入账科目	减少方式	对应入账科目
直接购入	银行存款	出售	固定资产清理
盘盈	待处理财产损溢	盘亏	待处理财产损溢
投资者投入	实收资本	投资转出	长期股权投资
捐赠	资本公积	捐赠转出	固定资产清理
在建工程转入	在建工程	报废	固定资产清理

操作向导

选择【固定资产－设置－增减方式】→设置固定资产增减变动方式。

1. 按以上操作进入“增减方式”界面，在左窗选择对应的增减方式，单击【修改】命令选择对应入账科目（见图 7－14）。

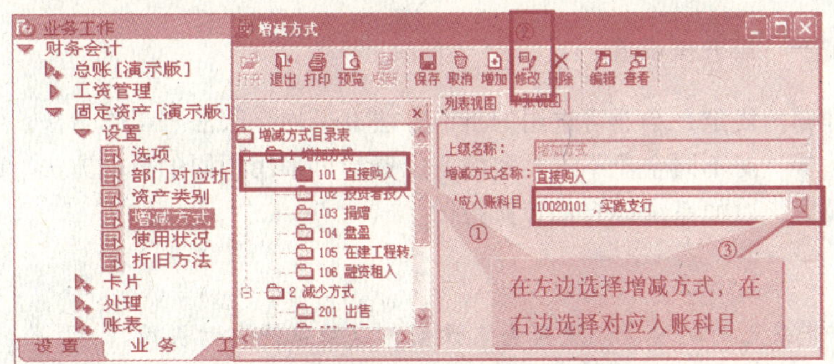

图 7－14　固定资产增减方式设置

2. 如系统提供的增减方式不能满足实际需要，可以单击工具栏的【增加】进行添加。

七、固定资产使用状况设置

固定资产使用状况设置的目的是为了明确哪些固定资产需要计提折旧，哪些固定资产不需要计提折旧，从而正确计算固定资产的折旧金额，同时也便于对固定资产的使用情况进行管理。按照会计准则，固定资产使用状况基本分类有使用中、未使用和不需用三种。

操作任务

小赵要按准则要求确定固定资产的使用状况。

操作向导

选择【固定资产－设置－使用状况】功能→设置固定资产使用状况。

启动“使用状况”窗口，在左窗列表中可以看到，系统已提供了默认的使用方式，如果需要修改、增加或删除（含下级），可单击【修改】/【增加】/【删除】按钮进行处理（见图 7－15）。

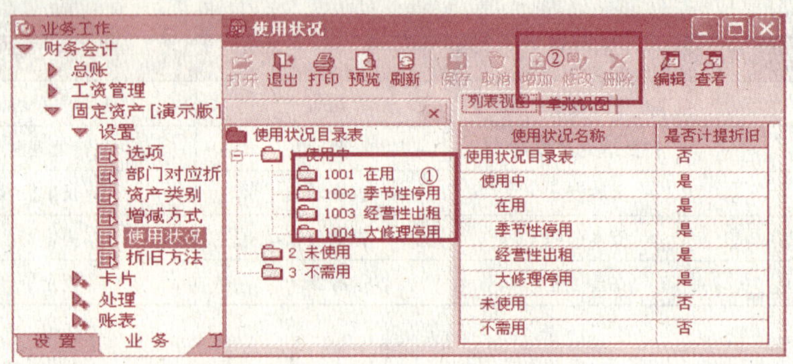

图 7－15　固定资产使用状况设置

想想试试

固定资产在什么情况下不需要计提折旧？

八、固定资产折旧方法设置

按照会计准则的规定，企业可选用的折旧方法有平均年限法、工作量法、年数总和法和双倍余额递减法等，对不同企业不同类型的固定资产可采用不同的折旧方法。因而，需要对折旧方法进行设置，以便系统能自动计算折旧。

操作任务

小赵对可能采用的折旧方法进行查看设置，以便系统自动调用。

操作向导

选择【固定资产－设置－折旧方法】→设置固定资产折旧方法。

在“折旧方法”窗口的左窗列表系统提供了默认的六种折旧方法，这六种方法不能修改及删除。如果系统提供的折旧方法不能满足企业自身的需要，可单击工具栏的【增加】，自己定义本企业的折旧方法。

九、固定资产卡片设置

手工方式下固定资产管理卡片的内容必须在建账月输入到计算机里，以实行计算机系统替代手工固定资产管理卡片的功能，包括卡片格式设计和卡片的内容输入。

操作任务

将下列固定资产卡片格式及手工卡片的内容录入到计算机系统里：

1. 项目：增加“制造厂商”项目；数据类型：字符；字符数：20。
2. 卡片格式：采用系统默认的格式。
3. 卡片内容见表 7－6。

表 7－6

卡片编号	00001	00002	00003	00004	00005
固定资产编号	02200001	01200001	02100001	02100002	02200002
固定资产名称	办公设备	厂房 1 号楼	A 生产线	B 生产线	仓库设备
类别编号	022	012	021	021	022
类别名称	办公用设备	生产用厂房	生产线	生产线	办公用设备
部门名称	办公室	基本生产车间	基本生产车间	辅助生产车间	一号仓库
增加方式	直接购入	在建工程转入	在建工程转入	在建工程转入	直接购入
使用状况	在用	在用	在用	在用	在用
使用年限	5 年	30 年	10 年	10 年	5 年
折旧方法	平均年限法 1	平均年限法 1	平均年限法 1	平均年限法 1	平均年限法 1
开始使用日期	2008－09－08	2008－10－01	2008－12－22	2008－08－01	2008－12－01
币种	人民币	人民币	人民币	人民币	人民币
原值	120 000	4 000 000	1 500 000	500 000	680 000
净残值率	3%	2%	3%	3%	3%
净残值	3 600	80 000	45 000	15 000	20 400
累计折旧	9 720	43 200	24 300	24 300	23 540
月折旧率	0.0162	0.0027	0.0081	0.0081	0.0162
月折旧额	1 944	10 800	12 150	4 050	11 016
净值	110 280	3 956 800	1 475 700	475 700	656 460
对应折旧科目	管理费用	制造费用	制造费用	制造费用	管理费用

操作向导

以会计身份选择【固定资产－卡片】→ 依次增加卡片项目、格式设计及原始卡片录入。

1. 卡片项目设置。卡片用于记录、查询固定资产原值、名称、使用年限、折旧方法、使用部门等信息情况（见图7－16）。

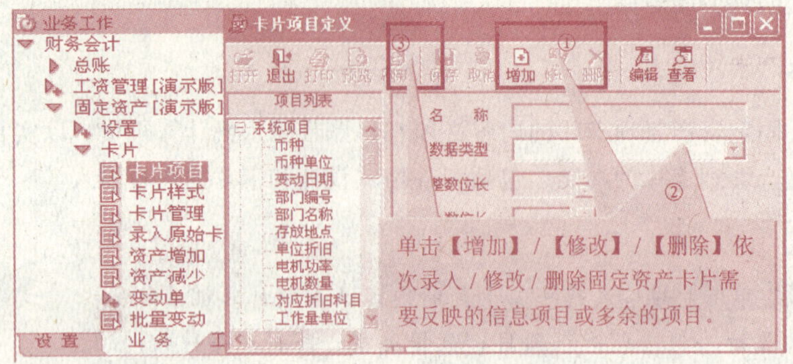

图7－16　卡片项目定义

2. 卡片格式设置。由于手工方式下的固定资产管理卡片的来源、格式、项目不统一，为了便于统一管理，全面反映固定资产信息，需要对固定资产管理卡片的格式作出规范的设计。系统提供了通用格式，如果不能满足需要可进行修改。

3. 原始卡片录入。为了保持历史资料的完整性和连续性，在使用固定资产进行核算前，还必须将本公司手工固定资产数据录入到系统中。

（1）打开"录入原始卡片"窗口，依次录入或选入原始数据（见图7－17）。

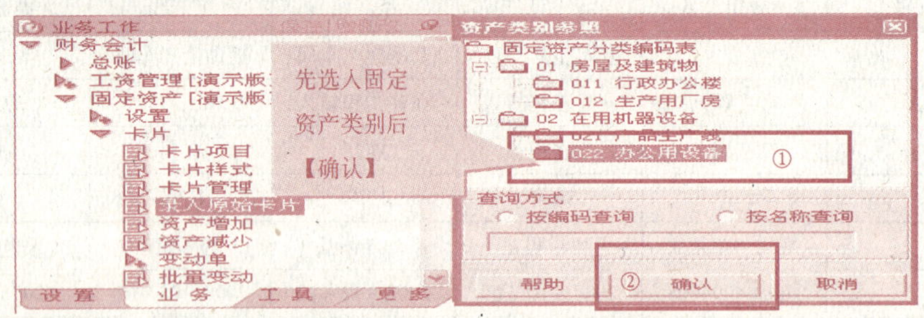

图7－17　原始卡片录入1

（2）在"录入原始卡片"窗口中，小赵按照之前准备好的资料，将行政部门的办公设备的相关信息依次输入计算机中（见图7－18）。

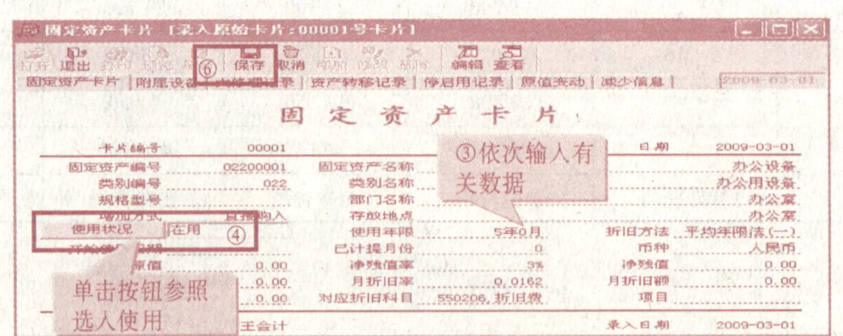

图7－18　原始卡片录入2

(3) 在录入“部门名称”项时，系统会提问本固定资产是单部门使用还是多部门使用，小赵按实际情况选择〔单部门使用〕复选框，并确认（见图7-19)。

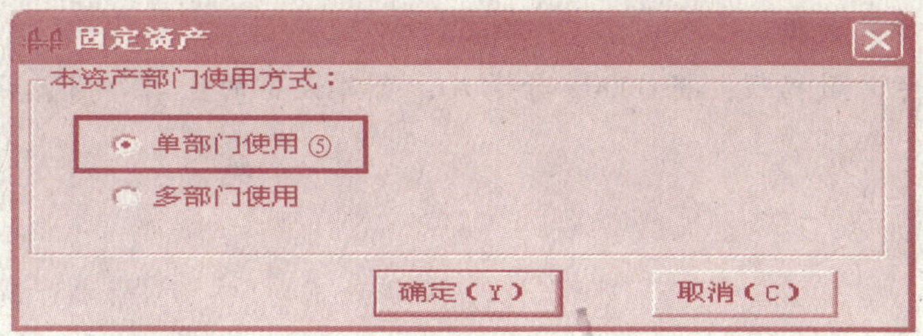

图7-19 原始卡片录入3

教师点拨

- 如果输入固定资产的原值和净值，系统可自动计算累计折旧数额。
- 卡片编号由系统根据事前设定的编码方案自动给出，不能修改。
- 日期的格式必须采用YYYY-MM-DD（年-月-日）的形式。
- 已使用的卡片样式不允许删除。

想想试试

固定资产从什么时候开始计提折旧？原始卡片中的固定资产从什么时候开始计提折旧？

第二节 固定资产系统日常业务处理

完成了固定资产系统的初始化设置工作后，即可正式使用固定资产管理系统对固定资产进行日常管理。固定资产日常管理包括日常的固定资产卡片管理，固定资产的增减管理，还有固定资产的各种变动管理，如折旧方法变动、使用年限变动、部门之间的转移等。

一、固定资产卡片管理

固定资产卡片管理是对系统中的所有固定资产卡片进行综合的管理操作，这些卡片既包括原有已经使用的固定资产卡片，也包括新增的固定资产卡片。通过卡片管理，可以完成固定资产卡片的新增、修改、删除、打印、查询操作。

操作任务

小赵对已录入的原始卡片数据进行查询、修改操作：

1. 查询原始卡片数据。

2. 修改原始卡片数据项：将00005号卡片，仓库设备的使用部门、存放地点由一号仓库调整为二号仓库。

3. 删除原始卡片。

操作向导

以王会计的身份选择【固定资产—卡片—卡片管理】→进行原始卡片的查询、修改及删除操作。

教师点拨

固定资产管理卡片在没有制作变动单或评估单情况下，在录入当月可直接进行修改；如果已经制作过变动单，则先删除变动单才能进行修改。

二、固定资产增加处理

固定资产的增加，是指企业在使用了固定资产系统后通过各种途径所取得的固定资产。资产的增加实际上是增加一张新的固定资产管理卡片，与固定资产原始卡片在时间上是有先后区别，但操作方法却是一样的。

操作任务

小赵对本月发生的固定资产增加业务进行处理。

1. 2009年3月15日，公司直接购入并交付财务部使用电脑一台，预计使用年限5年，原值为1.2万元，净残值率为3%，采用“年限总和法”计提折旧。

2. 2009年3月25日，公司直接购入并交付辅助生产车间使用的一台不需要安装的机床，使用年限为8年，原值6万元，净残值率为6%，采用“双倍余额递减法”计提折旧。

操作向导

小赵以会计的身份选择【固定资产—卡片—资产增加】→录入新增固定资产的信息。

选择【资产增加】，后面操作与原始卡片的录入完全相同。在此不再重述。

卡片录入完毕，单击【保存】，系统自动生成固定资产增加的记账凭证，单击【保存】，将凭证保存并传递到总账系统，也可以单击【放弃】或【退出】，待月末所有固定资产业务完成后一次性生成凭证（见图7-20）。

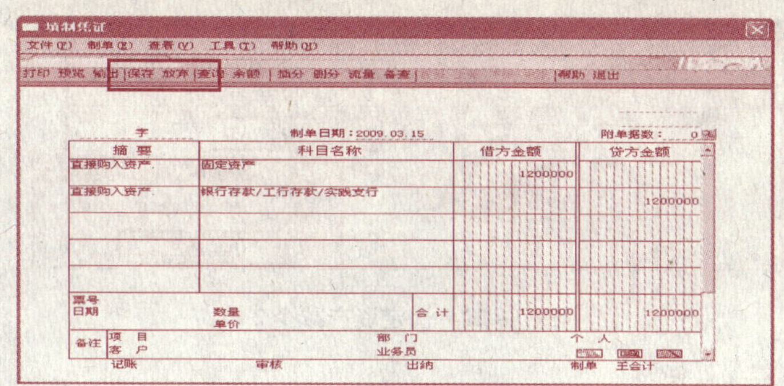

图 7－20　固定资产增加

教师点拨

新增固定资产的第一个月不提折旧，所以折旧额的值应为空或零。

三、固定资产减少处理

用于对日常使用过程中，由于毁损、出售、盘亏等原因而导致固定资产退出企业的情况进行反映和核算。此时的资产减少和通过卡片管理删除卡片具有本质的不同的。

操作任务

小赵对本月发生的固定资产减少业务进行处理：2009 年 3 月 31 日，公司将本月购入并交付财务部使用的一台电脑，捐赠给希望工程。

操作向导

小赵以王会计身份选择【固定资产—卡片—资产减少】→录入本月减少的固定资产。

按照会计准则的规定，当月减少的固定资产，当月应该照提折旧，从下月起不再提折旧。所以，当月减少的固定资产，必须先提取了折旧后才能作减少处理，即使是要减少新增的固定资产，也要对整个账套计提折旧后（折旧计提的操作将在本章第三节的固定资产折旧中介绍）才可以减少。

1. 打开“资产减少”窗口，通过参照按钮选择要减少的固定资产卡片编号，然后单击【增加】确认要减少的资产（见图 7－21）。

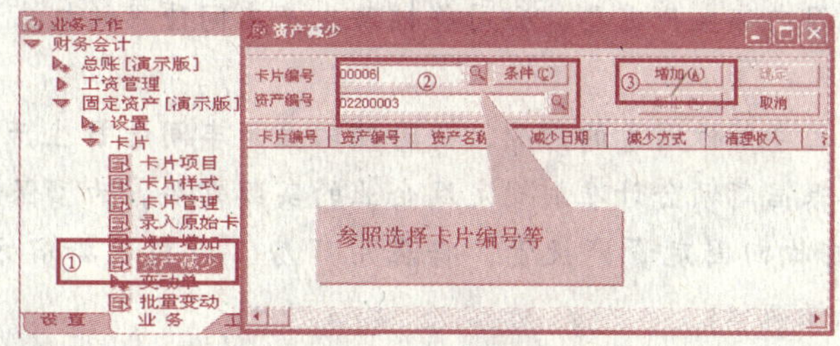

图 7－21　固定资产减少 1

2. 在减少方式栏目内通过【向导】参照选择资产的减少方式为“捐赠转出”。然后单击【确定】，确定减少所选择的固定资产。这时系统提示所选择固定资产卡片已经成功减少（见图 7－22）。

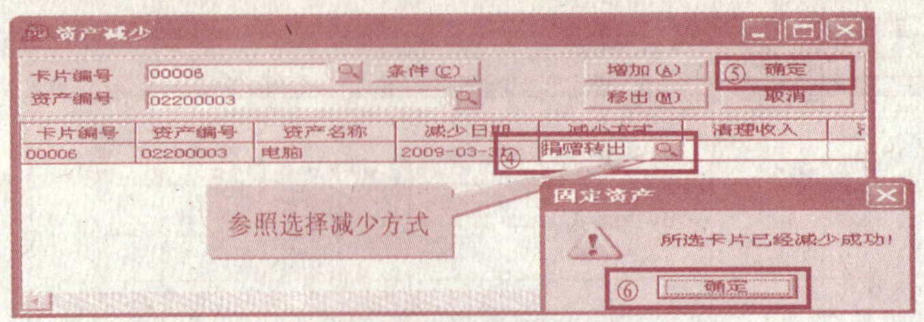

图 7－22　固定资产减少 2

四、固定资产变动处理

月末，需要根据使用部门提供的情况，对固定资产的原值、使用部门、使用状况、使用年限、折旧方法等发生了变动的固定资产的数据进行变动的处理，生成变动调整的原始凭证——“变动单”。

如果在月末直接按收到的变动资料选择【固定资产—卡片—变动单】下相应的变动功能进行资产变动的处理时，系统出现图 7－23 所示的提示，表明当月不能作变动处理。

图 7－23　固定资产变动

按会计制度规定：本月录入的卡片和本月增加的资产除了减值准备的变动外不允许进行其他变动处理。因此，月末接到的变动情况资料，必须在计提了当月的折旧，填制凭证、审核、记账并结账后，待下月初注册进入固定资产系统，才可以进行相关的变动调整操作。其他月份录入和增加的资产则可在发生变动时及时进行处理。

操作任务

2009 年 4 月，小赵分别对公司发生的固定资产的变动业务进行处理：

1. 4 月 1 日，公司聘请会计师事务所对厂房 1 号楼进行评估，评估后原值增加 50 万元。

2. 4 月 15 日，因内部生产需要，公司将辅助生产车间使用的机床调整到基本生产车间使用。

3. 4 月 20 日，因季节性因素的影响，公司辅助生产车间的 B 生产线转入停用状态。

4. 4 月 20 日，根据新颁会计准则规定及企业的实际需要，为了保证企业的固定资产实现增值保值，提前收回固定资产投资，将在用厂房 1 号楼的折旧方法由平均年限法（一）改为双倍余额递减法。

5. 4 月 25 日，由于新技术的进步，原基本生产车间使用的 A 生产线使用年限从原来的 10 年减少为 8 年。

操作向导

以会计身份选择【固定资产—卡片—变动单】→分别对本月固定资产所作的各种变动情况进行处理。

1. 原值增加。选择【固定资产—卡片—变动单—原值增加】，打开“新建变动单”窗口。选择变动固定资产卡片编号，录入变动信息等。单击【保存】保存变动单（见图 7-24）。

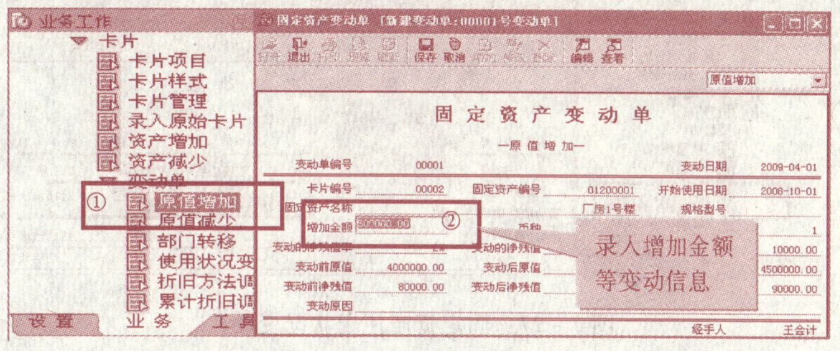

图 7-24 固定资产原值变动

2. 部门转移。选择【卡片—变动单—部门转移】，打开变动单窗口，选择要进行变动的卡片编号，选择“变动后部门”为新部门，选择变动原因后，单击【保存】，确认后保存成功（见图 7-25）。

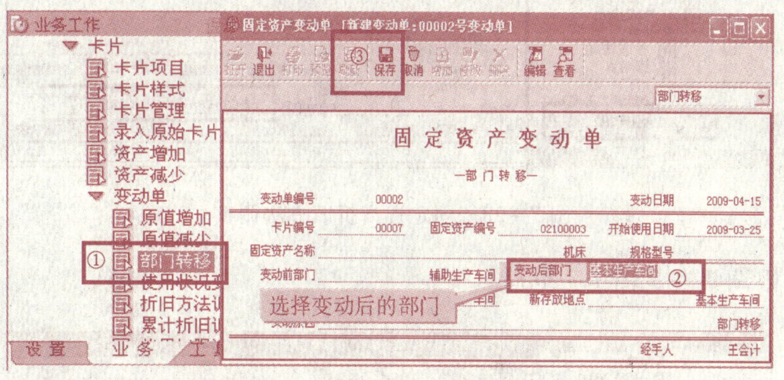

图 7-25 固定资产部门转移 1

系统提示是否调整此资产的原对应折旧科目，单击【确定】完成或进行对应科目调整（见图 7-26）。

图 7-26 固定资产部门转移 2

想想试试

1. 固定资产部门转移是否需要编制记账凭证？

2. 如果需要调整部门转移的固定资产的原来对应折旧科目，应该在什么功能下进行调整？

3. 使用状况变动（见图 7－27）。

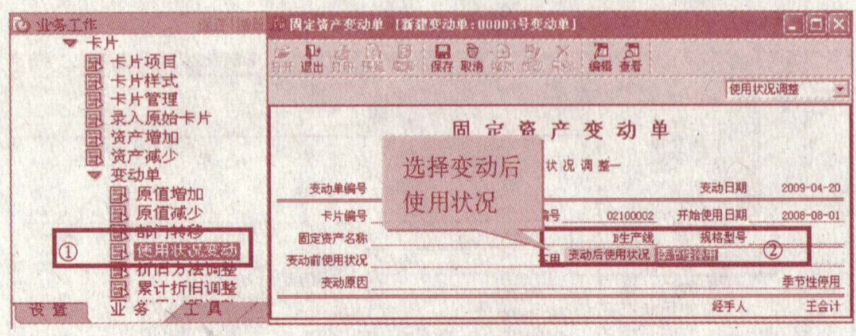

图 7－27　固定资产使用状况变动

4. 折旧方法调整（见图 7－28）。

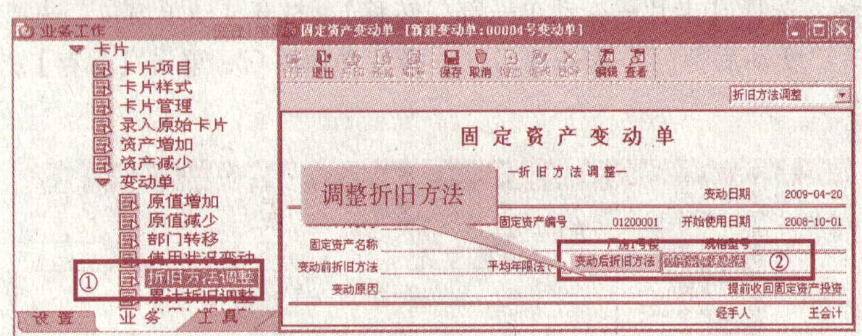

图 7－28　固定资产折旧方法调整

5. 使用年限调整（见图 7－29）。

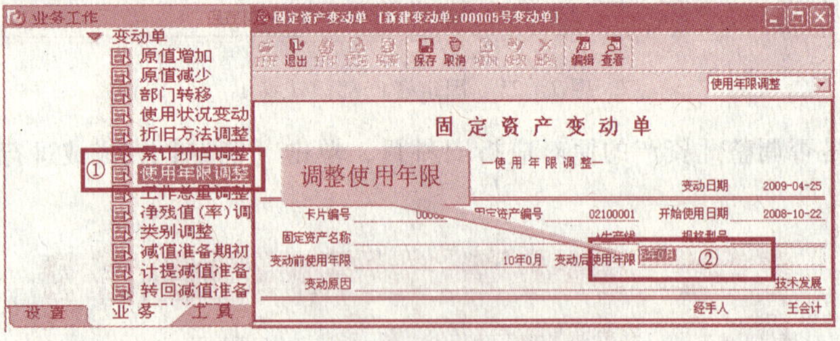

图 7－29　固定资产使用年限调整

6. 其他调整。固定资产类别、净残值（率）、累计折旧调整的方法同样参照前面的几种方法调整。

教师点拨

● 首次使用固定资产系统当月录入的原始卡片和新增的固定资产卡片，第二个月才能执行全部变动的处理，当月只能进行资产减值处理。

● 所有固定资产的变动情况应于计提本月固定资产折旧之前完成，这样才不会出现要求重复计提折旧而结不了账的情况。

● 固定资产变动时应特别注意业务时间，所有业务应采用序时操作。

● 不是所有固定资产的变动情况都会影响到对应折旧科目。

● 固定资产变动单一经保存就不能进行修改，只有在变动当月可以通过删除变动单功能重做，所以处理变动单时要仔细检查后再保存。

7. 批量变动。通过【固定资产－卡片－批量变动】，可以实现批量处理。

8. 变动单管理。如果要查询变动单的情况，可以通过［卡片－变动单－变动单管理］来实现。用此功能可以对变动单进行增加、删除操作。但应该严格遵循序时原则，删除变动单时必须从该固定资产制作的编号最大的变动单开始。

第三节　固定资产系统期末业务处理

一、减值准备处理

按照会计准则的规定，企业应当在期末或至少在每年年度终了，对固定资产进行逐项检查，以判断其是否存在减值迹象。存在减值迹象的，应当估计其可回收金额，然后将所估计的资产可回收金额与其账面价值比较，以确定资产是否发生了减值，以及是否需要计提减值准备并确认相应的减值损失。

操作任务

小赵对公司本月所发生的固定资产减值计提减值准备：2009年4月30日对各项资产进行减值测试，发现2008年8月1号开始使用的B生产线的可回收金额低于其账面价值1万元，按会计准则规定应该计提减值准备。

操作向导

以会计身份选择【固定资产－卡片－变动单－计提减值资金准备】→依次录入减值变动信息。

选择【计提折旧减值准备】打开“固定资产变动单”窗口，选择减值固定资产，录入减值准备金额，录入变动原因，单击【保存】（见图7－30）。

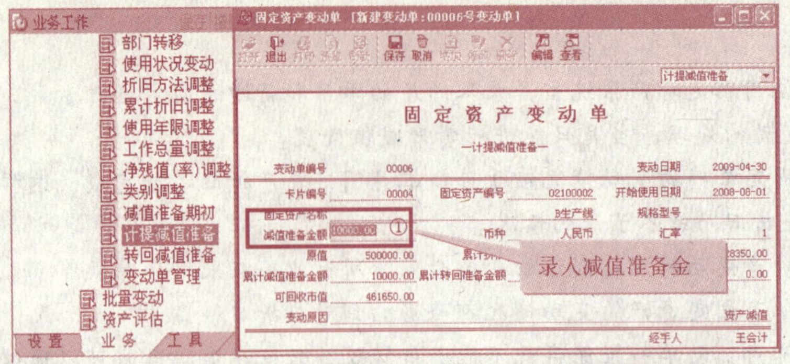

图 7－30　计提减值准备

教师点拨

新会计准则规定，固定资产的减值通常属于永久性减值，所以，减值损失一经确定，在以后的会计期间不得转回。因此，不使用【转回减值准备】功能。

二、折旧处理

会计准则规定，固定资产应该按月计提折旧，计提的折旧额须根据固定资产用途计入相关资产的成本或者损益。即按每月计提折旧并编制会计分录。

操作任务

小赵对公司 3 月份应该计提折旧的固定资产进行计提折旧的操作。

操作向导

以会计身份选择【固定资产－处理－计提本月折旧】→分步骤处理。

1. 工作量输入。当系统内有固定资产使用工作量法计提折旧时，每月计提折旧前必须录入固定资产的当月工作量。本公司没有使用工作量法计提折旧的固定资产，所以，不需要使用此项功能。

2. 计提本月折旧。注意：计提完折旧后，再按本章第二节所介绍操作进行固定资产减少的处理。

（1）小赵选择【计提本月折旧】功能，并确定要查看计提折旧后的折旧清单（见图7－31）。

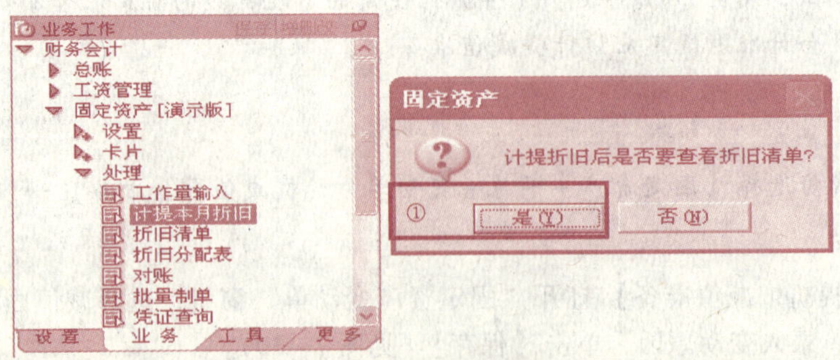

图 7－31　计提折旧处理 1

（2）系统继续提示“是否要进行计提折旧操作?”，选择【是】确认操作（见图7－32）。

图7－32　计提折旧处理2

3. 折旧清单。系统自动计提折旧并自动生成折旧清单（见图7－33）。

折旧清单 [2009.03]

打印 预览 输出 退出 ③　　2009.03(登录)(最新)

按部门查询
固定资产部门编码目录
1 行政管理
2 生产部门
3 销售部
4 采购部门
5 仓管部门

卡片编号	资产编号	资产名称	原值	计提原值	本月折旧
00001	02200001	办公设备	120,000.00	120,000.00	1,944.00
00002	01200001	厂房1号楼	000,000.00	000,000.00	10,800.00
00003	02100001	A生产线	500,000.00	500,000.00	12,150.00
00004	02100002	B生产线	500,000.00	500,000.00	4,050.00
00005	02200002	仓库设备	680,000.00	680,000.00	11,016.00
合计			800,000.00	800,000.00	39,960.00

图7－33　计提折旧处理3

4. 折旧分配表。查看完折旧清单并退出后，系统会自动显示出折旧分配表。折旧分配表是制作记账凭证的依据，有两种类型：类别折旧分配表和部门折旧分配表。**一个企业只能选择一种类型分配表制作记账凭证。**制作记账凭证要在生成折旧分配表后才能进行。

在“折旧分配表”窗口，如果要立即制单，可以单击【凭证】立即生成凭证，也可以暂时不制单，以后再使用【批量制单】进行凭证生成（见图7－34）。

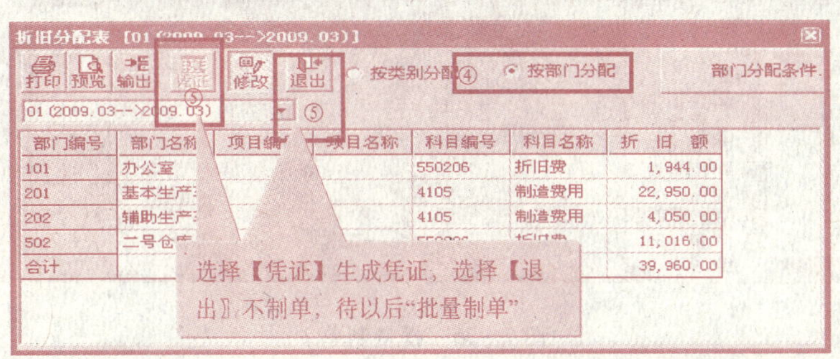

图7－34　计提折旧处理4

教师点拨

● 在一个会计期间内可以多次计提折旧，每次计提折旧后，只是将当月计提的折旧累加到月初的累计折旧上，并不会重复累计。

● 如果计提折旧时已填制凭证并传递到总账系统，如需要重新计提折旧时应先删除已生成的凭证才可执行。

三、制单、对账与结账处理

处理完本月所有的固定资产的业务后，如果在经济业务发生时没有选择立即制单，填制记账凭证，就需要对本月所发生的固定资产相关业务进行记账凭证的自动生成并与总账系统进行对账操作。

操作任务

2009年3月31日，小赵对本月所发生的固定资产经济业务进行如下操作：

1. 对尚未制单的经济业务进行批量制单。
2. 与总账系统进行对账。
3. 对固定资产系统进行结账。

操作向导

以会计身份选择【固定资产－处理】下的有关功能进行批量制单、对账及结账操作。

1. 批量制单。

（1）选择【固定资产－处理－批量制单】，在“批量制单”对话框中选择“制单选择”选项卡，列示出本月所发生的尚未制单的固定资产的经济业务，在“制单”栏内逐一双击打上确认制的标志“Y”或双击鼠标确认或单击工具栏的【全选】选中要填制凭证的业务如图7－35所示。

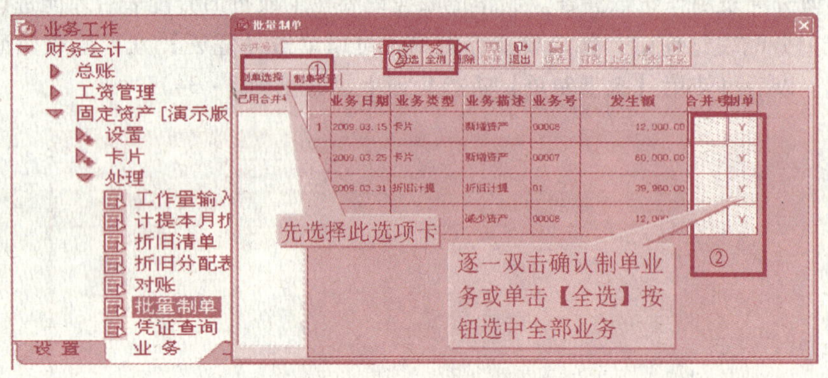

图7－35 批量制单1

（2）单击“制单设置”选项止，系统自动显示经济业务的借贷方科目，如果科目不符合实际情况，可以在经济业务的“科目”栏和“部门核算”栏等栏目内按实际情况进行修改或调整，然后单工具栏的【制单】，系统将自动生成记账凭证（见图7－36）。

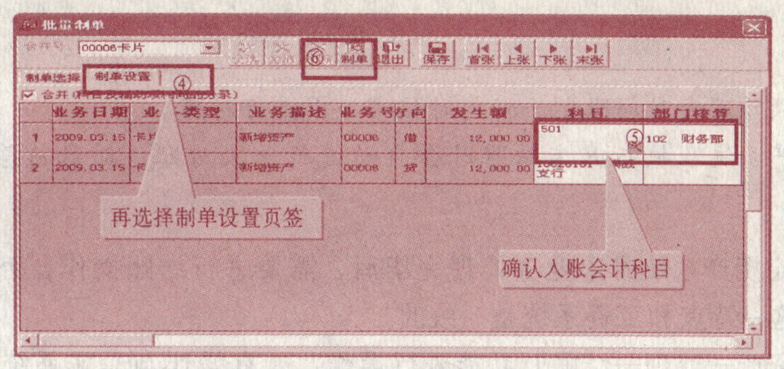

图 7－36　批量制单 2

（3）在显示的凭证界面下，对凭证的类别、日期、摘要进行必要调整后，单击工具栏的【保存】，凭证将自动传递到账务系统，并在账务系统中审核、签字和记账（见图 7－37）。

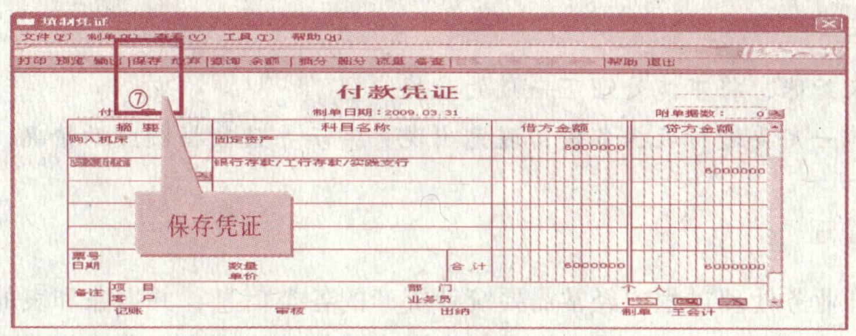

图 7－37　批量制单 3

教师点拨

- 固定资产系统产生的记账凭证将自动传递到总账系统，并在总账系统审核、签字、记账，但与其他模块一样不可在总账系统修改、删除。
- 修改凭证时，只能修改除金额之外的内容。

2. 对账。由于实施了固定资产管理系统，那么企业对固定资产的管理就存在两个方面，一方面是固定资产系统的明细管理，另一方面是总账系统的综合管理，为了保证两个系统对固定资产价值与折旧的核算相等，必须使用对账功能随时对两个系统进行核对。

选择【固定资产—处理—对账】功能，系统自动与总账系统进行对账，并显示两个系统的对账结果（见图 7－38）。

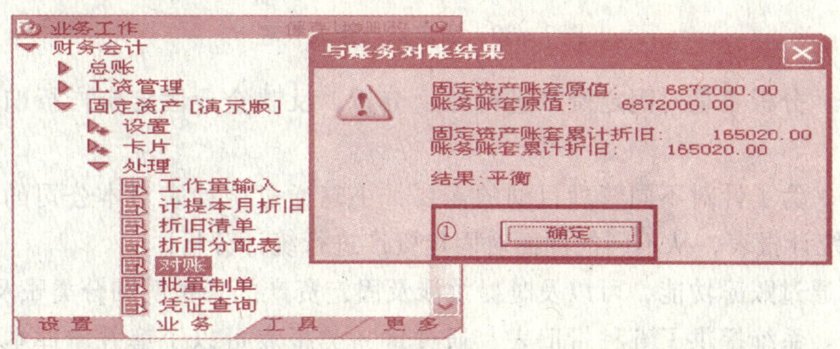

图 7－38　对账

教师点拨

- 对账的操作不受时间限制，任何时候都可以进行对账。
- 固定资产系统在执行月末结账时会自动进行一次对账，对账前总账系统应先记账。

3. 结账。固定资产系统月末业务处理完毕后，需要进行结账操作，否则，总账系统也无法进行结账。这一特点和工资系统是一致的。

选择【固定资产—处理—结账】功能进行操作。所有操作与总账系统及其他子系统完全相同。这里不再重述。

4. 恢复结账前状态。如果结账后发现有未处理的固定资产业务或者需要进行修改的事项，可通过［固定资产—处理—恢复月末结账前状态］功能进行反结账操作。

教师点拨

- 本期未结账，将不能处理下一期的数据。
- 结账前一定要进行数据备份，避免出现异常而导致数据损毁的情况。

四、账表管理

在进行经济业务处理过程中经常需要统计资产的各类信息，并以账和表的形式提供给相关部门和人员。因此，对账表的管理也是固定资产系统的一项常态化工作。月末，公司要求小赵打印出固定资产的分析表、统计表、账簿和折旧表上报管理层，以作出下一步公司固定资产的投资决策。

【固定资产—处理—账表—我的账表】进行账表的处理工作（见图 7－39）。

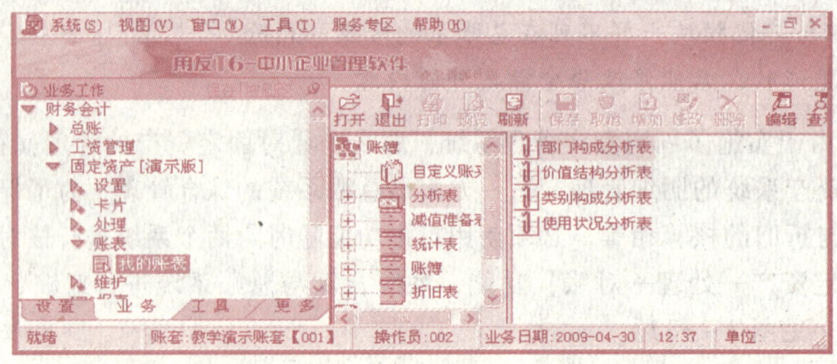

图 7－39　固定资产账表管理

1. 分析表。分析表是对固定资产进行综合分析，反映企业固定资产折旧的程度和净值的大小。

2. 统计表。为了针对不同管理目的的需要，小赵通过统计表对本公司的固定资产给出了有针对性的统计报表，从不同的侧面对固定资产进行统计分析。

3. 账簿。通过账簿功能，可以及时提供涉及固定资产的各种明细分类账及总分类账。

4. 折旧表。系统提供了五种折旧表，通过这一类报表可以了解并掌握本公司所有固定资产的本期、本年及某一部门所计提的折旧及其明细情况。

常见问题

固定资产核算子系统的常见问题主要有以下几点：

问题一：已设置了上级部门的对应折旧科目，但其下级部门的对应折旧科目不能继承或显示出来（见图 7－40）。

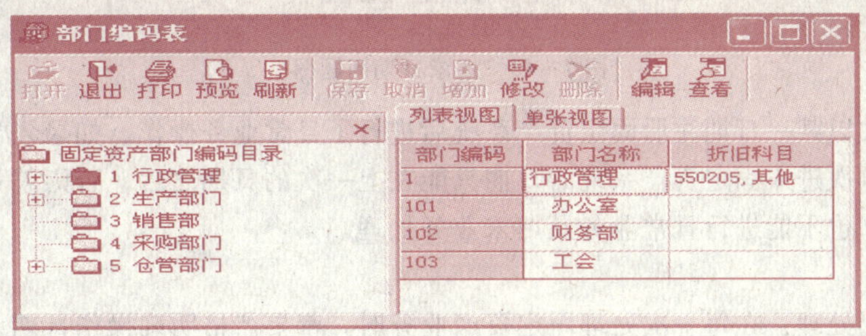

图 7－40　对应折旧科目问题图 1

原因：在设置上级部门的对应折旧科目时没有确定将其下级科目的折旧科目也替换为上级部门的折旧科目；或虽已确定进行替换，但没有单击【刷新】进行刷新操作。

解决方案：

处理方法一：在设置完上级部门的对应折旧科目后，系统会提问是否将其下级部门的折旧科目也替换为上级部门的折旧科目，应该选择【是】（见图 7－41）。

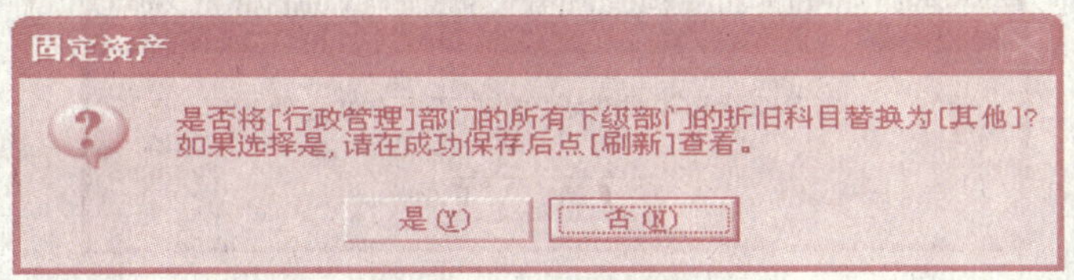

图 7－41　对应折旧科目问题图 2

处理方法二：在图 7－40 的界面下单击【刷新】按钮即可解决。

问题二：在对资产进行增加操作后，发现所增加的资产有错，于是通过“资产减少”功能进行减少，系统提示要进行折旧后才可减少（见图 7－42）。

图 7－42　资产减少问题图

原因：新增固定资产增加错误后，不能通过“资产减少”功能来进行减少，即使计提了当月折旧后再来减少固定资产，也会造成累计折旧额的不一致。

解决方案：新增固定资产增加错误后，应该使用【业务工作—财务会计—固定资产—卡片—卡片管理】功能删除所增加的固定资产管理卡片即可。

问题三： 在注册固定资产系统时，系统提示注册日期不能对本账套进行任何修改操作（见图 7－43）。

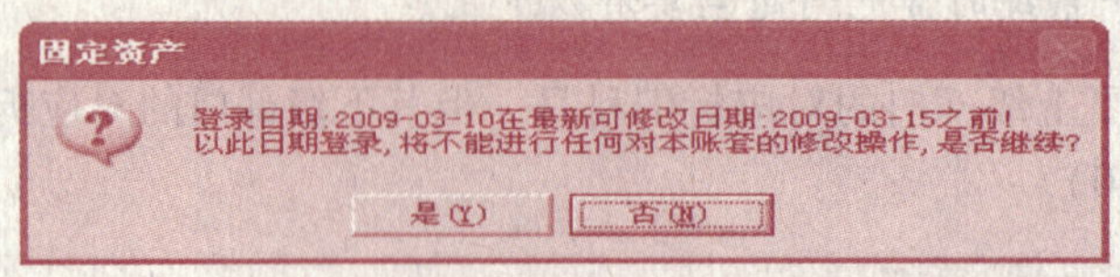

图 7－43　登录日期问题图

原因： 上次以某一日期注册固定资产系统后进行了日常业务操作，如录入卡片、计提折旧等，这样，再次进入固定资产系统的日期只能在上一次的日期之后，否则就只能查看而不能修改、增加，也不能进行日常业务及期末业务处理。

解决方案：

第一种情况处理：在每一次处理固定资产业务时，都要严格明确操作日期，业务一定要按发生日期的先后顺序进行处理，避免出现业务日期倒流的情况。

第二种情况处理：如果固定资产系统刚开始启用，而业务时间出现很多错误或时间太乱，则可以通过【业务工作—财务会计—固定资产—维护—重新初始化账套】将该账套全部内容清空，重新建立固定资产账套并进行业务处理。

问题四： 在对固定资产进行变动业务处理时，系统提示当月录入原始或新增固定资产不能作此种变动业务（见图 7－44）。

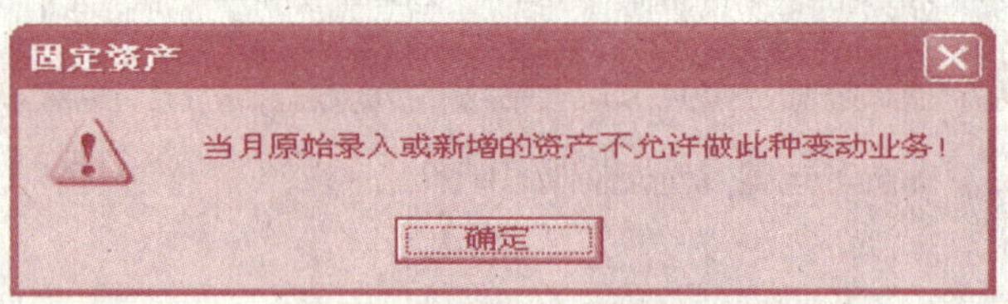

图 7－44　资产变动问题图

原因： 当月录入的原始固定资产和当月新增的固定资产，不允许作除了"固定资产减值"以外的变动处理。

解决方案： 当月录入的原始固定资产和当月新增的固定资产除了减值之外的变动处理，都必须在本月固定资产系统结账以后的下一个会计期间再执行。

问题五： 计提了当月折旧后，发现金额有错误，在通过【卡片—卡片管理】对累计折旧额进行修改后，被修改的卡片在"折旧清单下"无法显示（见图 7－45），经过修改累计折旧金额后的卡片信息在折旧清单中不再显示。

折旧清单 [2009.03]

打印　预览　输出　退出　　2009.03(登录)(最新)

按部门查询
固定资产部门编码目录
1 行政管理
2 生产部门
3 销售部
4 采购部门
5 仓管部门

卡片编号	资产编号	资产名称	原值	计提原值	本月折旧
00002	01200001	厂房1号楼	000,000.00	000,000.00	10,800.00
00003	02100001	A生产线	500,000.00	500,000.00	12,150.00
00004	02100002	B生产线	500,000.00	500,000.00	4,050.00
00005	02200002	仓库设备	680,000.00	680,000.00	11,016.00
合计			680,000.00	680,000.00	38,016.00

图 7－45　折旧问题图

原因：固定资产系统当月计提折旧后，没有提供一项功能专门取消当月已经计提的折旧金额，要取消当月计提的折旧额，要通过【业务工作—财务会计—固定资产—卡片—卡片管理】对固定资产卡片进行累计折旧金额修改，修改完毕后，实际上就取消了当月计提的折旧，因此，在当月的折旧清单中不再显示折旧信息。

解决方案：要在折旧清单中显示本卡片的折旧信息，需要再一次计提折旧。

第一步：进入【卡片—卡片管理】，选择【修改】对固定资产卡片进行修改，这时，累计折旧金额会自动恢复到本月计提之前的金额，保存退出。

第二步：进入【固定资产—处理—计提本月折旧】，重新计提本月的折旧。

第三步：再次进入【折旧清单】，则可以看到折旧清单里的卡片全部显示出来了。

问题六：在本月固定资产业务处理完毕后，固定资产系统与总账系统进行对账时不平衡，如图7-46所示。

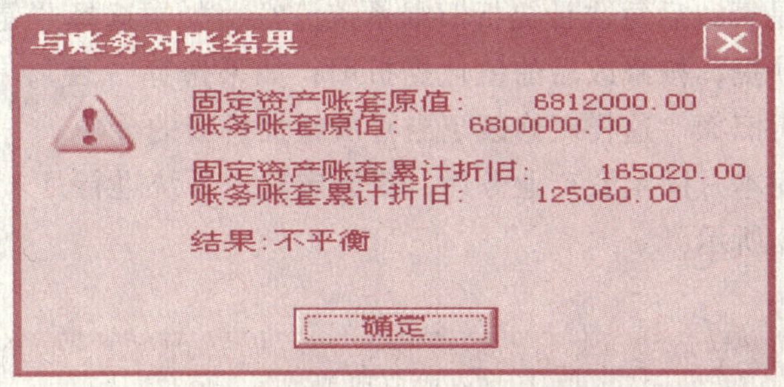

图7-46 对账不平问题图

原因：固定资产系统与总账系统对账不平，主要是固定资产的增加、减少数据及累计折旧额产生了不一致，原因是固定资产系统所产生的凭证没有在总账系统中进行审核、记账。

解决方案：

第一步：进入账务系统对固定资产系统传递来的凭证进行审核、签字及记账操作。

第二步：进入固定资产系统，再次通过【业务工作—财务会计—固定资产—处理—对账】处理。

问题七：计提过折旧后，固定资产的月折旧额不能进行修改。

原因：固定资产经过计提折旧后，系统不再允许通过固定资产管理卡片对固定资产的月折旧额进行调整。

解决方案：如果要调整每个月的折旧额，可以通过自定义折旧方法进行处理，更简单的方法可使用折旧修改功能把系统计算的折旧额手工改为所希望的值。

第一步：进入【处理—折旧清单】，在期间选择列表中选择附有“最新”字样的期间，只有该期间的折旧清单中的月折旧额是可以修改的。

第二步：执行快捷键【Ctrl】+【Alt】+【g】，工具栏上这时会显示【修改】图标，如图7-47所示。

折旧清单 [2009.03]

打印 预览 输出 修改 退出　　2009.03(登录)(最新)

按部门查询

固定资产部门编码目录
1 行政管理
2 生产部门
3 销售部
4 采购部门
5 仓管部门

卡片编号	资产编号	资产名称	原值	计提原值	本月折
00001	02200001	办公用设备	120,000.00	120,000.00	1,944
00002	01200001	厂房1号楼	000,000.00	000,000.00	10,800
00003	02100001	A生产线	500,000.00	500,000.00	12,150
00004	02100002	B生产线	500,000.00	500,000.00	4,050
00005	02200002	仓库设备	680,000.00	680,000.00	11,016
合计			800,000.00	800,000.00	39,960

图 7－47　折旧修改问题

第三步：双击要修改的单元格，把系统自动计算的月折旧额改为要计提月折旧额。

第四步：出现"是否以后每次计提折旧继承该值?"，如果选择"是"，则以后该资产每次计提折旧不按公式计提，按修改后的值计提折旧；如果选择"否"，则以后每次计提还按折旧方法公式计算月折旧额。这样就修改了当月所计提折旧的金额。

问题八：在处理完本月固定资产业务后，对固定资产系统进行月末结账处理时，系统不允许结账，如图 7－48 所示。

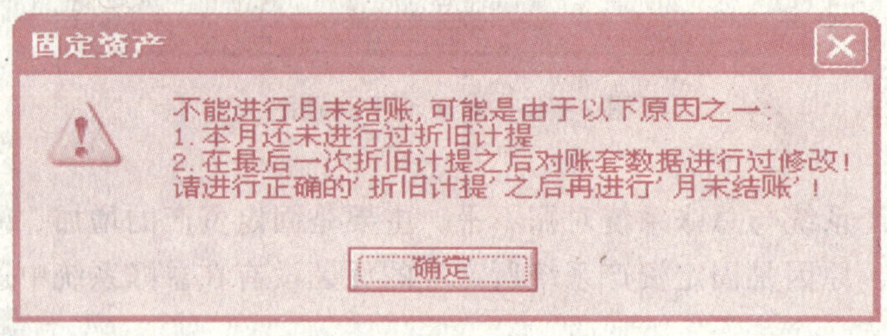

图 7－48　结账问题图

原因：在计提过本月折旧后，又对固定资产的数据进行了某些修改操作，而这种修改操作会影响到本月固定资产的应提折旧额和已提折旧额不一致，所以系统不允许进行结账操作。

解决方案：

第一步：进入【业务工作—财务会计—总账】，在总账系统里把计提过本月折旧后又修改过数据的折旧分配凭证取消记账及审核。

第二步：进入【业务工作—财务会计—固定资产】，在固定资产系统中选择【处理—凭证查询】功能，将折旧分配凭证删除。

第三步：选择【处理—计提本月折旧】，对本月的固定资产重新计提一次折旧，并生成记账凭证。

第四步：将所产生的折旧分配凭证在账务系统进行审核、记账后，固定资产系统就可以结账了。

教学小结

• 固定资产管理法操作包括三部分：一是固定资产系统的初始化设置工作，一般在系统启用时一次性设置完成；二是固定资产系统的日常业务处理，日常业务处理工作包括固定资产的增加、减少、各种变动情况；三是固定资产系统的期末业务处理，主要包括每月对固定资产计提折旧、生成记账凭证及对账和结账操作。在这三个部分的操作中，如果系统已进入日常使用状态，那么每月要做的工作是第二和第三部分的操作。

• 对固定资产的任何操作都是序时操作，如果要对一项已完成的业务进行修改，则必须进行反操作。

• 固定资产系统中，计提折旧不一定在期末计提，也不一定一次性批量计提完成，任何时候都可以计提折旧，并且可以在一个月中多次使用计提折旧功能，系统只认为最后一次计提的折旧是本月的应提折旧，所以不会出现多提折旧的情况。

第8章 应收（应付）系统

学习目标：

通过本章学习，使学生了解应收应付系统的业务流程，掌握应收应付系统的初始化、日常账务处理和月末处理业务，熟练掌握以下关键技能点：

- □ 应收（应付）单据输入、审核、应收（应付）款核销、查询等业务
- □ 票据管理，包括票据收入、结算、贴现、背书、转出、计息的处理
- □ 转账处理，含应收、预收、应付冲应收，应收、预付、应付冲应付、红票对冲
- □ 坏账处理，包括坏账准备的计提、坏账发生和坏账收回的处理
- □ 期末处理，包括账表输出、月末结账
- □ 训练学生知识迁移能力，在应收学习、总结中引导学生完成应付系统

课前导读

应收与应付系统主要用于企业与客户（供应商）之间业务往来账款的核算与管理。是以发票、费用单、其他应收应付单等原始单据为依据，记录采购与销售业务及其他业务形成的往来款项，进行相应的会计处理。应收（应付）系统可同总账系统配合使用。所需总账系统初始化数据可从所附备份数据中的“应收（应付）备份”文件夹中引入。但特别提醒：启用应收（应付）系统，需要在科目设置中将应收账款、应收票据、预收账款三个科目设置为受控于应收系统，将应付账款、应付票据、预付账款三个科目设置为受控于应付系统。

应收（应付）款管理系统与其他系统有着密切的联系，主要关系如图8-1所示。

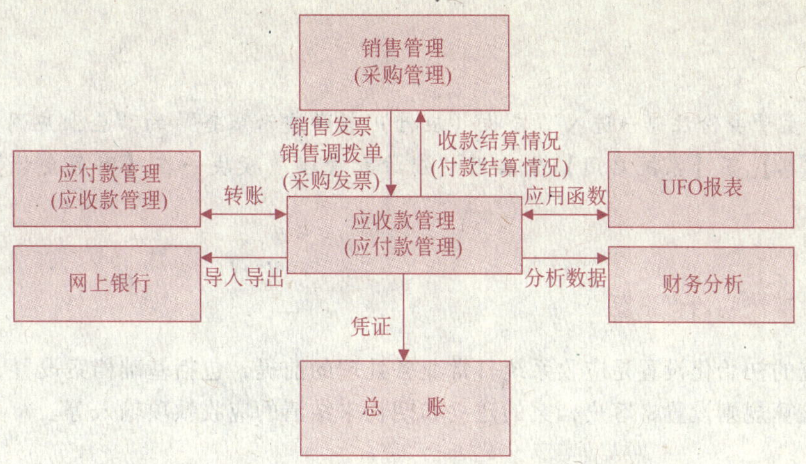

图 8－1　应收（应付）款管理系统与其他系统的主要关系

实习情景

小赵已经通过前面的总账、工资、固定资产等模块的学习，具备了较全面的电算化操作思维和丰富的实践经验，已具有较强的学习和实践能力，只需要指导老师适当地指点即可完成操作。由于各模拟操作的思路和方法有很多相同之处，所以本章内容介绍有较大简化。

第一节　应收系统初始化设置

一、启动应收系统

操作任务

小赵在孙主管的指导下要完成以下任务：

1. 从“应收（应付）数据”文件夹引入“应收（应付）教学演示账套”。

2. 在企业应用平台中启用“应收（应付）教学演示账套”的“应收款管理”系统，启用日期为“2009 年 1 月 1 日”。

3. 启动“应收（应付）教学演示账套”的“应收款管理”系统。

操作向导

以账套主管身份注册→进入“应收（应付）教学演示账套”的“企业应用平台”→在【基础信息】下【系统启用】中启用“应收款管理”模块→在【财务会计】下启动“应收款管理”。

二、应收系统初始化设置

应收系统的初始化设置是应收系统日常业务处理的前提，包括基础档案设置、业务处理参数设置、核算规则设置、客户档案的建立和期初未结清的应收款项输入等。

想想试试

在进行应收业务核算时，如果基础信息在总账中设置了，在应收款系统中还需要设置吗？

（一）基础档案设置

1. 存货分类设置。

操作任务

根据企业的存货分类情况进行存货分类，如表8－1所示。

表8－1

分类编码	分类名称	分类编码	分类名称
01	原材料	02	库存商品
0101	原料及主要材料	03	包装物
0102	辅助材料		

操作向导

在“企业应用平台”中【设置】→【基础档案】→【存货】→【存货分类】进入“存货分类”窗口→根据企业存货的分类情况进行设置（见图8－2）。

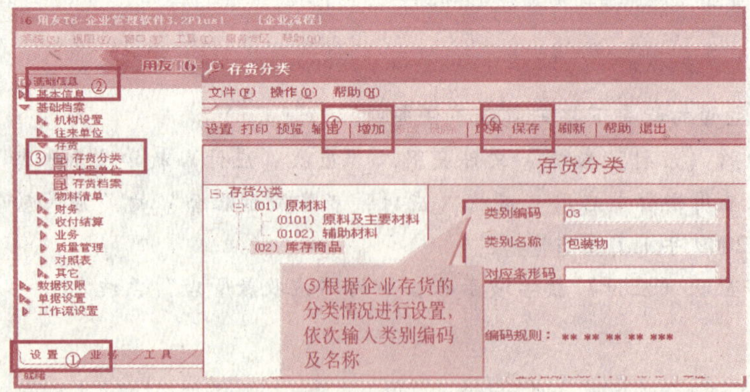

图8－2　存货分类

2. 计量单位设置。

操作任务

对企业的存货情况进行计量单位的设置，如表 8－2 所示。

表 8－2

单位编码	单位名称	单位组编码	计量单位组名称	计量单位组类别	主计量单位标志	换算率
101	公斤	1	材料	固定换算	是	1
102	吨	1	材料	固定换算	否	1000
201	件	2	库存商品	固定换算	是	1
202	盒	2	库存商品	固定换算	否	5

操作向导

在【基础档案】→【存货】→【计量单位】进入“计量单位”窗口→进行计量单位分组与设置。

（1）进行计量单位的分组。如图 8－3 所示。

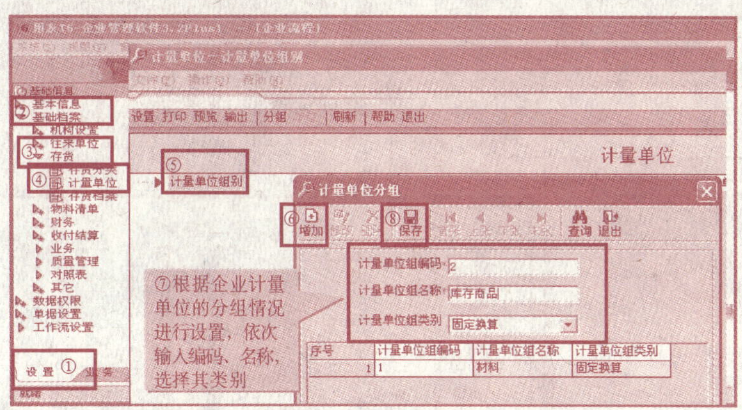

图 8－3　计量单位分组设置

（2）在计量单位的分组基础上进行具体计量单位的设置。如图 8－4 所示。

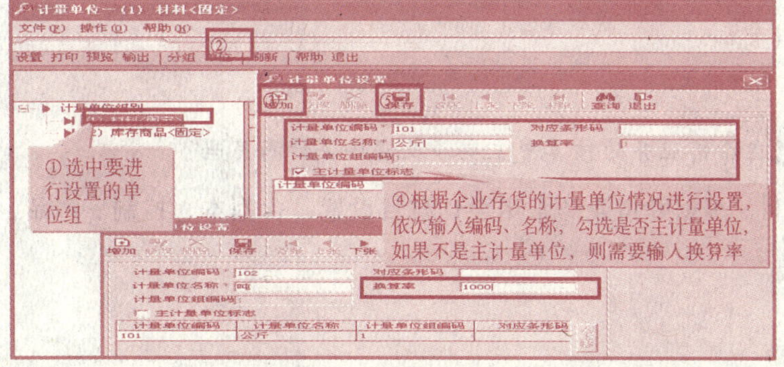

图 8－4　计量单位设置

3. 存货档案设置。

操作任务

根据企业的存货情况进行存货档案的设置，如表8－3所示。

表8－3

存货编码	存货名称	税率%	计量单位组名称	计量单位	存货属性
0001	甲材料	17	材料	公斤	外购、生产耗用
0002	乙材料	17	材料	公斤	外购、生产耗用
0003	A商品	17	库存商品	件	自制、销售
0004	B商品	17	库存商品	件	自制、销售

操作向导

在【基础档案】→【存货】→【存货档案】进入“存货档案”设置窗口后，根据企业存货的具体情况进行设置。如图8－5所示。

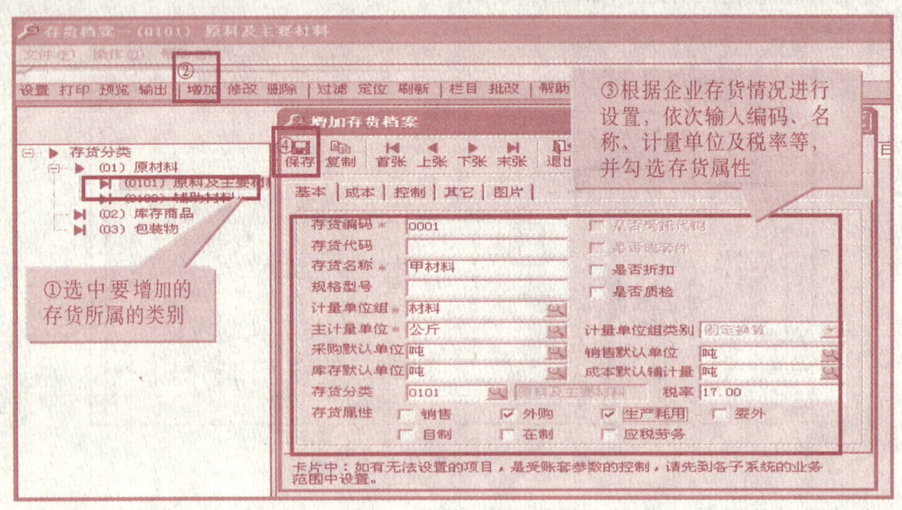

图8－5　存货档案设置

（二）初始设置

想想试试

你能说说在赊销业务的核算中主要涉及哪些会计科目吗？

1. 设置科目。根据赊销业务常用会计科目设置，含基本、控制、产品、结算方式等科目设置。

操作任务

小赵在孙主管的指导下进行应收系统的初始设置：

1. 设置应收款项核算时常用的科目，包括应收科目、预收科目、销售收入科目、税金科目等。

2. 在产品科目设置中另行设置：甲材料和乙材料的销售收入科目和销售退回科目为“6051 其他业务收入”。

3. 结算方式科目设置：现金结算方式科目为“1001 现金”，现金支票和转账支票结算方式科目为“10020101 银行存款—工行存款—实践支行”。

操作向导

在【初始设置】→【设置科目】→打开相应的设置窗口→根据企业的具体情况进行设置。

（1）基本科目设置。如图 8－6 所示。

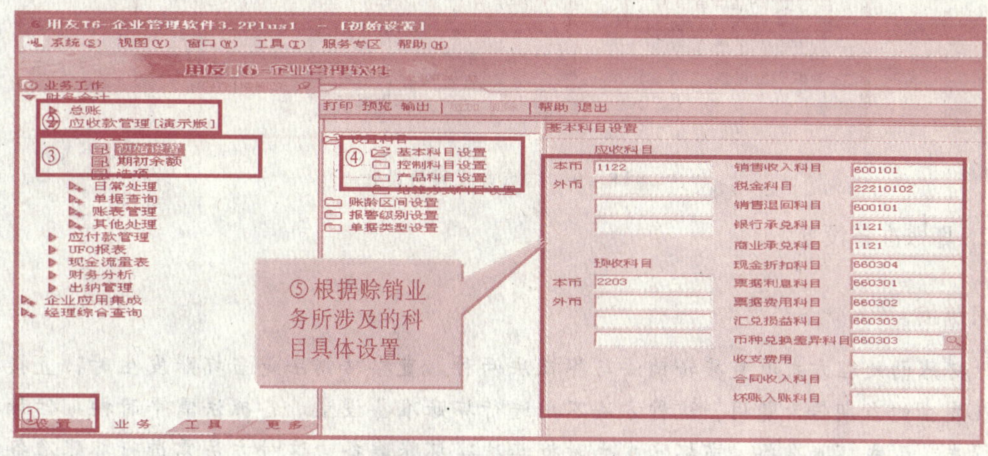

图 8－6　基本科目设置

（2）控制科目设置，如图 8－7 所示。

打印 预览 输出 | 增加 删除 | 帮助 退出

①设置科目
基本科目设置
②控制科目设置
产品科目设置
结算方式科目设置
账龄区间设置
报警级别设置
单据类型设置

控制科目设置

客户编码	客户简称	应收科目	预收科目
001	蓝天集团		
002	明天商贸		
003	上海兴业		
004	新兴厂		
005	顺风汽车		
006	开明公司		
007	阳光中学		

③双击后进行设置

图 8－7　控制科目设置

（3）产品科目设置，如图 8-8 所示。

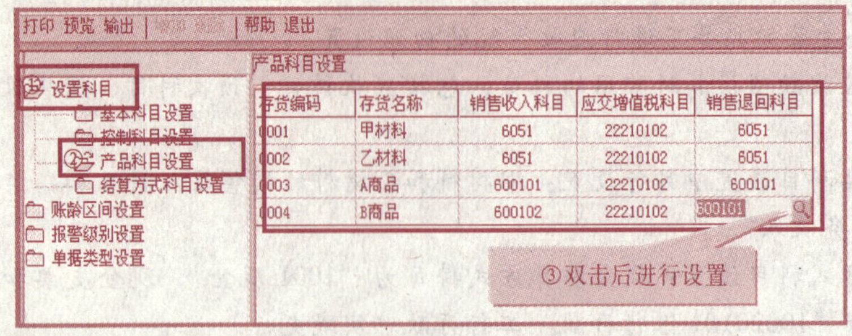

图 8-8　产品科目设置

（4）结算方式科目设置，如图 8-9 所示。

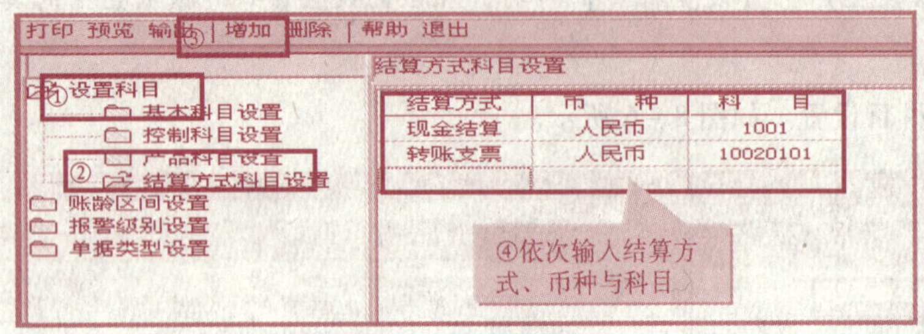

图 8-9　结算方式科目设置

2. 坏账准备设置。

知识链接

坏账的处理方式有直接转销法与备抵法两种。直接转销法是当坏账发生时，直接将其在发生的当期转为费用，这种方法不用进行坏账准备设置。备抵法需平时按期估计坏账损失，形成坏账准备，当坏账发生时将其冲减坏账准备，这种方法需进行坏账准备的设置。系统在账套参数设置中有对坏账处理方法的选择设置，只有选择了备抵法中的应收余额百分比法、销售收入百分比法、账龄分析法之一才需进行坏账准备的设置。

操作任务

根据企业的坏账准备核算情况进行设置：坏账准备的提取比率为“0.5%”，期初余额为“0”，坏账准备科目为“1231 坏账准备”，对方科目为“6701 资产减值损失”。

操作向导

在【初始设置】→【坏账准备设置】→打开“坏账准备设置”窗口→根据企业的具体情况进行设置。如图 8-10 所示。

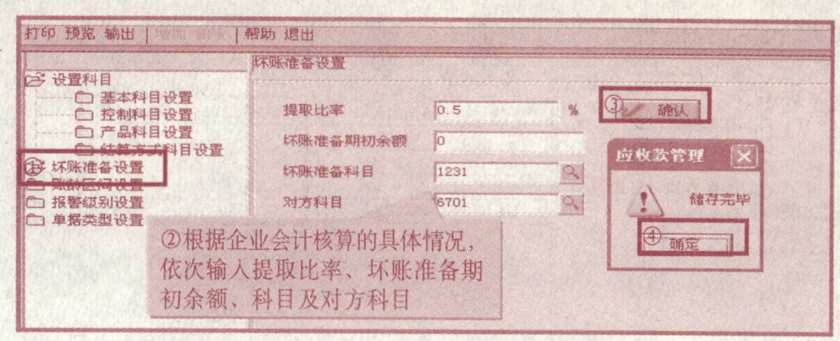

图 8－10 坏账准备设置

3. 账龄区间设置。在应收款的核算中，为了评估客户信誉，并按一定的比例估计坏账损失，需要对应收账款进行账龄分析并设置账龄区间。

操作任务

根据企业账龄分区情况进行设置：企业的账龄按 30 天为一个区间来分，总共分为 30 天、60 天、90 天、180 天、270 天、360 天 7 个区间。

操作向导

在【初始设置】→【账龄区间设置】→打开"账龄区间设置"窗口→根据企业实际进行设置。如图 8－11 所示。

打印 预览 输出 ②增加 删除 帮助 退出

账龄区间设置

序号	起止天数	总天数
01	1-30	30
02	31-60	60
03	61-90	90
04	91-180	180
05	181-270	270
06	271-360	360
07	361以上	

设置科目 / 基本科目设置 / 控制科目设置 / 产品科目设置 / 结算方式科目设置 / ①账龄区间设置 / 报警级别设置 / 单据类型设置

③输入每一区间的总天数即可

图 8－11 账龄区间设置

4. 报警级别设置。为了便于掌握各个客户的信用情况，系统提供了报警级别设置，按照客户欠款余额与其授信额度的比例分为不同的类型。在日常业务中，如果客户超过了此比例，系统就会报警提醒。

操作任务

根据企业对客户的评级情况进行设置：分为 A、B、C、D 四个级别，A 级时的总比率为 10%，B 级时的总比率为 30%，C 级时的总比率为 50%，总比率在 50% 以上的为 D 级。

操作向导

在【初始设置】→【报警级别设置】→打开"报警级别设置"窗口→根据企业的具体情况进行设置。如图 8－12 所示。

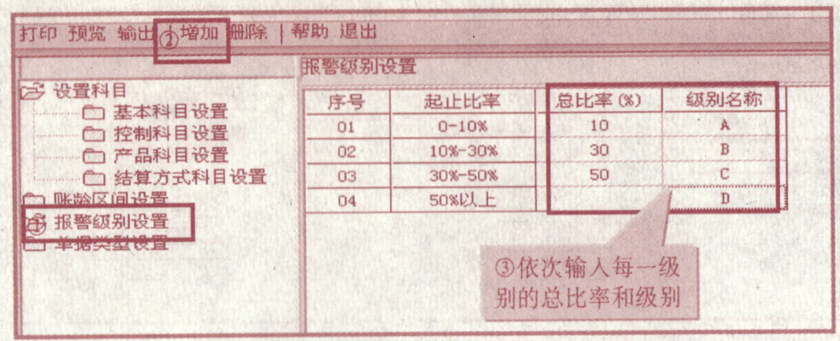

序号	起止比率	总比率（%）	级别名称
01	0-10%	10	A
02	10%-30%	30	B
03	30%-50%	50	C
04	50%以上		D

图 8－12　报警级别设置

（三）单据编码设置

操作任务

根据企业对单据编码的要求进行设置：将销售发票（包括普通与专用）与采购发票（包括普通与专用）的编码设置为完全手工编号。

操作向导

在【单据设置】→【单据编码设置】→在“单据编号设置”窗口中【销售】→【销售专用发票】→【修改】→根据核算需要进行设置，设置完成后单击【保存】。如图 8－13 所示。

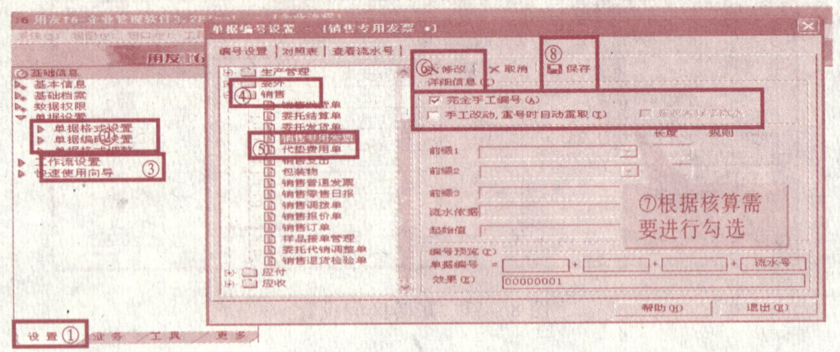

图 8－13　单据编码设置

在运行应收款管理系统前，应根据企业的会计核算情况在“选项”中设置运行所需要的账套参数，以便系统根据所设定的选项进行相应的处理。设置账套参数时，单击【设置】→【选项】→打开“账套参数设置”窗口。

操作任务

小赵在孙主管的指导下进行应收系统的账套参数的设置：(1) 应收款核销方式“按单据”，单据审核日期依据为“单据日期”，坏账处理方式为“应收余额百分比法”，代垫费用类型为“其他应收单”，应收款核算类型为“详细核算”。(2) 受科目制单依据为“明细到客户”，非受控科目制单方式为“汇总方式”；预收冲应收不生成凭证。(3) 启用客户权限，并且按信用方式根据单据提前 7 天自动报警。

操作向导

在【初始设置】→【选项】→打开“账套参数设置”窗口→根据企业的具体情况进行设置。

1. “常规”页各选项设置，如图8－14所示。

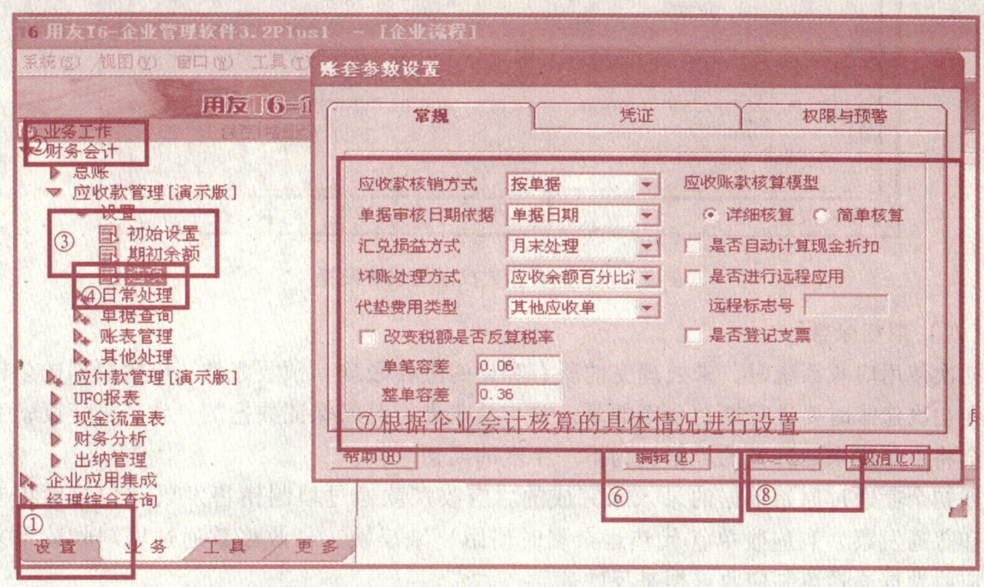

图8－14 账套参数常规项设置

2. 【凭证】页各选项设置（见图8－15）。

账套参数设置

常规 | 凭证 | 权限与预警

受控科目制单方式 明细到客户

非控科目制单方式 汇总方式

控制科目依据 按客户

销售科目依据 按存货

☑ 月结前是否全部生成凭证

☐ 方向相反的分录是否合并

☐ 核销是否生成凭证

☐ 预收冲应收是否生成凭证

☐ 红票对冲是否生成凭证

②根据企业会计核算的具体情况进行设置

帮助(H) ①编辑(E) 确定(O) 取消(C)

图8－15 账套参数凭证项设置

3.【权限与预警】页各选项设置（见图 8－16）。

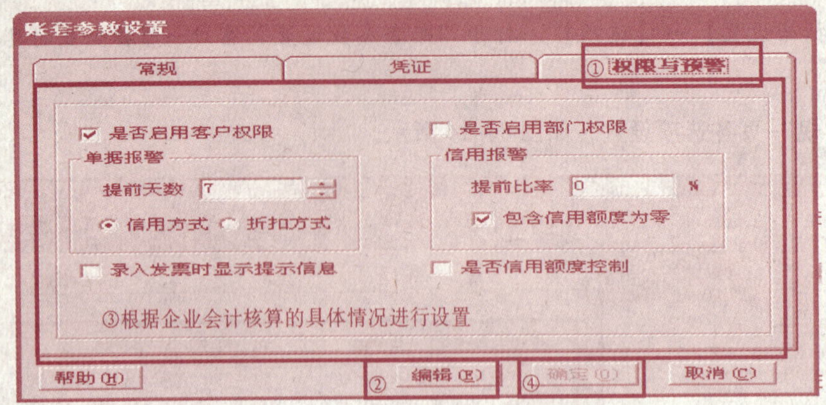

图 8－16　账套参数权限与预警设置

（四）期初余额

初次使用应收系统时，未处理完的所有客户的应收账款、预收账款、应收票据的余额数据。在初次建账时要进行期初余额的录入并与总账进行对账保证数据的一致。下年度，系统自动会将上年度未处理完的单据转为下一年度的期初余额。

期初余额通过原始单据的录入来完成的。应收账款通过填制销售发票（包括销售专用发票和普通发票）与应收单（代垫运杂费时使用）来反映，预收账款通过填制收款单来反映，应收票据通过填制应收票据来反映。

操作任务

小赵在孙主管指导下录入应收系统期初余额并与总账系统对账，如表 8－4 所示。

表 8－4　　单位：元

<table>
<tr><th colspan="2">单据名称</th><th>方向</th><th>开票日期</th><th>票号</th><th>客户名称</th><th>摘要</th><th>科目编码</th><th>货物名称</th><th>数量</th><th>含税单价</th><th>价税合计</th></tr>
<tr><td colspan="2" rowspan="2">普通销售发票</td><td>正</td><td>09.15</td><td>00234</td><td>阳光中学</td><td>销售商品</td><td>1122</td><td>B 商品</td><td>10</td><td>270</td><td>2700</td></tr>
<tr><td>正</td><td>11.23</td><td>00879</td><td>开明公司</td><td>销售商品</td><td>1122</td><td>A 商品</td><td>25</td><td>140</td><td>3500</td></tr>
<tr><td colspan="2" rowspan="2">销售专用发票</td><td>正</td><td>10.22</td><td>00347</td><td>明天商贸</td><td>销售商品</td><td>1122</td><td>A 商品</td><td>100</td><td>140</td><td>14000</td></tr>
<tr><td>正</td><td>12.25</td><td>00546</td><td>蓝天集团</td><td>销售商品</td><td>1122</td><td>B 商品</td><td>30</td><td>270</td><td>8100</td></tr>
<tr><td colspan="2" rowspan="2">应收单</td><td>正</td><td>10.22</td><td></td><td>明天商贸</td><td>代垫运杂费</td><td>1122</td><td></td><td></td><td></td><td>2100</td></tr>
<tr><td>正</td><td>12.25</td><td></td><td>蓝天集团</td><td>代垫运杂费</td><td>1122</td><td></td><td></td><td></td><td>1300</td></tr>
<tr><td colspan="2" rowspan="2">收款单</td><td>正</td><td>12.05</td><td></td><td>兴业贸易</td><td>预收货款</td><td>2203</td><td></td><td></td><td></td><td>20000</td></tr>
<tr><td colspan="10">结算方式：转账支票；结算科目：10020101；客户银行：工商银行安源支行；客户账号：009987</td></tr>
<tr><td rowspan="4">应收票据</td><td rowspan="2">商业承兑</td><td>正</td><td>10.16</td><td>RE335</td><td>顺风汽车</td><td>销售商品</td><td>1121</td><td></td><td></td><td></td><td>8000</td></tr>
<tr><td colspan="10">签发日期：2008－10－16，收到日期：2008－10－16，到期日：2009－01－16</td></tr>
<tr><td rowspan="2">银行承兑</td><td>正</td><td>10.28</td><td>CD556</td><td>新兴厂</td><td>销售商品</td><td>1121</td><td></td><td></td><td></td><td>7000</td></tr>
<tr><td colspan="10">承兑银行：建行南山支行，面值税率 3%，签发日期：2008－10－28，收到日期：2008－10－28，到期日：2009－01－28</td></tr>
</table>

1. 期初余额的录入。

操作向导

在“企业应用平台”中应收款管理下单击【设置】→【期初余额】，打开“期初余额查询”窗口→按【确定】→打开“期初余额明细表”窗口→窗口单击【增加】→选择具体的单据进行期初余额的输入（见图 8－17）。

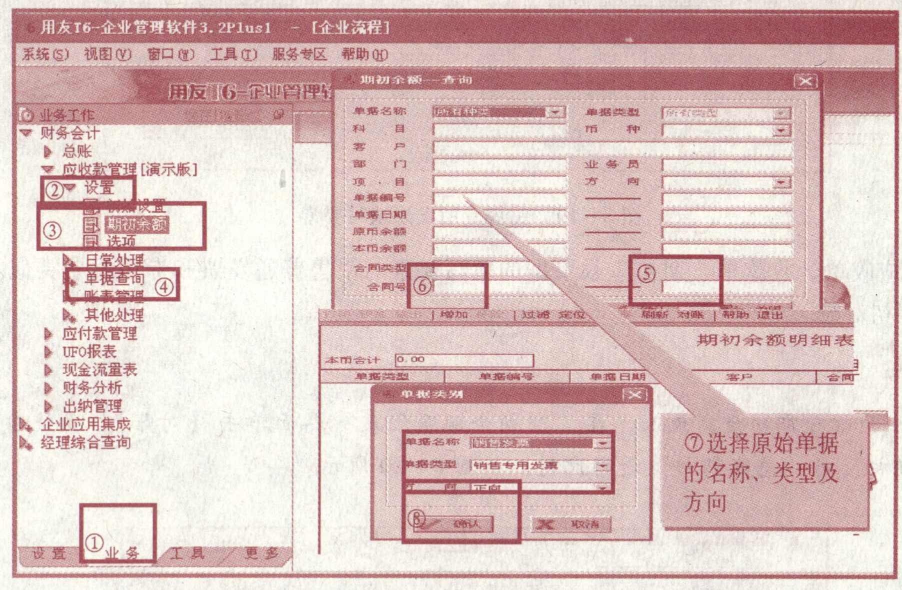

图 8－17　期初余额的录入

（1）销售普通发票的填写要素，如图 8－18 所示。

打印 预览 输出 | 复制 增加 修改 删除 | 首张 上张 下张 末张 | 刷新 | 帮助 退出

销售普通发票

发票号 00234　开票日期 2008-09-15　订单号
客户名称 阳光中学　客户地址
付款条件　开户银行　银行账号
科　目 1122　币　种 人民币　汇　率 1
销售部门 销售部　业务员 陈销售　项　目
备　注 销售商品　税　率 17.00

明细 | 汇总 | 设置

序号	货物编号	货物名称	规格型号	主计量单位	税率（%）	数量	含税单价	价税合计
1	0004	B商品		件	17.00	10.00	270.00	2,700.00
2								
3								
合计						10.00		2,700.00

制单人 孙主管　审核人 孙主管

图 8－18　销售普通发票填写要素

（2）销售专用发票的填写要素，如图 8－19 所示。

打印 预览 输出 | 复制 增加 修改 删除 | 首张 上张 下张 末张 | 刷新 | 帮助 退出

销售专用发票

开票日期 2008-10-22　发 票 号 00347　订 单 号

客户名称 明天商贸　客户地址

电　　话　开户银行　银行账号

税　　号　付款条件　税　　率 17.00

科　　目 1122　币　　种 人民币　汇　　率 1

销售部门 销售部　业 务 员 陈销售　项　　目

备　　注 销售商品

明细 | 汇总 | 设置

序号	货物编号	货物名称	规格型号	计量单位	税率（%）	数量	无税单价	含税单价	税额	无税金额	价税合计
1	0003	A商品		件	17.00	100.00	119.66	140.00	2034.19	11965.81	14000.00
2											
3											
合计						100.00			2034.19	11965.81	14000.00

制 单 人 孙主管　审 核 人 孙主管

图 8－19　销售专用发票填写要素

期初应收单、收款单、期初应收票据的填写要素与销售普通发票和专用发票类似。

2. 期初对账。

操作向导

完成应收款期初余额录入，在“期初余额明细表”界面单击【对账】，系统自动将“应收期初”与“总账期初”进行比对。如图 8－20 所示。

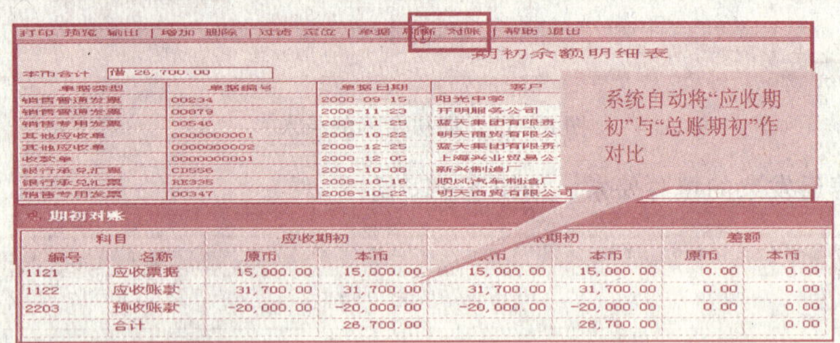

科目编号	科目名称	应收期初原币	应收期初本币	总账期初原币	总账期初本币	差额原币	差额本币
1121	应收票据	15,000.00	15,000.00	15,000.00	15,000.00	0.00	0.00
1122	应收账款	31,700.00	31,700.00	31,700.00	31,700.00	0.00	0.00
2203	预收账款	-20,000.00	-20,000.00	-20,000.00	-20,000.00	0.00	0.00
	合计		26,700.00		26,700.00		0.00

图 8－20　期初对账

第二节　应收系统日常账务处理业务

一、应收单据的处理

应收单据是应收款管理系统日常核算的单据，包括销售发票与应收单。销售发票有销售专用发票与普通发票两种，用于反映销售商品所形成的应收账款。应收单用于反映销售以外的业务所形成的应收款项，如代垫运杂费。

（一）应收单据的录入

操作任务

教学演示公司2009年1月份发生以下经济业务，小赵在王会计指导下进行应收单据的录入：

1月5日，向明天商贸销售A商品50件，含税单价140元，增值税率为17%（销售专用发票号码：00678）。

1月5日，向明天商贸销售A产品时，开出一张转账支票代垫了运杂费850元。

1月9日，向阳光中学销售A商品20件，含税单价140元（销售普通发票号码：00376）。

1月10日，向蓝天集团销售A商品20件，含税单价140元（销售专用发票号码：00736）。

1月11日，向上海兴业贸易销售B商品70件，含税单价270元，共计18 900元，增值税率17%（销售专用发票号码：00687）。

1月11日，向上海兴业贸易销售B商品，用现金代垫运杂费1 100元。

1月12日，阳光中学销售的A商品20件，含税单价140元，由于质量问题发生退货，开出红字发票一张。（销售普通发票号码：00987）。

1月17日，向开明公司销售B商品10件，含税单价270元（销售普通发票号码：00673）。

操作向导

在“应收款管理”模块中单击【日常处理】→【应收单据处理】→【应收单据录入】打开“单据类别”对话框→选择单据类别→单击【确认】出现所需单据→进行输入。如图8－21所示。

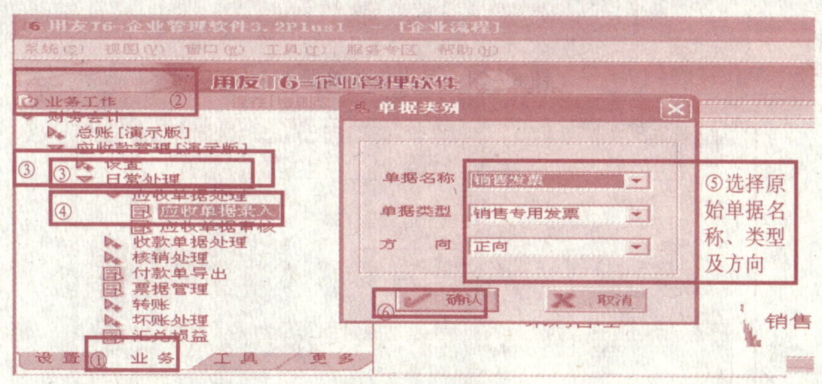

图8－21　应收单据录入

1. 录入销售发票（见图 8-22、图 8-23）。

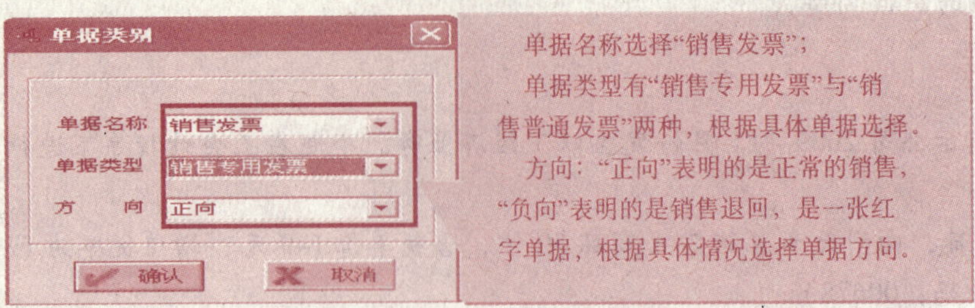

图 8-22　录入销售发票 1

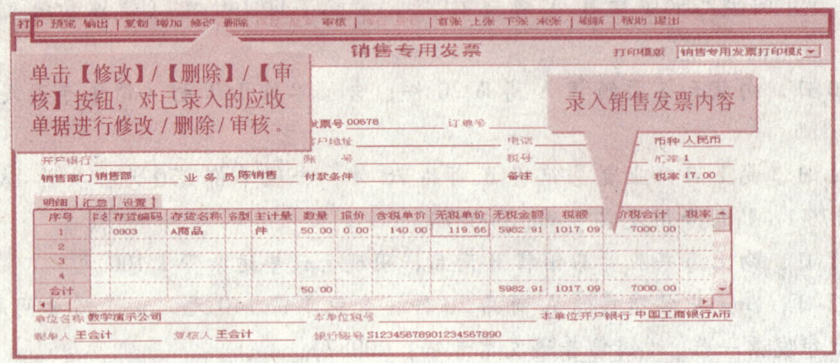

图 8-23　录入销售发票 2

2. 录入应收单据（见图 8-24、图 8-25）。

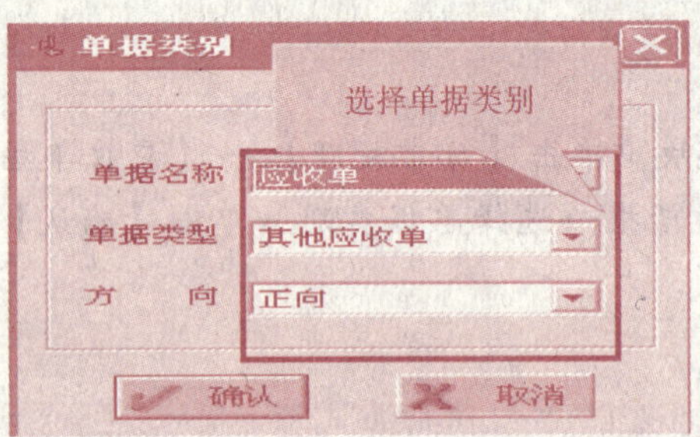

图 8-24　录入应收单据 1

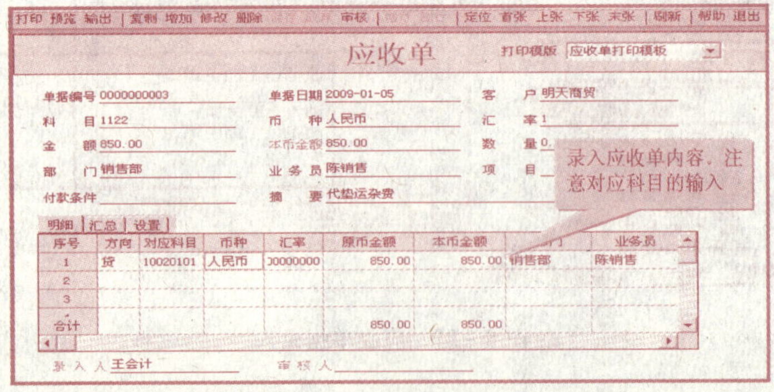

图 8-25　录入应收单据 2

（二）应收单据的审核

应收单据的审核是对录入的应收单据进行检查的过程。对应收单据的审核有两种方法：

1. 手工审核。

操作任务

用手工审核的方式对 1 月 5 日，向明天商贸销售 A 商品的销售专用发票和代垫运杂费的应收单进行审核。

操作向导

在【应收单据处理】下【应收单据审核】中→打开“单据过滤条件”对话框→单击【确定】→打开“应收单据列表”→在“应收单据列表”中选中要审核的单据→点击工具栏中的【审核】。如图 8－26 所示。

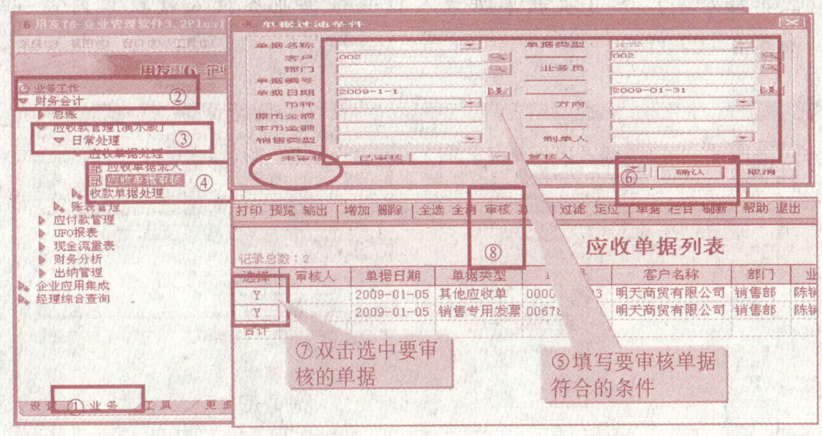

图 8－26　应收单据的手工审核

2. 弃审。

操作任务

对已审核的明天商贸销售专用发票和代垫运杂费应收单弃审。

操作向导

弃审是审核的反操。在已审核单据列表中，双击单据记录选中后，单击【弃审】按钮，系统提交单据批量弃审报告。

3. 自动批审。用于对凭证进行批量审核，同总账，不再重述。

二、收款单据的处理

收款单据是应收款管理系统日常核算的单据，用来记录企业所收到的客户款项，款项性质包括应收款、预收款、其他费用等。在应收系统中也会用到付款单，用来记录发生销售退货时，企业开具的退付给客户的款项。

操作任务

2009 年 1 月发生收款单业务，小赵在王会计指导下进行录入与审核操作：

1 月 1 日，收到开明公司转账支票，支付其前欠货款，共计 3 500 元。

1 月 2 日，收到蓝天集团转账支票一张，金额为 9 400 元。

1 月 7 日，收到明天商贸转账支票一张，金额为 7 850 元。

1 月 9 日，收到阳光中学转账支票一张，金额为 2 800 元。

1 月 12 日，由于阳光中学购买的 A 商品发生销售退回，财务部开出一张金额为 2 800元的转账支票退款。

1 月 15 日，收到新兴厂预付货款，转账支票一张，金额为 5 000 元。

（一）收款单据的录入

操作向导

在【收款单据处理】下【收款单据录入】→根据业务录入收款单内容→单击【保存】按钮。如图 8－27 所示。

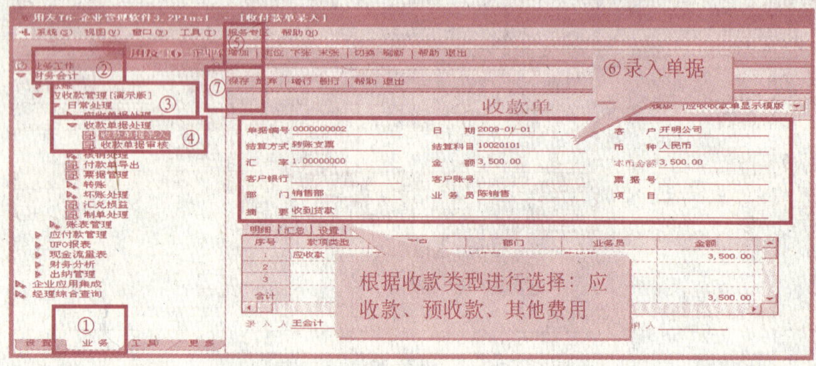

图 8－27　收款单录入

常见问题

在与客户的业务往来中可能会出现代付款的情况。这种情况在应收款管理系统中有两种处理方式：

方法一：将代付的款项单独录一张收款单，将付款单位直接记录为另外一个单位，金额为代付金额。

方法二：将付款单位仍然记录为该单位，但通过在表体输入代付客户功能处理代付款业务。这种方式的好处是既可以保留该笔付款业务的原始信息，又可以处理同时代多个单位付款的情况。

（二）收款单据的审核

收款单据审核的具体操作同应收单据的审核。

三、核销应收款

在赊销业务中，一般分成两个步骤完成，第一步：发生销售产生应收款；第二步：将应收款收回。当应收款收回后，该笔应收款就不存在了应该给予核销。在应收系统中提供了手工核销与自动核销两种方法。

（一）手工核销

操作任务

小赵在王会计的指导下进行应收款的核销：

1月1日，用手工核销的方式核销开明公司应收款3 500元。

1月2日，手工核销蓝天集团货款8 100元及代垫运杂费1 300元。

操作向导

在【核销处理】下【手工核销】→在“核销条件”对话框中，填入核销款项的条件→单击【确定】→在“单据核销”对话框中选择要核销的款项及输入本次结算金额→单击【保存】。如图8－28所示。

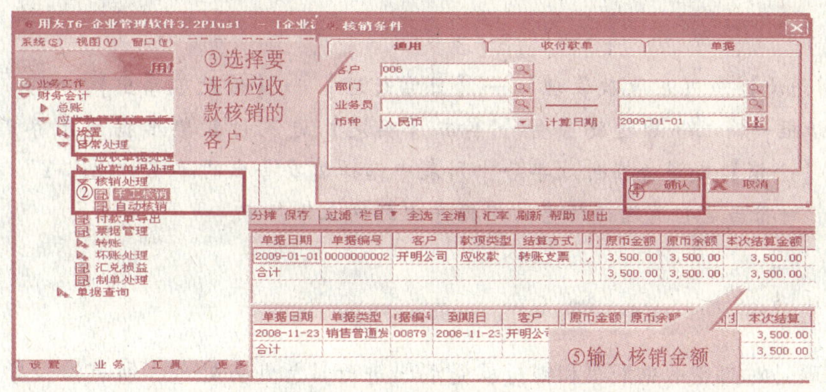

图8－28　手动核销

（二）自动核销

操作任务

1月7日，自动核销明天商贸的货款7 000元及代垫运杂费850元。

操作向导

在“应收款管理”模块下单击【日常处理】→【核销处理】→【自动核销】→在“核销条件”对话框中，填入要核销款项的条件→单击【确定】→系统对可匹配的款项进行自动核销。如图8－29所示。

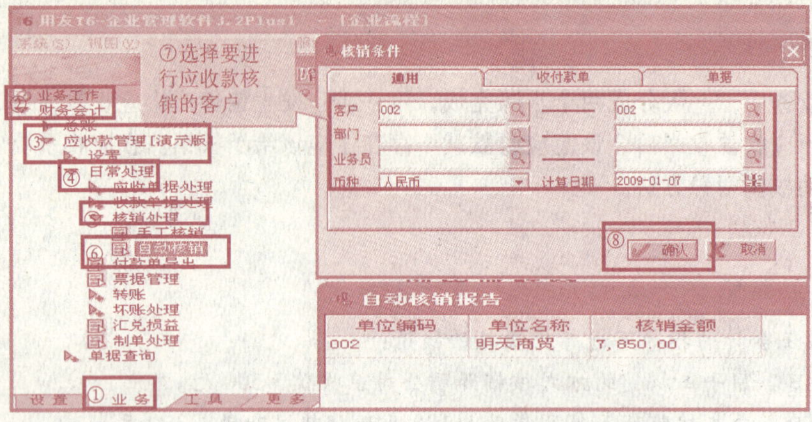

图 8－29　自动核销

四、付款单导出

付款单导出主要完成付款单与网上银行的相互导入导出处理。在应收系统将付款单导出，即可将付款单导入网上银行系统。

操作流程

【财务会计】→【应收款管理】→【日常处理】→【付款单导出】，打开“付款单导出”对话框→输入导出过滤条件→单击【确定】进入付款单单据列表界面→单击【全选】/【全消】或逐一在付款单导出列表中选择需要导出的单据打上“Y”标记→单击【导出】→将当前打有选择标志的单据导出到网上银行中。

五、票据管理

票据管理是对商业承兑汇票和银行承兑汇票进行日常业务处理，所有涉及票据的收入、结算、贴现、背书、转出、计息等处理都应该在票据管理中进行。

（一）增加票据

操作任务

2009 年 1 月份小赵在王会计指导下完成以下票据管理业务：

1 月 8 日，收到明天商贸开出的银行承兑汇票一张，用以支付其前欠货款，面值 16 100 元，票据编号：RS345，承兑银行是建行南山支行，签发日期 2009 年 1 月 8 日，到期日 2009 年 3 月 8 日。

1 月 10 日，收到蓝天集团开出的商业承兑汇票一张，用以支付其货款，面值 2 800 元，票据编号：RW545，签发日期 2009 年 1 月 10 日，到期日 2009 年 2 月 10 日。

操作向导

在【票据管理】→打开“票据查询”对话框→单击【确定】→在“票据管理”对话框中单击【增加】→录入票据内容后保存。具体操作与其他单据增加类似，此处略。

（二）修改票据

操作任务

发现1月8日收到的银行承兑汇票到期日应为2009年4月8日，却误填为2009年3月8日，进行修改。

操作向导

在“票据管理”对话框中选中要进行修改的票据→单击【修改】，进入“票据修改”窗口→在“票据修改”窗口进行修改→单击【确定】，保存票据，具体操作略。

（三）票据贴现

操作任务

1月15日，由于缺乏资金，财务部将2009年1月8日收到的明天商贸开具的银行承兑汇票贴现，贴现率为5%，贴现银行为中国工商银行实践支行，暂不制单。

操作向导

在“票据管理”对话框选中要贴现的票据→单击【贴现】，在“票据贴现”对话框→录入贴现银行、贴现日期、贴现率等内容单击【确定】。如图8－30所示。

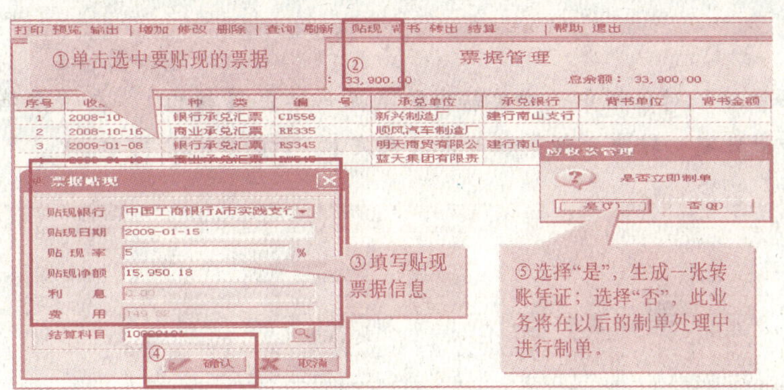

图8－30 票据贴现

（四）票据背书

操作任务

1月15日，将1月10日收到的蓝天集团面值2 800元，票据编号：RW545的银行承兑汇票背书转让给南方广源，暂不制单。

操作向导

在“票据管理”对话框中选中要背书的票据→单击【背书】→在“票据背书”对话框中录入背书日期、背书金额、被背书单位等内容后，单击【确定】。如图 8－31 所示。

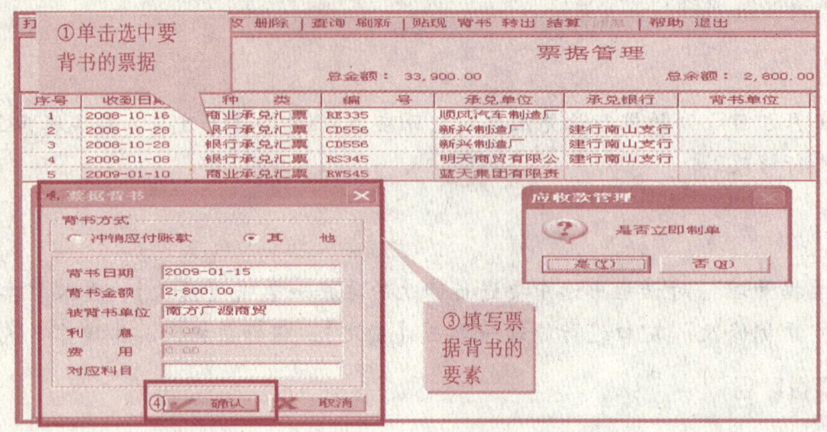

图 8－31　票据背书

（五）票据转出

当票据到期，而承兑单位无力付款时，应该将应收票据转入应收账款。

操作任务

1 月 16 日，顺风汽车签发的面值为 8 000 元的商业承兑汇票到期，账上无钱，转作应收账款，暂不制单。

操作向导

在“票据管理”对话框中选中要转出的票据→单击【转出】，在“票据转出”对话框中→录入转出日期、转出金额等→单击【确定】。如图 8－32 所示。

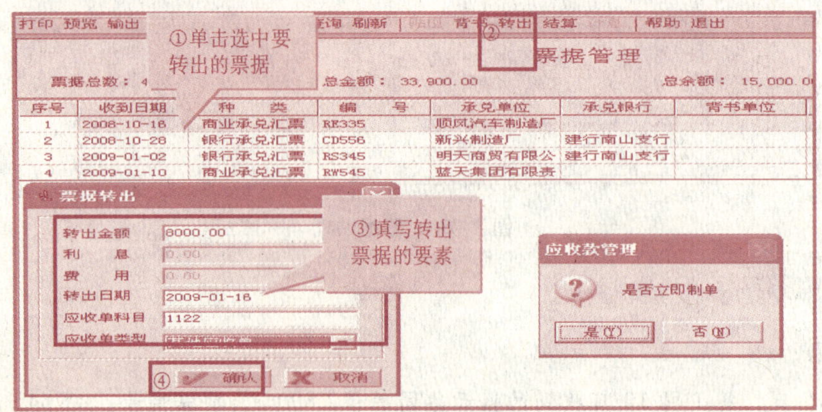

图 8－32　票据转出

（六）票据计息

票据分为带息票据和不带息票据。如是带息票据，就需要对其进行计息处理。

操作任务

1 月 28 日，对新兴厂签发的面值为 7 000 元带息的银行承兑汇票进行计息，暂不制单。

操作向导

在“票据管理”对话框中选中要转出的票据→单击【计息】，在“票据计息”对话框中→录入计息日期系统自动计算利息→单击【确实】。如图 8－33 所示。

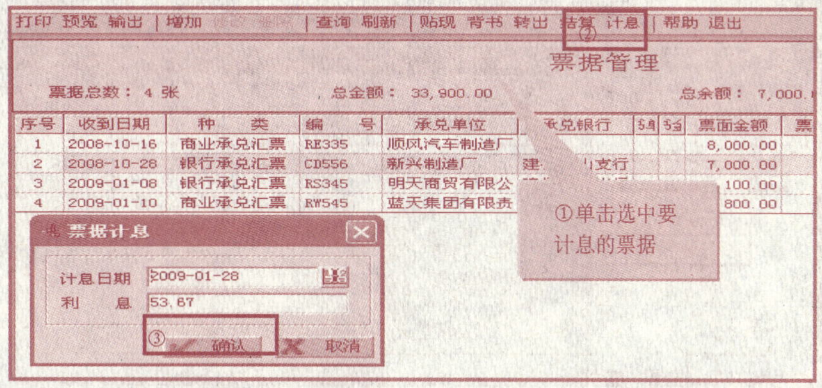

图 8－33 票据计息

（七）票据结算

当票据到期，持票收款时，执行票据结算处理。

操作任务

1 月 28 日，新兴厂签发的面值为 7 000 元带息的银行承兑汇票到期，得以结算，暂不制单。

操作向导

在“票据管理”对话框中选中要结算的票据→单击【结算】，在“票据结算”对话框中→录入结算日期、结算金额等内容→单击【确定】。

六、转账处理

（一）应收冲应收

“应收冲应收”是指将一个客户的应收款转到另一个客户的账上。通过应收冲应收功能将应收账款在客户之间进行转入、转出，实现应收业务的调整，解决应收款业务在不同客户间入错户或合并户问题。

操作任务

1月5日，将阳光中学期初2 700元应收账款转到开明公司。

操作向导

在“应收款管理”模块下单击【日常处理】→【转账】→【应收冲应收】→在“应收冲应收”对话框中→根据具体情况在货款、其他应收款和预收款复选框中选择需要处理的单据→输入转出户、转入户、币种等过滤条件→单击【过滤】，系统会将该转出户所有满足条件的单据全部列出→手工输入并账金额→单击【确定】，系统会自动进行转出、转入处理。如图8－34所示。

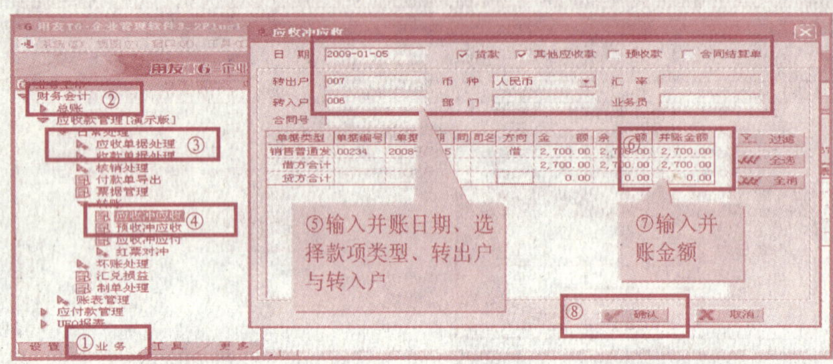

图8－34　应收冲应收

（二）预收冲应收

“预收冲应收”是指通过“预收冲应收”账户，处理客户的预收款（红字预收款）与该客户应收欠款（红字应收）之间的转账核销业务。

操作任务

1月11日，用上海兴业贸易的预收账款抵付其货款18 900元及代垫运杂费1 100元共计20 000元，暂不制单。

操作向导

在“应收款管理”模块下单击【日常处理】→【转账】→【预收冲应收】→在“预收冲应收”对话框中的“预收款”与“应收款”页面中，填入要执行预收冲应收的客户→单击【过滤】，系统会将该客户的所有满足条件的单据全部列出。在单据列表中选择要冲抵的单据，并在转账金额中输入所要冲抵的金额→单击【确定】。如图8－35所示。

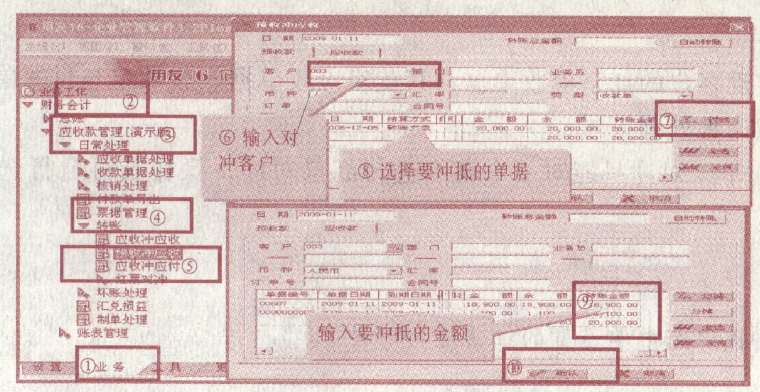

图 8－35　预收冲应收

（三）应收冲应付

“应收冲应付”是指用客户的应收账款来冲抵某供应商的应付款项。系统通过应收冲应付功能将应收款业务在客户和供应商之间进行转账，实现应收业务的调整，解决应收债权与应付债务的冲抵。

操作任务

1月15日，用蓝天集团的应收账款2 800元，冲抵南方广源的应付账款，暂不制单。

操作向导

在“应收款管理”模块下单击【日常处理】→【转账】→【应收冲应付】，在“应收冲应付”对话框中的“应收”页签中→填入要执行应收冲应付的客户→单击【过滤】，系统会将该客户的所有满足条件的单据全部列出→在单据列表中选择要冲抵的单据→在转账金额中输入所要冲抵的金额→在“应付”页签中，填入要执行应收冲应付的供应商→单击【过滤】，系统会将该供应商的所有满足条件的单据全部列出→在单据列表中选择要冲抵的单据→并在转账金额中输入所要冲抵的金额→单击【确定】。如图8－36所示。

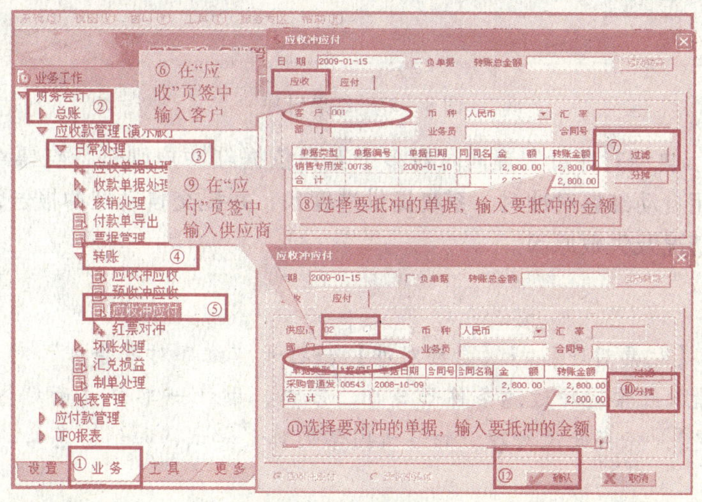

图 8－36　应收冲应付

（四）红票对冲

红票对冲可实现客户的红字应收单据与其蓝字应收单据、收款单与付款单中间进行冲抵的操作。系统提供两种处理方式：

1. 手工对冲。手工对冲只能对一个客户进行红票对冲，操作员可自行选择红票对冲的单据。

操作任务

1 月 16 日，将阳光中学退货的红票进行对冲。

操作向导

在“应收款管理”模块下单击【日常处理】→【转账】→【红票对冲】→【手工对冲】→在“红字对冲条件”对话框的“通用”页签中，输入需要进行红票对冲的客户、币种、方向→单击【确定】，显示该客户所有满足条件的红字及蓝字单据→输入对冲金额→单击【保存】。如图 8－37 所示。

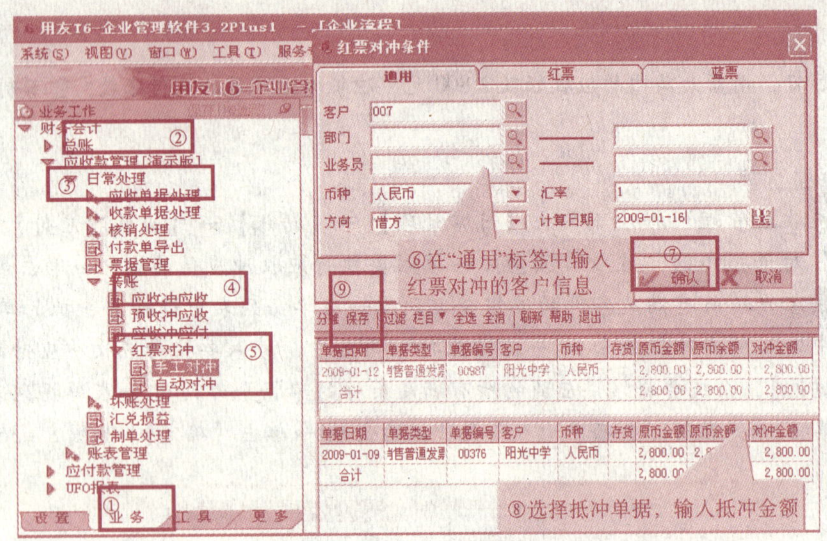

图 8－37　红票对冲

2. 自动对冲。自动对冲可实现同时对多个客户依据红冲规则进行红票对冲，提高红票对冲的效率。采用自动红票对冲时，系统提供进度条，并提交自动红冲报告，操作员可了解自动红冲的完成情况及失败原因。

操作流程

【转账】→【红票对冲】→【自动对冲】→打开“红字对冲条件”对话框→在“红票”页签中，输入红票对冲过滤条件如日期、客户、币种→单击【确定】，进行自动对冲→单击【确定】，保存此次对冲。细节请同学们自主尝试、归纳、总结。

七、坏账处理

（一）坏账的发生

坏账发生是在应收款项不能收回时而将其确认为坏账。

操作任务

1 月 20 日，收到消息，客户顺风汽车因资不抵债而破产，对其应收账款8 000元无法收回，确认坏账，进行处理，暂不制单。

操作向导

进入【坏账处理】→【坏账发生】，“坏账发生”对话框中单击“客户”栏参照按钮，选择发生坏账的客户后单击【确定】→打开坏账发生单据明细界面，在“本次发生坏账金额”栏录入不能收回的坏账金额→【确认】。如图 8－38 所示。

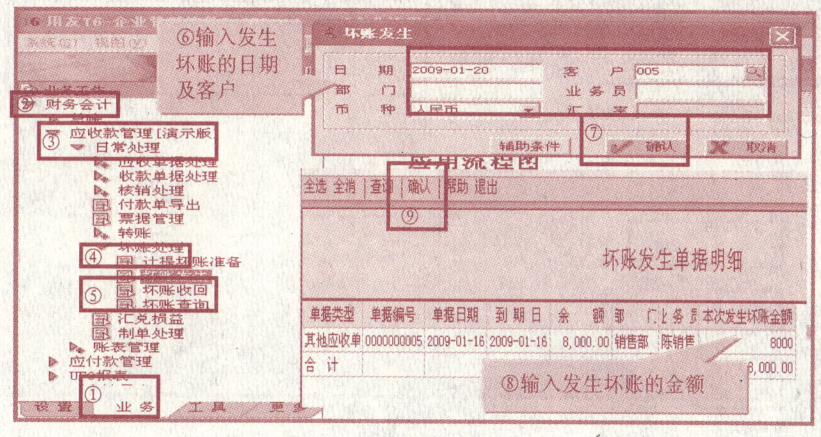

图 8－38　坏账发生

（二）坏账的收回

操作任务

1 月 28 日，收到明天商贸以转账支票（票号 1657）支付的货款 10 000 元，此款项前期已作坏账处理。

操作向导

收回坏账时，首先在“应收款管理”模块下单击【日常处理】→【收款单据处理】→【收款单据录入】→录入收款单，该收款单的金额即为收回的坏账的金额。该收款单不需要审核→在“应收款管理”模块下单击【日常处理】→【坏账处理】→【坏账收回】，在“坏账收回”对话框中单击“客户”栏参照按钮，选择收回坏账的客户→单击“结算单号”栏参照按钮，选择结算单→单击【确定】。如图 8－39、图 8－40 所示。

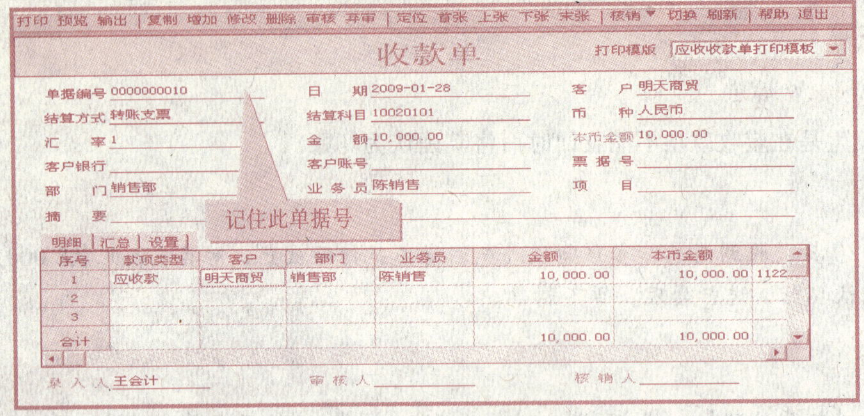

图 8－39　坏账收回 1

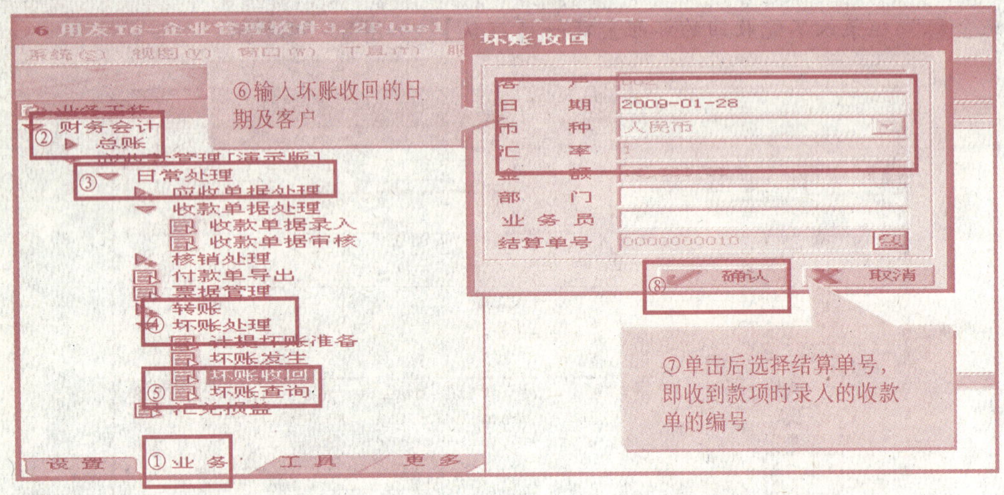

图 8－40　坏账收回 2

（三）计提坏账准备

操作任务

1 月 31 日，计提 1 月份的坏账准备。

操作向导

在“应收款管理”模块下单击【日常处理】→【坏账处理】→【计提坏账准备】→系统自动算出当年度应收款余额→并根据计提比率计算出本次计提金额→如果确认此次计提成功，则单击【确定】。如图 8－41 所示。

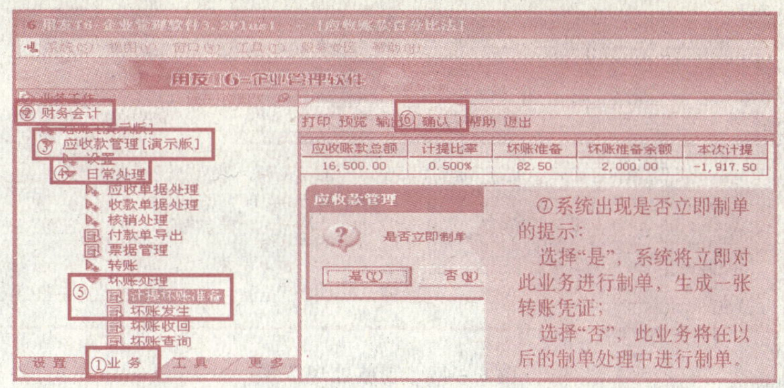

图 8－41　计提坏账准备

（四）坏账的查询

操作向导

单击【财务会计】→【应收款管理】→【日常处理】→【坏账处理】→【坏账查询】。屏幕会显示坏账的发生和坏账的收回综合情况→单击【详细】，详细查看每一笔坏账发生的情况和收回的情况。

八、制单处理

制单即生成凭证，并将凭证传递至总账记账。系统在各个业务处理的过程中都提供了实时制单的功能；除此之外，系统提供了一个统一制单的平台，可以在此快速、成批生成凭证，并可依据规则进行合并制单等处理。

操作任务

对 1 月份发生的业务进行制单。

操作向导

在【制单处理】→进入“制单查询”界面，根据具体情况单击左边选择“制单类型”→输入完查询条件→单击【确认】，系统会将符合条件的所有未制单已经记账的单据全部列出→选择需要制单的单据→单击【制单】，生成一张凭证后→单击【保存】，完成制单的操作。如图 8－42、图 8－43、图 8－44 所示。

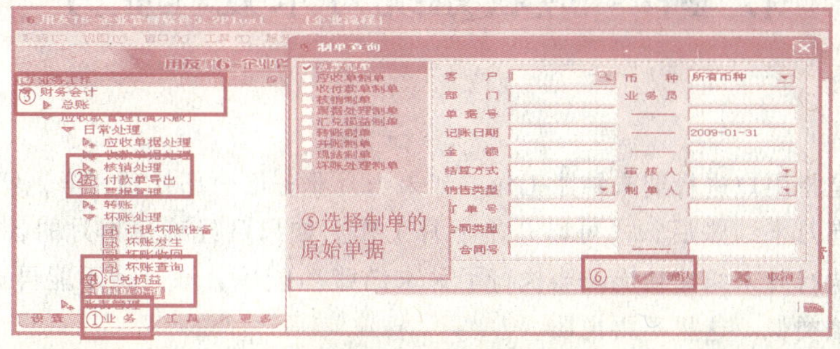

图 8－42　制单处理 1

全选 全消 合并 | 查询 制单 | 单据 摘要 | 帮助 退出

销售发票制单

凭证类别 转账凭证 制单日期 2009-01-05

①选择凭证类别与制单日期

②输入制单标志

③

选择标志	凭证类别	单据类型	单据号	日期	客户名称			金额
1	转账凭证	销售专用发票	00678	2009-01-05	明天商贸有限公司			
	转账凭证	销售专用发票	00736	2009-01-10	蓝天集团有限责任公司	销	部	2,800.00
	转账凭证	销售专用发票	00687	2009-01-11	上海兴业贸易公司	销		18,900.00
	转账凭证	销售普通发票	00376	2009-01-09	阳光中学	销	部	2,800.00
	转账凭证	销售普通发票	0000000:	2009-01-17	开明服务公司	销	部	2,700.00
	转账凭证	销售普通发票	00987	2009-01-12	阳光中学	销	部	-2,800.00

图 8－43　制单处理 2

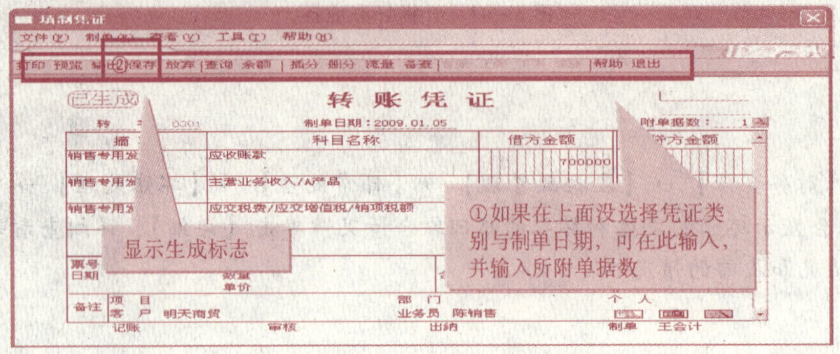

图 8－44　制单处理 3

九、单据查询

系统提供对应收单、结算单、凭证、各类单据、详细核销信息、报警信息等内容的查询。方法与其他模块类似。

十、账表管理

账表管理中分为我的账表、业务账表查询、科目账表查询、统计分析。方法与其他模块类似。

第三节　应收系统月末处理业务

期末处理是指用户进行期末结账工作。如果当月业务已全部处理完毕，就需要执行月末结账功能，只有月末结账后，才可以开始下月工作。如果已经确认本月的各项处理已经结束，可以选择执行月末结账功能。当执行了月末结账功能后，该月将不能再进行任何处理。与其他模块方法类似。这里不再说明。

应收系统日常处理业务的操作流程如图8-45所示。

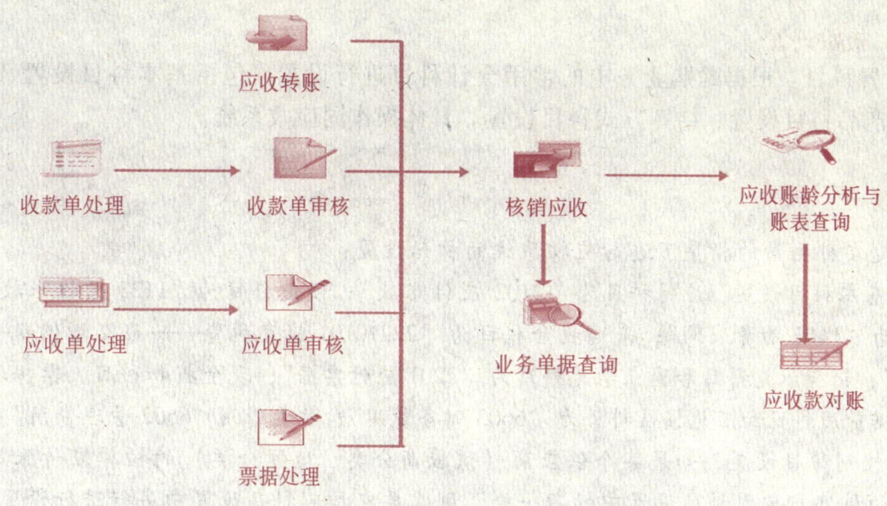

图8-45 应收系统日常处理的操作流程

第四节 应付系统初始化设置

一、应付系统的启用

应付系统的启用和初始化设置过程与应收系统类似，不再详细介绍，只写出操作任务和操作流程供大家自主学习训练。

操作任务

小赵在孙主管的指导下要完成以下任务：

1. 在企业应用平台中启用“应收（应付）教学演示账套”的“应付款管理”系统，启用日期为“2009年1月1日”。

2. 启动“应收（应付）教学演示账套”的“应付款管理”系统。

操作向导

以账套主管的身份注册进入“企业应用平台”，在【基础信息】菜单中的【系统启用】中启动“应付款管理”，在【财务会计】菜单中启动“应付款管理”。

二、初始化设置

（一）初始设置

1. 设置科目。根据赊购业务中的常用会计科目进行设置，包括基本科目设置、控制科目设置、产品科目设置、结算方式科目设置。具体操作同应收系统。

操作任务

小赵在孙主管的指导下进行应收系统的初始设置：

1. 基本科目设置，应付科目为“2102 应付账款”；预付科目为“1123 预收账款”；采购科目为“1402 物资采购”；采购税金科目为“22210101 应交税费——应交增值税——进项税额”；银行承兑科目和商业承兑科目为“2201 应付票据”；现金折扣科目、票据利息科目、票据费用科目和汇兑损益科目为“6603 财务费用”；收支费用“6602 管理费用”。

2. 控制科目设置，如果某个供应商（供应商分类、地区分类）的核算应付账款或预付账款的科目与常用科目设置中的不一样，则需要在控制科目设置中另行进行设置。

3. 产品科目设置，如果某个存货（存货分类）的科目与常用科目设置中的不一样，则需要在产品科目设置中根据具体使用的会计科目进行设置。甲材料的采购科目为“114301 原材料——甲材料”，乙材料的采购科目为“114302 原材料——乙材料”，A 商品的采购科目为“140501 库存商品——A”，B 商品的采购科目为“140502 库存商品——B”，采购税金科目为“22210101 应交税费——应交增值税——进项税额”。

4. 结算方式科目设置，进行结算方式、币种、科目的设置，现金结算方式科目为“1001 现金”，现金支票和转账支票结算方式科目为“10020101 银行存款——工行存款——实践支行”。

操作向导

在“企业应用平台”应付款管理下单击【设置】→【初始设置】→【设置科目】，打开相应设置窗口后根据企业的具体情况进行设置。

2. 账龄区间设置。在应付款的核算中，为了对应付账款进行账龄分析，评估供应商所允许的信誉，应在此设置账龄区间。

操作任务

根据企业的账龄区间情况进行设置：企业的账龄区间是按 90 天为一个区间来分的，共分为 90 天、180 天、270 天、360 天以上 5 个区间。

操作向导

在【设置】→【初始设置】→【账龄区间设置】，打开“账龄区间设置”窗口后根据企业的情况进行设置。如图 8-46 所示。

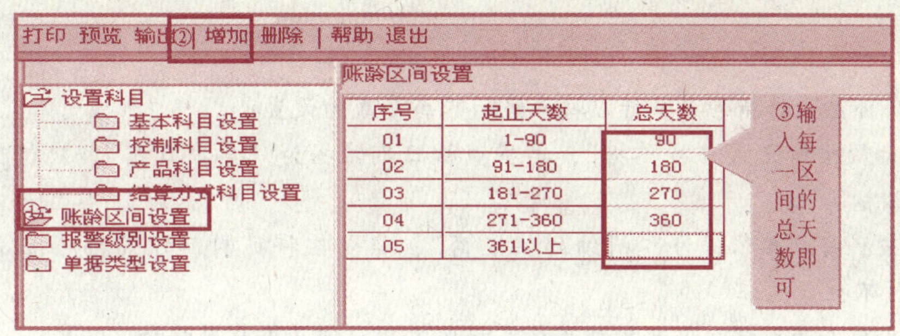

图 8-46 账龄区间设置

3. 报警级别设置。通过对报警级别的设置，将供应商按照供应商欠款余额与其授信额度的比例分为不同的类型，以便于掌握各个供应商的信用情况。

操作任务

根据企业对供应商的评级情况进行设置：企业将供应商分为 A、B、C、D 四个级别，D 级时的总比率为 20%，C 级时的总比率为 40%，B 级时的总比率为 60%，总比率为 60% 以上的为 A 级。

操作向导

在【设置】→【初始设置】→【报警级别设置】，打开“报警级别设置”窗口后根据具体情况进行设置（见图 8-47）。

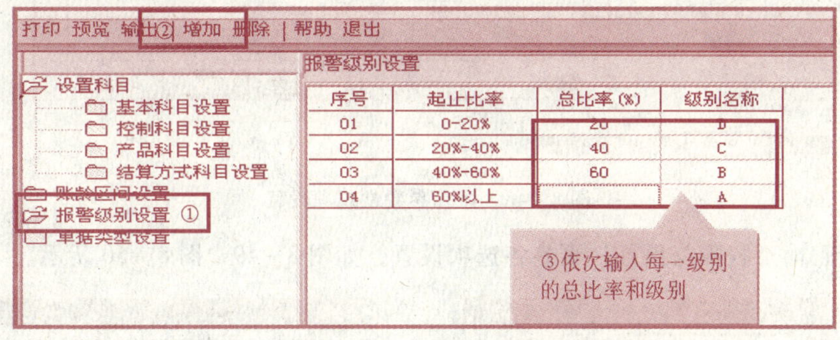

图 8-47 报警级别设置

4. 单据类型设置。单据类型设置指用户将自己的往来业务与单据类型建立对应关系，达到快速处理业务以及进行分类汇总、查询、分析的效果。系统提供了发票和应付单两大类型的单据，如果企业要使用专门的单据，可以自行增加设置。

（二）账套参数设置（选项）

在运行应付款管理系统前，应在“选项”中设置运行所需要的账套参数，以便系统根据所设定的选项进行相应的处理。

操作任务

小赵在孙主管的指导下进行应收系统的账套参数的设置：

1. 应付款核销方式“按单据”，单据审核日期依据为“单据日期”，应付款核算类型为“详细核算”。

2. 受控科目制单依据为“明细到供应商”，非受控科目制单方式为“汇总方式”，预付冲应付不生成凭证。

3. 启用供应商权限，并且按信用方式根据单据提前7天自动报警。

操作向导

在【设置】→【初始设置】→【选项】，打开“账套参数设置”窗口后根据企业的具体情况进行设置。

1. “常规”页签各选项设置，如图8－48所示。

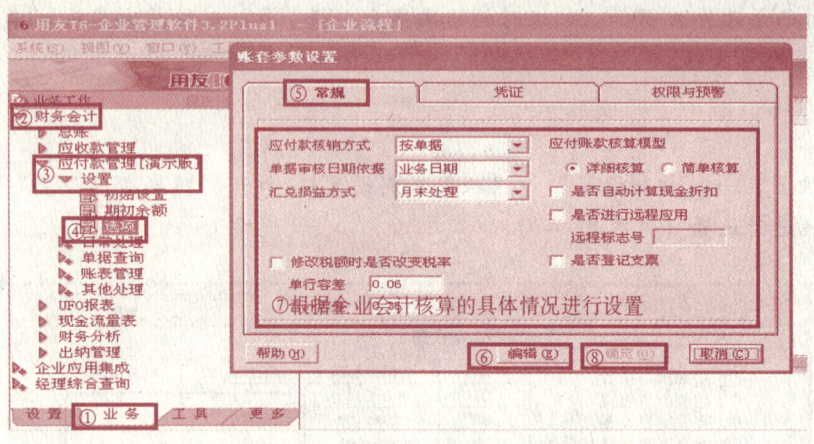

图8－48 账套参数常规项设置

2. 【凭证】、【权限与预警】页签各选项设置，如图8－49、图8－50所示。

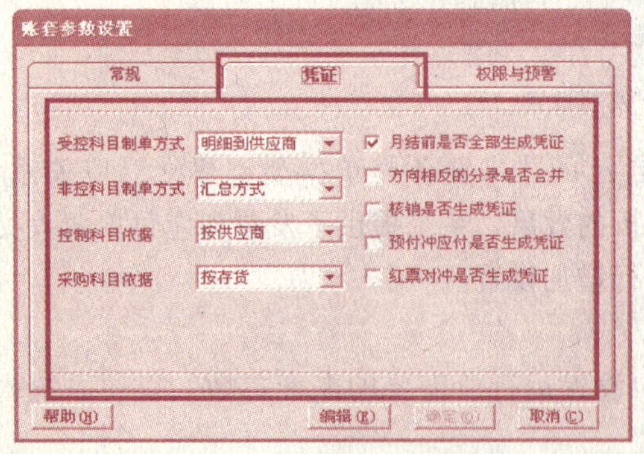

图8－49 账套参数凭证项设置

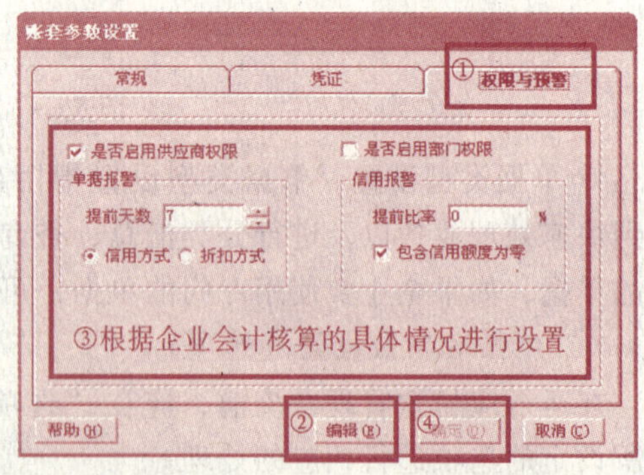

图8－50 账套参数权限与预警项设置

（三）期初余额

期初余额的录入在应付系统中是通过原始单据的录入来完成的。应付账款通过填制采购发票（包括采购专用发票和普通发票）和应付票据（包括银行承兑汇票和商业承兑汇票）；还有在赊购业务中形成的其他应付款通过填制应付单反映；预付款项通过填制预付单反映。

操作任务

小赵在孙主管的指导下录入应付系统的期初余额并与总账系统进行对账，企业应付款的期初余额明细如表8－5所示。

表8－5

单据名称	方向	开票日期	票号	供应商名称	摘要	科目编码	货物名称	数量	单价	价税合计
普通采购发票	正	09.02	00348	北京长生	购材料	2202	甲材料	50	25	1 250
	正	10.09	00543	南方广源	购材料	2202	乙材料	80	35	2 800
采购专用发票	正	11.03	00803	万丰企业	购材料	2202	乙材料	450	30	15 795
	正	12.17	00788	鑫源集团	购材料	2202	甲材料	480	22	12 355.2
应收单	正	11.03		万丰企业	代垫运杂费	2202				1 425
	正	12.17		鑫源集团	代垫运杂费	2202				1 074.8
收款单	正	11.25		华阳力众	预付货款	1123				7 000
	供应商银行：建行文山支行，供应商账号：0099678									
应付单据商业承兑汇票	正	10.05	BL035	万丰企业	购原材料	2201				12 000
	承兑银行：中国工商银行A市实践支行，到期日2009－01－05									
	正	10.27	WE069	鑫源集团		2201				8 000
	承兑银行：中国工商银行A市实践支行，到期日2009－01－27									

1. 期初余额的录入。

操作向导

在【设置】下【期初余额】，打开“期初余额查询”窗口→按【确定】打开“期初余额明细表”窗口→单击【增加】→选择具体单据进行期初余额的输入。具体方法见应收系统。

各类票据的填写要素方法类似，仅以普通采购发票为例。如图8－51所示。

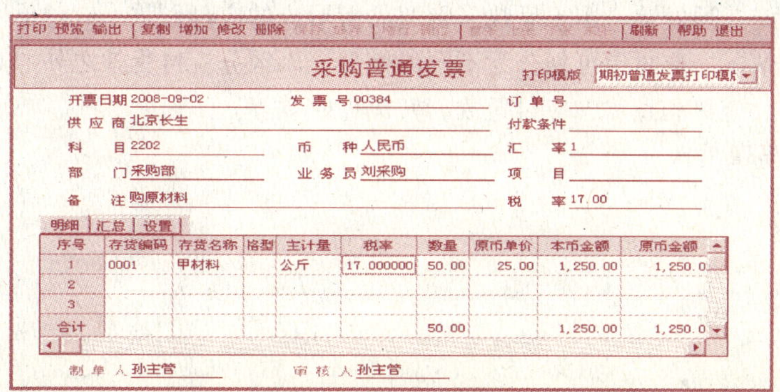

图8－51 票据填写要素

2. 期初对账。当完成全部应付款期初余额录入后，应通过对账功能将应付系统与总账系统期初余额进行核对，以保证数据的一致。

操作向导

完成全部应付款期初余额录入后，在“期初余额明细表”界面上单击【对账】，系统自动会将“应付期初”与“总账期初”进行比对。如图 8－52 所示。

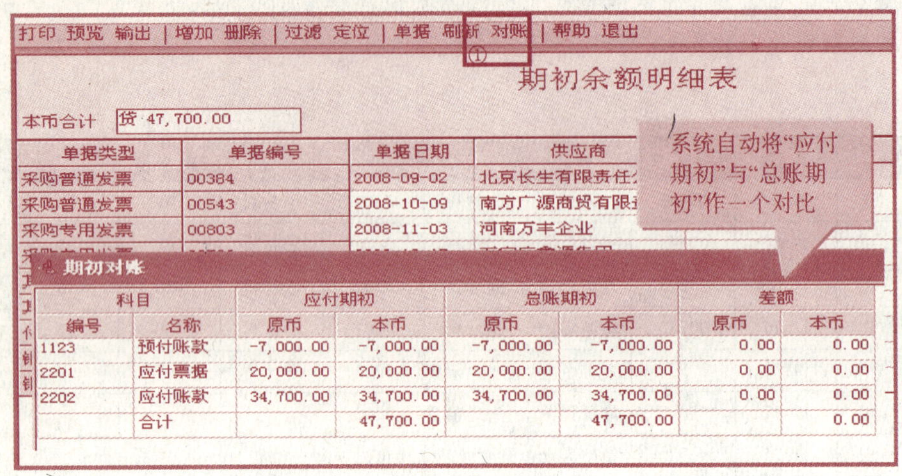

科目		应付期初		总账期初		差额	
编号	名称	原币	本币	原币	本币	原币	本币
1123	预付账款	-7,000.00	-7,000.00	-7,000.00	-7,000.00	0.00	0.00
2201	应付票据	20,000.00	20,000.00	20,000.00	20,000.00	0.00	0.00
2202	应付账款	34,700.00	34,700.00	34,700.00	34,700.00	0.00	0.00
	合计		47,700.00		47,700.00		0.00

图 8－52 期初对账

第五节 应付系统日常账务处理业务

一、应付单据处理

应付单据是应付款管理系统日常核算的单据，主要包括采购发票与应付单。采购发票包括采购专用发票与普通发票，用于反映采购商品所形成的应付账款。应付单用于记录采购业务之外的应付款情况，应付单可划分为不同的类型，以区分应付货款之外的其他应付款。例如，应付费用款、应付利息款、应付罚款、其他付收款等。

（一）应付单据录入

操作任务

小赵要完成教学演示公司 2009 年 1 月份发生的以下经济业务：

1 月 2 日，从北京长生采购甲材料 150 公斤，含税单价为 25 元，增值税率为 17%，共计 3 750 元（采购普通发票号码：25678）。

1 月 5 日，从华阳力众采购乙材料 200 公斤，含税单价为 35 元，增值税率为 17%，共计 7 000 元（采购普通发票号码：66880）。

1 月 9 日，从万丰企业采购甲材料 1 000 公斤，无税单价为 22 元，增值税率为 17%，价税合计 25 740 元（采购专用发票号码：88909）。

1 月 15 日，从南方广源采购乙材料 1 000 公斤，无税单价为 30 元，增值税率为 17%，价税合计 35 100 元（采购专用发票号码：90875）。

操作向导

在【日常处理】→【应付单据处理】→【应付单据录入】，打开了“单据类别”对话框→根据业务选择需要录入的单据名称、类别与方向→单击【确定】，出现所需单据进行输入。

（二）应付单据审核

应付单据的审核是对录入的应付单据进行检查的一个过程。有两种方法：

一是在单据录入完成后直接审核，也即在单据的录入界面中单击【审核】按钮来完成，采用这种方法则可以直接进行制单处理，如果此时不进行制单处理则可以在制单功能中再进行制单。

二是在【应付单据处理】下的【应付单据审核】中进行审核，系统提供了手工审核、自动审核功能。应付单据审核界面中显示的单据包括全部已审核、未审核的应付单据，也包括从采购管理系统传入的单据。做过后续处理如核销、制单、转账等处理的单据在应付单据审核中不能显示。对这些单据的查询，可在【单据查询】中进行。

操作任务

1. 用手工审核方式对 1 月 2 日，从北京长生采购甲材料 150 公斤的采购专用发票（号码：25678）进行审核。
2. 对已审核的从北京长生购买甲材料的采购专用发票弃审。
3. 用自动批审的方式对 1 月份的所有应付单据进行审核。

操作向导

在【应付款管理】→【日常处理】→【应付单据处理】→【应付单据审核】中，打开了“单据过滤条件”对话框→单击【确定】，打开“应付单据列表”→选中要审核的单据→点击【审核】/【弃核】/【批审】。现付发票只能通过手工审核。

二、付款单据处理

付款单据是应付款管理系统日常核算的单据，用来记录企业所支付的供应商款项，款项性质包括应付款、预付款、其他费用等。其中应付款、预付款性质的付款单将与发票、应付单、付款单进行核销勾对，其他费用性质的付款则直接计入费用，不能冲销应付账款。在应付系统中也会用到收款单，用来记录发生采购退货时，供应商给企业开具的退付款项。

操作任务

2009 年 1 月份发生以下经济业务，小赵要完成以下付款单据的录入与审核：

1 月 1 日，开出转账支票一张支付万丰企业去年 12 月 17 日的货款及运杂费，金额为 17 220 元。

1 月 11 日，开出转账支票一张，支付 5 日从北京长生购买甲材料的货款 3 750 元。

1 月 12 日，开出转账支票一张，金额 3 000 元给南方广源作为预付账款。

操作向导

在【日常处理】→【付款单据处理】→【付款单据录入】，根据业务录入的付款单内容→单击【保存】。

三、核销应付款

在赊购业务中，一般分成两个步骤完成。第一步：采购货物款项未付产生应付款；第二步：将支付应付款。当应付款支付后，该笔应付款就不存在了，应该给予核销。在应付系统中提供了手工核销与自动核销两种方法。

操作任务

1 月 1 日，用手工核销的方式核销万丰企业的应付款共计 17 220 元。

1 月 11 日，用自动核销的方式核销北京长生的应付款 .

操作向导

在“应付款管理”模块下单击【日常处理】→【核销处理】→【手工核销】/【自动核销】，在“核销条件”对话框中→填入要核销款项的条件→单击【确定】→在“单据核销”对话框中选择要核销的款项，在本次结算金额栏的相应位置手工输入本次结算金额/系统对可匹配的款项进行自动核销→单击【保存】。

四、选择付款

若进行一次支付多个供应商、多笔款项的业务处理，运用选择付款可以简化日常付款的操作，同时便于掌握和控制资金的流出。

操作任务

用选择付款方式支付供应商“南方广源”1 月 9 日货款共计 35 100 元。

操作向导

在【日常处理】→【选择付款】→根据具体情况选择条件→单击【确认】→在选择付款列表界面中选择要付款的单据并在“付款金额”一栏里输入本次支付的金额→单击【确认】→进入“选择付款—付款单”界面→填写好相关内容→单击【确认】。

五、付款单导出

付款单导出主要完成付款单与网上银行的相互导入导出处理。在应收系统将付款单导出，即可将付款单导入网上银行系统。

操作流程

在【日常处理】→【付款单导出】→在“付款单导出”对话框中输入过滤条件→单击【确定】进入付款单单据列表界面→【全选】/【全消】来将列表中的记录全部打上选择标志或取消选择标志或在选择栏中打上“Y”标记→单击【导出】→将打有选择标志的单据导出到网上银行中→系统提交导出结果报告。

六、票据管理

票据管理主要是对商业承兑汇票和银行承兑汇票进行日常的业务处理，所有涉及票据的收入、结算、贴现、背书、转出、计息等处理都应该在票据管理中进行。

操作任务

2009 年 1 月份发生以下经济业务，小赵要完成以下票据管理的任务：

1 月 5 日，去年 10 月 5 日开具给万丰企业的一张面值为 12 000 元银行承兑汇票到期，给予结算。暂不制单。

1 月 25 日，财务部开出的银行承兑汇票一张用于支付 5 日向万丰企业购甲材料的货款，票据编号 RL036，票据面值 25 740 元，承兑银行为中国工商银行实践支行签发日期 2009 年 1 月 25 日，到期日 4 月 25 日。

发现 1 月 25 日开给万丰企业的银行承兑汇票，到期日有错，应为 2009 年 3 月 25 日。

1 月 27 日，上年 10 月 27 日开具给石家庄鑫源集团的一张面值为 8 000 元商业承兑汇票到期，账上无钱，转成应付账款。暂不制单。

操作向导

在【日常处理】→【票据管理】打开了“票据查询”对话框→单击【确定】→在“票据管理”对话框中单击【增加】/【修改】/【计算】/【结算】/【转出】→按操作要求输入/修改/计息/结算/转出等票据的内容→单击【确定】。

七、转账处理

应付冲应付。指将一家供应商的应付款转到另一家供应商中。通过应付冲应付功能将应付账款在客商之间进行转入、转出，实现应付业务的调整，解决应付款业务在不同客商间入错户或合并户问题。

操作任务

1月3日，将北京长生一笔1 250元的应付账款转到南方广源。

1月5日，用预付款抵付从华阳力众采购乙材料的货款共计7 000元。

操作向导

在【日常处理】→【转账】→【应付冲应付】/【预付冲应付】/【应付冲应收】/【红票对冲】→在相应对话框中根据具体情况在不同的页标签中输入、选择需要处理的内容及单据等过滤条件→单击【过滤】→在系统列出的所有满足条件的单据中选择、输入并账金额等→单击【确定】，系统会自动进行转出、转入等处理。

八、制单处理

应付系统在各个业务处理的过程中都提供了实时制单的功能，除此之外，系统仍然还提供了一个统一制单的平台，可以在此快速、成批生成凭证，并可依据规则进行合并制单处理。

九、单据查询

应付款管理系统提供对发票、应付单、结算单、凭证等的查询。进行各类单据、详细核销信息、报警信息、凭证等内容的查询。在查询列表中，系统提供自定义显示栏目、排序等功能，可以通过单据列表操作来制作符合要求的单据的列表。用户在单据查询时，若启用供应商、部门数据权限控制时，则用户在查询单据时只能查询有权限的单据。

十、账表管理

账表管理中分为：我的账表、业务账表查询、科目账表查询、统计分析。

第六节　应付系统月末处理业务

如果当月业务全部处理完毕，就需要执行月末结账功能。如结账后有问题，仍然要使用“取消结账”功能。各项操作与其他子模块类似，不再重述。

教学小结

在赊销（赊购）业务中，应收（应付）系统根据业务发票，建立应收（应付）业务档案，及时准确地反映每一笔往来账款的时间、金额、业务性质等详细情况；在收回（偿付）账款时，可根据收回（偿付）账款的凭证，使其动态的反映各应收（应付）账款的收回（偿还）和余额变动的情况，自动更新应收（应付）业务档案和相应的应收（应付）账款余额，最终完成应收（应付）账款的核销、应收账款的账龄分析和打印催款单等，其操作流程如图 8－53 所示。

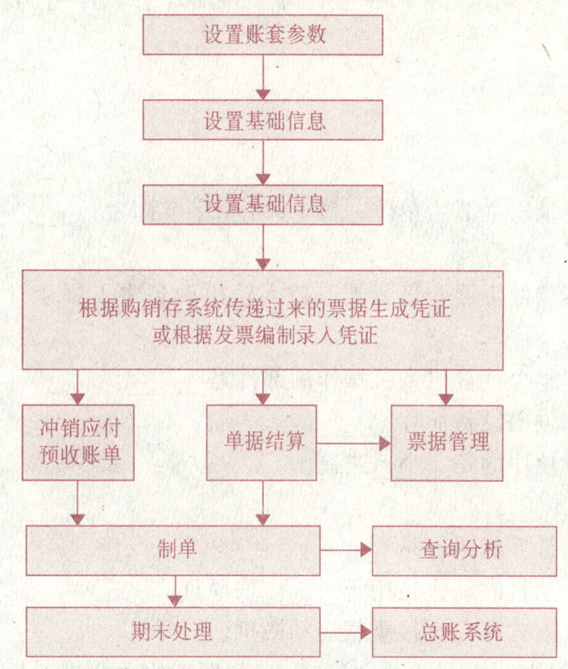

图 8－53　应收（应付）系统的操作流程

会计电算化从业资格考试理论强化练习题

第一部分：计算机基础（含计算机原理、操作系统、网络基础、办公应用等）理论

一、填空题：

1. 计算机的存储容量以字节为单位，每 1 024 个字节称为______，每 1 024KB 字节称为______，每 1 024MB 字节称为______。

2. 处理器、运算器、发生器、显示器、输入输出设备中不属于计算机硬件系统构成的基本部件是______。

3. 用来协调和指挥整个计算机系统操作的部件是______。

4. 计算机的输入和输出设备简称______。

5. 计算机内部运算使用的是______进制。

6. 汇编语言属于______。

7. 可移植性最好的计算机语言是______。

8. 用鼠标单击某一项目的动作是用于______该项目。

9. ______和______方式可以直接重新启动微机。

10. 在各类窗口界面中，标有“帮助”或“?”图标的命令或工具按钮可以______。

11. 在“我的电脑”窗口中，标有字母加冒号并带硬盘形状或光盘形状图标的作用如（C:），用于______。

12. 在“我的电脑”窗口中，标有______图标的作用是访问其他计算机上的共享信息。

13. 在“开始”菜单上，标有“设置”的菜单可以______。

14. 输入“#”号时，应先按住______键，再按“#”号键。

15. Windows 2000 中______版主要安装在服务器端的计算机上。

16. 永久删除文件的正确做法是______。

17. 在 Windows 下的各类程序窗口中，最顶端的部分称为______。

18. 发现病毒是清除病毒的前提。通常计算机病毒的检测方法有______种。

19. 广域网也称______，它是网络系统中最大型的网络，是由相距较远的计算机系统或局域网互联而成的计算机网络，它所覆盖的地理范围从几十公里到几千公里。

20. 计算机网络是以硬件资源、软件资源和信息______和信息______为目的，在统一的

网络协议控制下，将地理位置分散的许多选题独立的计算机系统连接在一起所形成的网络。

21. 实体安全是指______的全部硬件以及其他附属的设备的安全。

22. 以 INTEL 公司的 PENTIUM 芯片为 CPU 的微机称为______微型计算机。

23. 从使用者角度，因特网的主要应用领域有浏览网络信息、运行网络应用软件、______等。

24. ______是 Internet 的远程登录协议。

二、判断题：

1. 输入设备负责把用户的信息（不包括程序）输入到计算机中。（ ）
2. 输出设备负责将计算机中的信息（包括程序和数据）传送到外部媒介。（ ）
3. 会计核算软件也是用相应的计算机程序设计语言编写出来的。（ ）
4. 如果计算机不定期的出现重启现象肯定是主板的故障。（ ）
5. 计算机（Computer）俗称电脑，是一种按程序自动进行信息处理的通用工具。（ ）
6. BIOS 和 CMOS 没有任何区别。（ ）
7. Windows 支持长文件名，最大可到 128 个字符。（ ）
8. 数据通讯又称信息传送或信息交换功能，主要完成计算机网络中各个节点之间的系统通信。（ ）
9. 通过不同窗口的切换可以实现会计核算软件与其他应用软件的切换。（ ）
10. 在 Windows 2000 中，右击文件图标，可在文件的“属性”中查看文件的字数、行数等。（ ）
11. 国际标准化委员会对计算机安全的定义提出建议，即“为数据处理系统建立和采取的技术和管理的安全保护，保护计算机硬件、软件、数据不因偶然的或恶意的原因而遭破坏、更改、显露”。（ ）
12. 计算机黑客是指通过计算机网络非法进入他人系统的计算机入侵者。（ ）
13. 局域网是在 20 世纪 60 年代发展起来，它是一种小范围内使用的网络体系。（ ）
14. End 键可以完成翻页功能。（ ）
15. 通常根据软件的功能把计算机软件分成编辑软件和应用软件两大类。（ ）
16. 一台主机带几个显示器和键盘，从而供多个用户使用，这叫计算机联网。（ ）
17. 计算机网络是计算机技术与通信技术相结合而形成的一种通讯方式，它将不同区域内、具有独立功能的多台计算机或计算机网络终端及其附属设备，用通信线路连接起来，并配备相应的网络软件，从而实现通讯过程中的资源共享。（ ）
18. RAM 容量远小于硬盘存储器，但它存取信息的速度要比硬盘存储器快得多。（ ）
19. 汉字操作系统是一个具有汉字处理能力的操作系统。（ ）
20. 计算机中最小的数据存储单位是位。（ ）
21. CPU 又叫中央处理器，也叫微处理器，是计算机的核心，它的性能决定了计算机的性能。（ ）
22. 计算机系统由存储器、运算器、控制器、输入设备和输出设备五大部分组成。（ ）
23. 计算机的硬件系统一般由存储器、运算器、控制器、输入设备和输出设备五大部分组成。（ ）

24. 为解决各类实际问题而设计的程序及其相关文档称为应用软件，应用软件通常面向用户并具有特定的功能。（　）

25. 应用软件是计算机各种应用程序的总称，主要功能是处理实际问题或完成某一具体工作。（　）

26. 将存放成批处理命令的文件称为批处理文件，其扩展名为 BAT。（　）

27. 内存的大小对计算机的运行影响很大，是衡量计算机性能的重要参数。（　）

28. 计算机的特点是高速的运算能力、超强的记忆能力、高度的精确性和准确的逻辑判断能力。（　）

29. 科学计算一直是计算机最重要的应用领域之一。（　）

30. 计算机的开机顺序是先开外部设备再开主机，关机顺序也是一样的。（　）

31. 在同一子目录中，不允许出现相同的文件名；但不同子目录中则可以。（　）

32. 使用消毒软件可以检查和清除所有的病毒。（　）

33. 计算机网络的特点是共享计算机硬件、软件及数据等资源。（　）

34. 在文件名前可用盘符和路径来指定文件的存储位置。盘符、路径、文件名这三部分中间任何位置不许出现空格。（　）

35. 计算机网络按分布距离分类，通常分为局域网、广域网和国际互联网。（　）

36. 中文 Windows 安装完成后想再安装可选组件时，可使用“控制面板”中的“添加/删除程序”。（　）

37. Windows 不是一个真正的 32 位操作系统，不支持 32 位内存操作、文件操作和设备驱动程序。（　）

38. 计算机的制造技术从计算机出现到今天已经发生了极大的变化，在基本的硬件结构方面，已经突破了冯·诺依曼的传统框架。（　）

39. 会计核算软件也是用相应的计算机程序设计语言编写出来的。（　）

40. 因特网是当今世界上最大的国际性计算机互联网络，是局域网的一种。（　）

41. 安全是指计算机系统在投入使用之后，工作人员对系统进行正常使用和维护的措施，以保证系统的安全运行。（　）

42. 计算机黑客是指通过计算机网络非法进入他人系统的计算机入侵者。（　）

43. 会计软件中的功能模块其实就是一组程序。（　）

44. 计算机病毒是不会破坏计算机硬件的。（　）

45. 木马病毒的发作不一定要在用户的机器里运行客户端程序。（　）

46. Outlook Express 是当今功能最强大的电子邮件收发软件。（　）

47. Internet 即国际计算机互联网。（　）

48. Windows 的显示环境分为三个层次：桌面、窗口、对话框。（　）

49. 组建一局域网时，网卡是必不可少的网络通讯硬件。（　）

50. SATAN 是一种端口扫描软件。（　）

三、单选题：

1. 下列各键中，可以完成翻页功能的键是（　　）。

A. Del　　B. Alt　　C. PageUp　　D. End

2. 主要用于连续输入多个大写字母的大写字母锁定键是（　　）。

A. Tab　　B. Ctrl　　C. Alt　　D. CapsLock

3. 按（　　）键之后，可删除光标之后字符。

A. Insert　　B. Delete　　C. Backspace　　D. Alt

4. ROM 是指（　　）。

A. 可擦写存储器　　B. 只读存储器　　C. 只读硬盘　　D. 光盘

5. 磁盘处于写保护状态时，可进行的操作是（　　）。

A. 只能读盘不能写盘　　B. 只能写盘不能读盘

C. 既能读盘也能写盘　　D. 不能读盘也不能写盘

6. 计算机断电以后，其中信息会丢失的存储器是（　　）。

A. RAM　　B. ROM　　C. 硬盘　　D. CD－ROM

7. 微机中 MHz 的意思是（　　）。

A. 内存的单位　　B. 外存的单位　　C. 主频的单位　　D. 速度的单位

8. 分辨率属于下列哪种设备的性能指标（　　）。

A. 键盘　　B. 显示器　　C. 存储器　　D. 声卡

9. 在微机中，SVGA 是一种（　　）。

A. 微机型号　　B. 键盘型号　　C. 显示标准　　D. 显示器型号

10. 在计算机中组成一个字节的二进制位数是（　　）。

A. 4　　B. 8　　C. 12　　D. 16

11. 时钟主频是考察 CPU 运行速度的主要参数。在同型号的微处理器中，主频越高表明它的工作速度（　　）。

A. 越慢　　B. 适中　　C. 越方便　　D. 越快

12. 下面数据传输率最大的是（　　）。

A. Kbps　　B. bps　　C. Gbps　　D. Mbps

13. 计算机配置为 PIII1G/128M/40G/40XCD/56K，其中 PIII1G 的 1G 为（　　）。

A. 字长　　B. 主频　　C. 内存容量　　D. 运算速度

14. 运算器性能的计量单位称为（　　）。

A. 字节　　B. 比特　　C. 字符　　D. 字长

15. 微型计算机的主机主要是由（　　）和内存储器组成。

A. 运算器　　B. 控制器　　C. 存储器　　D. 中央处理器

16. 中央处理器的作用主要是（　　）和控制。

A. 运算　　B. 存储程序　　C. 输入信息　　D. 显示输出信息

17. 内存储器有随机存储器和（　　）。

A. RAM　　B. 磁盘存储器　　C. 只读存储器　　D. 磁带存储器

18. 计算机的数据输入设备主要有（　　）、键盘、鼠标、扫描仪、绘图仪等。

A. 显示器　　B. 打印机　　C. 录音笔　　D. 音箱

19. 计算机系统由（　　）系统和软件系统两大部分组成。

A. 主机　　B. 显示器　　C. 外部设备　　D. 硬件

20. 计算机的输出设备主要有：（　　）、打印机、绘图仪等。

A. 显示器 B. 键盘 C. 鼠标 D. 照相机

21. 用0和1数字组成的二进制代码编程，能被计算机直接识别和处理的语言是（　　）。

A. 汇编语言 B. 自然语言 C. 机器语言 D. 高级语言

22. 计算机辅助设计的英文缩写是（　　）。

A. CAM B. CAD C. CAI D. CAT

23. 在系统中，确定一个文件组成的要素包括（　　）。

A. 文件名和扩展名 B. 盘符、路径、文件名和扩展名

C. 路径、文件名和扩展名 D. 盘符、文件名和扩展名

24. 资源管理器的目录采用的是（　　）。

A. 环形结构 B. 树形结构 C. 线形结构 D. 星形结构

25. 计算机的软件是指计算机的（　　）加上有关的文档资料。

A. 程序 B. 主机 C. 硬件 D. 输入输出设备

26. 目前在微机中最常用的操作系统是（　　）操作系统。

A. UNIX B. XENIX C. DOS D. WINDOWS

27. Enter 键是（　　）。

A. 删除键 B. 回车换行键 C. 空格键 D. 换挡键

28. 计算机的热启动操作是（　　）。

A. 按计算机的复位按钮 B. 打开计算机的电源开关

C. 重新启动计算机 D. 按 Ctrl + Alt + Del 组合键

29. 下列因素中，对微机工作影响最小的是（　　）。

A. 磁场 B. 温度 C. 湿度 D. 噪声

30. 操作系统的作用是（　　）。

A. 将源程序编译为目标程序 B. 进行目录管理

C. 控制和管理系统资源的使用 D. 实现软硬件功能的转换

31. Windows 操作系统是一种（　　）。

A. 单用户、单任务操作系统 B. 单用户、多任务操作系统

C. 多用户、单任务操作系统 D. 多用户、多任务操作系统

32. 汇编语言是程序设计语言中一种（　　）。

A. 高级语言 B. 低能语言 C. 机器语言 D. 解释语言

33. 一般使用高级语言编写的应用程序称为（　　）。

A. 用户程序 B. 源程序 C. 浮动程序 D. 目标程序

34. 源程序不能直接运行，需要通过编译程序编译成（　　）程序后才能运行。

A. C 语言 B. 汇编语言 C. 机器语言 D. PL/I 语言

35. 微型计算机中，普遍使用的字符编码是（　　）。

A. 补码 B. 原码 C. ASCII 码 D. 汉字编码

36. 可以将屏幕上的内容打印输出的按键是（　　）。

A. PrintScreen 键 B. Scroll Lock 键

C. Ctrl + Break 键 D. Ctrl + Shift + p 键

37. 计算机网络的正确定义是（　　）。

A. 能够通信的计算机系统
B. 异地计算机连接在一起的系统
C. 接在一起使用相同操作系统的系统
D. 异地独立计算机系统通过通信设备连接在一起用网络软件实现资源共享的系统

38. 一座办公大楼内各个办公室中的微机进行联网，这个网络属于（　　）。
A. WAN　　B. LAN　　C. MAN　　D. GAN

39. 不同体系的局域网与主机相连，应使用（　　）。
A. 网桥　　B. 网关　　C. 路由器　　D. 集线器

40. （　　）多用于同类局域网之间的互联。
A. 中继器　　B. 网桥　　C. 路由器　　D. 网关

41. 计算机网络最突出的优点是（　　）。
A. 运算速度快　　B. 运算精度高　　C. 存储容量大　　D. 资源共享

42. Internet 采用的通信协议是（　　）协议。
A. TCP　　B. TCP/IP　　C. IP　　D. T/P

43. 调制解调器（Modem）的功能是实现（　　）。
A. 数字信号的编码　　B. 数字信号的整形
C. 模拟信号的放大　　D. 模拟信号与数字信号的转换

44. 如果电子邮件到达时，你的电脑没有开机，那么电子邮件将（　　）。
A. 退回给发信人　　B. 保存在服务商的主机上
C. 等对方开机再重新发送　　D. 不再发送

45. 错误的 IP 地址是（　　）。
A. 192. 160. 0. 1　　B. 192. 200. 0. 1
C. 192. 250. 0. 1　　D. 192. 256. 0. 1

46. 计算机病毒通常是（　　）。
A. 一段程序代码　　B. 一个命令　　C. 一个文件　　D. 一个标记

47. 以下不是计算机病毒特点的是（　　）。
A. 破坏性　　B. 传染性　　C. 潜伏性　　D. 衍生性

48. 嗅探是一种（　　）攻击。
A. 被动式　　B. 字典　　C. 假登录程序　　D. 主动式

49. 欺骗是一种（　　）攻击。
A. 被动式　　B. 字典　　C. 假登录程序　　D. 主动式

50. “桌面”指的是（　　）。
A. 整个屏幕　　B. 全部窗口　　C. 某个窗口　　D. 活动窗口

51. 在 Windows 中，选中末尾带有省略号（…）的菜单项的含义是（　　）。
A. 将弹出下一级菜单　　B. 将执行该菜单命令
C. 表明该菜单项已被选用　　D. 将弹出一个对话框

52. 在 Windows 中，能弹出子菜单的操作是（　　）。
A. 选择了带省略号的菜单项　　B. 选择了带有三角形箭头的菜单项
C. 选择了颜色变灰的菜单项　　D. 运行了与子菜单对应的应用程序

53. Windows 的窗口和对话框比较相似，窗口可以移动和改变大小，而对话框（　　）。

A. 既不能移动，也不能改变大小　　B. 只可移动，不能改变大小

C. 只可改变大小，不能移动限于　　D. 既能移动，也能改变大小

54. 正常退出 Windows 的正确操作是（　　）。

A. 直接关闭计算机的电源

B. 在没有程序运行的情况下按 Alt + Ctrl + Shift 键

C. 选择“开始/关机”并进行人机对话

D. 在没有运行程序的情况下关掉计算机的电源

55. 在 Windows 的“资源管理器”左部窗口中，若显示的文件夹图标前带有加号（+），意味着该文件夹（　　）。

A. 含有下级文件夹　　B. 仅含文件

C. 是空文件夹　　D. 不含下级文件夹

56. Windows 中的“剪贴板”是（　　）的一块区域。

A. 硬盘中　　B. 软盘中　　C. 高速缓存中　　D. 内存中

57. 应用程序窗口最小化后，表示该程序（　　）。

A. 仍在内存中运行　　B. 退出内存

C. 仍在硬盘中运行　　D. 存储盘后退出内存

58. 应用程序窗口被关闭后，表示该程序（　　）。

A. 仍在内存中运行　　B. 转入后台运行

C. 仍在硬盘中运行　　D. 退出内存

59. 显示灰色的菜单命令表示（　　）。

A. 当前状态下该命令不可用　　B. 选择该命令后出现对话框

C. 该命令被使用了多次　　D. 选择该命令会弹出下拉菜单

60. 在 Windows 中，“回收站”是（　　）的一个区域。

A. 内存中　　B. 硬盘上　　C. 软盘上　　D. 高速缓存中

61. Word 2003 文档文件的扩展名是（　　）。

A. TXT　　B. DOC　　C. EXE　　D. BAT

62. 在 Word 工具栏中，标有字母 U 的按钮的功能是（　　）。

A. 加粗　　B. 倾斜　　C. 加下划线　　D. 加阴影

63. 在 Word 工具栏中，标有字母 B 的按钮的功能是（　　）。

A. 加粗　　B. 倾斜　　C. 加下划线　　D. 加阴影

64. 在资源管理器的文件夹框中，带“+”的文件夹图标表示该文件夹（　　）。

A. 已展开　　B. 下层有文件夹

C. 下层没有文件　　D. 该文件夹为空

65. 将单元格 A1 的公式“=B2+C3”复制到一个单元格以后，公式内容变成“=E3+F4”，这个单元格是（　　）。

A. B2　　B. C3　　C. D2　　D. E3

66. 在 Excel 2003 默认状态下，一个工作簿中有（　　）个工作表组成。

A. 10　　B. 3　　C. 256　　D. 255

67. “编辑”菜单中“复制”命令的功能是将选定的文本或图形（　　）。

A. 复制到剪贴板　　B. 由剪贴板复制到插入点

C. 复制到文件的插入点位置　　D. 复制到另一个文件的插入点位置

68. 在Word的（　　）视图状态下，显示效果与打印结果相同。

A. 普通　　B. 大纲　　C. 页面　　D. Web版式

69. 下列操作中，（　　）不能完成文档的保存。

A. 单击常用工具栏上的“保存”按钮　　B. 选择“文件/保存”命令

C. 按快捷键“Ctrl+0”　　D. 按快捷键“Ctrl+S”

70. 在Word文档中，每个段落都有自己的段落标记，其位置在段落的（　　）。

A. 首部　　B. 结尾处

C. 中间位置　　D. 某个位置，但找不到

71. 选定文档中的一行后按Delete（或Del）键，（　　）。

A. 删除了插入点所在的行

B. 删除了插入点及其之前的所有内容

C. 删除了所选择的一行

D. 删除了所选择的行及其后的所有内容

72. 执行“编辑”菜单中的（　　）命令，可恢复刚刚删除的文本。

A. 撤销　　B. 清除　　C. 复制　　D. 粘贴

73. 在Word窗口下，可使用（　　）菜单中的“文件”命令实现两个文件的合并。

A. 编辑　　B. 视图　　C. 插入　　D. 工具

74. 在Word状态下，利用（　　）可快速、直接调整文档的左右边界。

A. 格式栏　　B. 工具栏　　C. 菜单　　D. 标尺栏

75. 在Word中，可使用（　　）菜单中的“段落”命令来设置行间距和段落间距。

A. 编辑　　B. 格式　　C. 插入　　D. 工具

76. 要将已选取的对象移动到其他位置上，应先执行“编辑”菜单里的（　　）命令，再单击定位目标位置，发“编辑”菜单下的“粘贴”命令。

A. 复制　　B. 剪切　　C. 粘贴　　D. 清除

77. 在Word中插入文本框只能在（　　）视图中进行。

A. 普通　　B. 页面　　C. 大纲　　D. 打印预览

78. 常用工具栏最右边的按钮是一个带问号的按钮，其功能是（　　）。

A. 弹出对话框　　B. Word入门教程

C. 通讯　　D. 命令的联机帮助

79. 在Word中，使用（　　）菜单中的“边框和底纹”命令，可为文字或段落加上边框线。

A. 格式　　B. 工具　　C. 表格　　D. 编辑

80. 当“编辑”菜单中的“剪切”命令呈浅灰色而不能被选择时，表示的是（　　）。

A. 选定的文档内容太长，剪切板放不下

B. 剪切板里已经有信息了

C. 在文档中没有选定任何信息

D. 选定的内容是页眉和页脚

81. 如果正在编辑的文档曾经保存有文件名，不希望以原来的文件名保存修改后的文档、且不覆盖原来的文件，则应从文件菜单中选择（　　）命令。

A. 发送　　B. 保存　　C. 打印　　D. 另存为

82. 要插入键盘上没有的字符和符号，可选择（　　）菜单中的“符号”命令。

A. 编辑　　B. 插入　　C. 格式　　D. 工具

83. （　　）标记包含了前面段落格式的信息。

A. 段落结束　　B. 行结束　　C. 分页符　　D. 分节符

84. Word 把格式化分为（　　）三类。

A. 字符、段落和句子　　B. 字符、句子和页面

C. 句子、页面和段落　　D. 字符、段落和页面

85. 要调整字间距，应选择（　　）菜单中的“字体”命令。

A. 格式　　B. 插入　　C. 编辑　　D. 工具

86. 在 Word 中，（　　）可打开快捷菜单。

A. 单击鼠标左键　　B. 双击鼠标左键

C. 双击鼠标右键　　D. 单击鼠标右键

87. 页面设置中不能进行的设置是（　　）。

A. 纸张大小　　B. 页面的颜色　　C. 页边距　　D. 页的方向

88. 如果双击文本左端的文本选择区，可选择（　　）。

A. 一行　　B. 多行　　C. 一段　　D. 一页

89. Word 中，视图的作用是（　　）。

A. 对文档进行重新排版　　B. 从不同的侧面展示一个文档的内容

C. 给文档增加不同的格式　　D. 改变文档的属性

90. 工作簿文件的扩展名为：（　　）。

A. . ppt　　B. . dom　　C. . xls　　D. . pps

91. 系统默认每一个工作簿有（　　）张工作表。

A. 3　　B. 256　　C. 255　　D. 32

92. 系统的每一个工作簿最多有（　　）张工作表。

A. 128　　B. 127　　C. 255　　D. 256

93. 启动 Excel 后，系统会自动产生一个名为（　　）的工作簿文件。

A. Excel　　B. Book1　　C. Doc1　　D. Work

94. 工作表的默认名是（　　）。

A. book　　B. sheet　　C. paper　　D. table

95. 在 sheet1 中位于第二行第四列的单元格的单元地址为：（　　）。

A. 2D　　B. 2C　　C. C2　　D. D2

96. 数值型数据的系统默认对齐方式是：（　　）。

A. 右对齐　　B. 左对齐　　C. 居中　　D. 垂直居中

97. 某单元格中的数据为 3.25，而在编辑栏中它为 3.25293，在计算时的结果将会（　　）。

A. 大于真实值　　B. 小于真实值　　C. 等于真实值　　D. 为零

98. 单元格中的“0 2/3”表示：（　　）。

A. 三月二日　　B. 3 点零 2 分　　C. 三分之二　　D. 2 月 3 日

99. 在编辑栏中输入：A1 + B1 + C1 + D1，那么对应单元格中将会：（　　）。

A. 出现四个单元格相加的结果　　B. 空白

C. 出现“A1 + B1 + C1 + D1”　　D. 出现近似值

100. 在编辑栏中输入：= A1 + B1 + C1 + D1，那么对应单元格中将会：（　　）。

A. 出现四个单元格相加的结果　　B. 空白

C. 出现“A1 + B1 + C1 + D1”　　D. 出现近似值

101. 下面正确的公式是：（　　）。

A. “C3 > =59”　　B. “ = B3&A2”（B3 为文本 A2 为数字）

C. “ =2：3”　　D. = （B3：D4）

102. 可用于填充系列数据的方法是：（　　）。

A. 任意填充　　B. 按行或按列填充

C. 只能按行填充　　D. 只能按列填充

103. 下面不正确的公式或函数式是：（　　）。

A. = SUM（B2：D2）　　B. = SUM（B2，B5：C6）

C. = A1 + B1 + C1 + E1　　D. = C2 > <

104. 要构成绝对引用，必须在构成单元格地址的字母和数字前增加一个（　　）符号。

A. $　　B. &　　C. %　　D. ~

105. 没有进行“边框”设置的表格，打印出来后，看到的效果是：（　　）。

A. 有网格线　　B. 时而有网格线，时而无网格线

C. 无网格线　　D. 部分有网格线，部分无网格线

106. Excel 允许同时对（　　）个关键字进行排序。

A. 1　　B. 2　　C. 3　　D. 4

107. 对某字段进行分类汇总前，必须：（　　）。

A. 对该字段进行排序　　B. 对该字段进行命名

C. 对该字段进行计数　　D. 对该字段进行汇总

108. 单元格中的数据可以是（　　）。

A. 字符串　　B. 数字　　C. 一个图形　　D. 都可以

109. 如果输入以（　　）开始，Excel 认为单元格的内容为一公式。

A. !　　B. =　　C. *　　D. &

110. 在选取工作表中不连续的区域时，首先按下（　　）键，然后单击需要的单元格区域。

A. Ctrl　　B. Alt　　C. Shift　　D. Backspace

111. 当鼠标键移到自动填充柄上，鼠标指针变为（　　），拖动可复制单元格内容及公式。

A. 双键头化　　B. 白十字　　C. 黑十字　　D. 黑矩形

112. 以下（　　）是绝对地址。

A. $ D $ 5　　B. $ 5　　C. * A5　　D. 以上都不对

113. 在单元格中输入数字字符串（如身份证号码）时，应输入（　　）。

A. 650201　　B. "650201　　C. 650201'　　D. '650201

114. 已知工作表中 G6 单元格公式为“ = F6 * $ D $ 4”，在第 3 行处插入一行，则插入后 G7 单元格中的公式为（　　）。

A. = F7 * $ D $ 5　　B. = F7 * $ D $ 4

C. = F6 * $ D $ 4　　D. = F6 * $ D $ 5

115. 使用坐标 $ C $ 1 引用工作表的 C 列第一行的单元格，是对单元格坐标的（　　）。

A. 绝对引用　　B. 相对引用　　C. 混合引用　　D. 交叉引用

116. 若在 B2 单元格中输入（245），则 B2 单元格中的内容为（　　）。

A. 字符串 245　　B. 字符串（245）　　C. 数值 245　　D. - 245

四、多选题：

1. 计算机的应用领域是随着社会的发展而不断发展变化的，就当今社会而言计算机应用范围主要有以下几个方面（　　）。

A. 信息处理　　B. 科学计算　　C. 过程控制　　D. 计算机辅助系统

E. 计算机通信

2. 按分辨率（指像素点的大小）可以分为（　　）分辨率显示器。

A. 高　　B. 中　　C. 低　　D. 弱

3. 计算机硬件的基本功能是接收计算机程序的控制来实现（　　）等一系列根本性的操作。

A. 数据输入　　B. 数据运算　　C. 数据存储　　D. 数据输出

4. 计算机软件从计算机系统的角度来划分可分为（　　）。

A. 系统软件　　B. 应用软件　　C. 实用软件　　D. 学习软件

5. 以下属于应用软件的有（　　）。

A. 文字处理软件　　B. 表格处理软件

C. 会计核算软件　　D. WINDOWS 操作系统

6. 计算机网络的功能主要体现在（　　）。

A. 资源共享　　B. 数据通信　　C. 上网聊天　　D. 分布处理

7. 计算机可能潜伏着严重的（　　）因素。

A. 不安全性　　B. 脆弱性　　C. 危险性　　D. 辐射

8. 在计算机键盘上，属于“双态键”的有（　　）。

A. Insert 键　　B. CapsLock 键　　C. Num Lock 键　　D. Shift 键

9. 在计算机应用中，属于辅助系统应用的有（　　）。

A. 人工智能　　B. 计算机辅助设计

C. 卫星制导　　D. 计算机辅助教学

10. 下列（　　）不满足 Windows 2000 的安装要求。

A. Pentium 166Mhz 主频的 CPU　　B. 16M 内存

C. 不少于 650M 可用空间的硬盘空间　　D. VGA 显卡

11. Windows 是一个真正的 32 位操作系统，支持（　　）。

A. 32 位内存操作　　B. 32 位文件操作

C. 32 位设备驱动程序　　D. 64 位文件操作

12. Windows 的合法文件名，包括（　　）。

A. ??? . TXT　　B. ABCDEFG. TXT

C. 123. COM　　D. 我的文件 . DOC

13. 控制面板的打开方法有（　　）。

A. 从“开始”菜单打开　　B. 从“我的电脑”打开

C. 从“我的文档”打开　　D. 从“资源管理器”打开

14. 计算机的应用领域是随着社会的发展而不断发展变化的，目前计算机应用范围主要有以下几个方面（　　）。

A. 信息处理　　B. 科学计算

C. 过程控制　　D. 计算机辅助系统

15. 可以用来描述计算机安全的部分包括：（　　）。

A. 实体安全　　B. 软件安全　　C. 数据安全　　D. 运行安全

16. 以下属于高级语言的是（　　）。

A. Basic　　B. Pascal　　C. Java　　D. C + +

17. “我的电脑”或“资源管理器”窗口中，可以做文件及文件夹的（　　）等操作。

A. 复制　　B. 删除　　C. 移动　　D. 改名

18. 计算机各部件之间的联系是通过（　　）。

A. 信息流　　B. 指令流　　C. 电流　　D. 数据流

19. 系统软件根据所完成功能的不同，可以分为（　　）几类。

A. 操作系统　　B. 语言处理程序

C. 数据通信程序　　D. 数据库管理系统

20. 计算机系统软件主要包括（　　）。

A. 操作系统　　B. 语言处理程序

C. 文字处理软件　　D. 支撑服务程序

21. 软件安全是指防止软件的（　　）。

A. 非法复制　　B. 非法修改　　C. 非法删除　　D. 非法执行

22. 信息的载体是指装载传递信息的（　　）等。

A. 文本　　B. 声音　　C. 图像　　D. 图形

23. 多媒体功能卡包括（　　）等。

A. 图形加速卡　　B. 多媒体压缩卡　　C. 名片　　D. 视频卡

24. 计算机病毒造成的系统异常症状主要有（　　）。

A. 系统启动速度时间比平时长，运行速度减慢

B. 计算机系统经常无故发生死机现象

C. 系统异常重新启动

D. 扬声器没有声音

25. 在 Windows 资源管理器中，单击“查看”菜单中的（　　）可以更改窗口右侧图标的显示形式。

A. 小图标　　B. 列表　　C. 详细资料　　D. 工具栏

26. 使用“开始”菜单几乎可以完成所有的任务，包括（　　）等。

A. 启动程序　　B. 打开文档
C. 获得帮助　　D. 搜索计算机中的项目

27. 在 Windows 2000 中，“微软拼音输入法”的快捷键设置正确的是（　　）。
A. 按“Ctrl + 空格”键可切换中英文输入法
B. 按“Shift + 空格”可切换全角和半角
C. 按“Ctrl + 句号”可切换中英文标点符号
D. 按“Shift”键可切换中英文输入

28. 利用 word 的插入菜单，可以插入（　　）等。
A. 表格　　B. 页码　　C. 文件　　D. 日期和时间

29. 在页面设置中，可供选择的纸张大小有（　　）等。
A. A3　　B. A4　　C. 16 开　　D. 自定义

30. 下列操作中，可完成新建 word 文件工作的有（　　）。
A. 按 CtrL + O 键　　B. 按下常用工具栏上的新建按钮
C. 在桌面空白处直接点右键新建　　D. 选择插入菜单中的文件命令

31. 工作表的移动和复制可在（　　）。
A. 同一工作表中　　B. 同一工作簿中
C. 不同工作薄中　　D. 不同文件中

32. 对数据清单进行统计，实现方法有（　　）。
A. 筛选　　B. 数据透视表
C. 分类汇总表　　D. 高级筛选

33. 以下单元格地址，表示正确的有（　　）。
A. 2：3　　B. $ H2
C. B7：A2　　D. $ y $ 9：$ z $ 12

34. 设置工作表格式可通过（　　）。
A. “格式”菜单　　B. “编辑”
C. 格式工具栏　　D. 自动套用格式

35. 以下正确的汇总方式是（　　）。
A. 计数　　B. 求和　　C. 乘积　　D. 方差

第二部分：会计及会计电算化理论

一、填空题：

1. 会计工作具有的特点是______。

2. 在《会计法》、《会计电算化管理办法》、《经济法》中，不能为会计电算化工作规范化、标准化提供参考依据的是______。

3. 实现会计电算化过程和方法的第一步是______。

4. 以下会计资料：原始凭证、记账凭证、账簿、年度财务报告、年度财务计划等，不属于会计档案的有______。

5. 下列会计档案：记账凭证、报表、会计档案移交清册等，保管期限不是15年的是______。

6. 管理信息系统的建立，必然使企业会计电算化工作走向______。

7. 编制会计报表时，以“收入－费用＝利润”这一会计等式作为编制依据的会计报表是______。

8. 当年形成的会计档案，在会计年度终了后，可暂由会计机构保管______。

9. 下列会计档案中不需要永久保存的是______。

10. 一般说来，配备会计核算软件方式中，采用最多的是______。

11. ______为会计电算化工作的顺利实施提供保证。

12. 审核记账可由______兼任。

13. 选择商品化会计软件的可能缺点是______。

14. 按内部牵制的要求，会计机构中审核会计凭证的人员，不得由______兼任。

15. ______一般不对实际会计数据进行操作。

16. ______负责计算机输出账表、凭证的数据正确性和及时性检查工作。

17. 要想达到会计软件信息的共享，一般我们常选择______。

18. 国家机关销毁会计档案时，应有______派员参加监销。

19. ______是指会计凭证、会计账簿和财务会计报告等会计核算专业资料，是记录和反映经济业务事项的重要历史资料和证据。

二、判断题：

1. 一个相对完善的会计核算软件起码应该包括：账务处理、应收应付款核算、固定资产核算、工资核算、成本核算、资金管理、进销存核算、会计报表生成、财务分析等模块。（　　）

2. 会计软件运行初期需要人、机并行一段时间。（　　）

3. 企业的总账和日记账都要至少保管15年。（　　）

4. 报表审核公式是报表数据之间关系的取数公式，会计软件可以利用报表和报表之间的勾稽关系提供审核公式的功能。（　　）

5. 会计核算软件应当具有根据审核通过的记账凭证及所附的原始凭证登记账簿的功能。（　　）

6. 会计软件每月结账完毕后必须进行初始化。（　　）

7. 会计档案中，银行存款日记账的保管期限为25年。（　　）

8. 企业年度财务报告（决算）的保管期限为永远。（　　）

9. 会计软件只能够完成会计核算工作而不能进行会计管理。（　　）

10. 资产负债表是反映企业一定日期经营状况的会计报表。（　　）

11. 税务登记证每年验审一次，3年换证一次。未按规定办理验证或换证手续的，由县级以上税务机关宣布其税务登记证失效并收回有关税务证件及发票。（　　）

12. 会计人员继续教育的形式包括接受培训和自学两种。（　　）

13. 出纳人员可以兼管稽核工作。（ ）

14. 执行“甩账”的人员要持有“会计电算化培训合格证明”。（ ）

15. 进行甩账时，计算机处理与手工处理一定要并行。（ ）

16. 会计软件在结账前会检查是否所有的凭证都已记账。（ ）

17. 计算机替代手工核算，应报财政部门审批。（ ）

18. 企业的总账和日记账都要至少保管 15 年。（ ）

19. 出纳已签字的凭证可以直接修改。（ ）

20. 已审核的凭证取消审核后，可由审核人员进行修改。（ ）

21. 加强内部控制和管理是保障会计电算化系统安全的最有效途径。（ ）

22. 会计核算软件应当具有在计算机发生故障或者由于强行关机及其他原因引起内存和外存会计数据被破坏的情况下，利用现有数据恢复到最近状态的功能。（ ）

23. 账务处理子系统只接收其他子系统转递而来的数据，但不承担向其他子系统输出数据的任务。（ ）

24. 系统管理员和会计主管都能够给操作人员进行分工和权限设置。（ ）

25. 试算结果不平衡，可以填凭证，但不能进行记账。（ ）

26. 收款凭证类别的限制类型选择了“借方必有”，限制科目中设置了 1001 和 1002，则在填制凭证时借方必须要输入 1001 或 1002 科目。（ ）

27. 谁调用填制凭证功能，就将谁的名字填写在制单人员栏内。（ ）

28. 在银行辅助核算录入窗口，要求输入的票号应与出纳支票登记簿中记录的票号一致，以便系统能自动勾销借出支票。（ ）

29. 具有数量辅助核算的科目在填制凭证时必须输入数量及单价。（ ）

30. 凭证一经审核，就不能被修改、删除，只有被取消审核签字后才可以进行修改或删除。（ ）

31. 如果记账过程发生断电，则再次启用计算机后，系统能够将已记账凭证恢复到记账前状态。（ ）

32. 在银行对账过程中，系统提供自动对账功能，因而不需采用手工对账功能。（ ）

33. 一般说来，实行计算机记账后，只要记账凭证录入正确，计算机自动记账后各种账簿都应是正确、平衡的。（ ）

34. 记过账的凭证不能在填制凭证界面找到，只能通过“凭证”菜单中的“凭证查询”查看。（ ）

35. 初始化设置一般在启用计算机作账时一次性处理完成，以后年份的会计核算工作不需要再次进行初始化设置，也不能使用初始化设置功能对某些需要调整的项目重新进行定义。（ ）

36. 在填制应收/应付记账凭证时，除录入应收或应付科目外，还强制要求选择往来客户名称或供应商名称。（ ）

37. 在电算化会计条件下，可以不进行账实核对。（ ）

38. 账证、账账核对是电算化条件下必须完成的工作。（ ）

39. 恢复记账前状态与取消结账功能均只能由账套主管完成。（ ）

40. 上月未结账，本月仍可以记账。（ ）

41. 试算与对账功能应在期末结账前进行。（　）
42. 结账处理只能按月序时结账，不能跳月结账。（　）
43. 上月未结账，则本月不能记账，也不能填制、审核凭证。（　）
44. 若本月还有未记账凭证，则本月不能结账。（　）
45. 若本月损益类账户余额不为零，则系统不予结账。（　）
46. 结账时，系统强制核对账簿。（　）
47. 已结账月份能够填制凭证。（　）
48. 若总账与明细账对账不相符，则不能结账。（　）
49. 对账至少一个月一次，一般可在月末结账前进行。（　）
50. 在自定义转账设置中，JG 函数可以同时出现在一笔转账分录的借贷双方。（　）
51. 会计期末，结转期间损益分录可做可不做，不会影响会计报表金额。（　）
52. 对应结转设置只适用于两个科目一对一结转设置。（　）
53. 计算销售成本时，单位成本来自于主营业务收入科目贷方发生额的平均销售单价，销售数量则来自于期末库存商品结存数量。（　）
54. 销售成本结转设置中要求库存商品和主营业务收入科目必须具有结构相同的明细科目，对其他科目没有统一要求。（　）
55. 同一张自动转账凭证，年度内不可多次生成，必须每月修改一次。（　）
56. 期末通过转账定义和转账生成产生的转账凭证，不需审核就可以记账。（　）
57. 通常，在进行月末转账生成之前，必须将所有的未记账凭证全部记账。（　）
58. 结账后才能输出已结账期间的正式会计报表、总账和明细账。（　）
59. 结账是成批数据处理，每月可多次结账。（　）
60. 在结账过程中，可以中断退出。（　）
61. 期末转账生成的凭证没有先后次序的问题。（　）
62. 报表处理系统是按照人们在手工方式下进行报表处理的思路来处理报表数据，即先编制报表格式，然后进行数据的处理，最后生成报表。（　）
63. 报表一般由表头、表体和表尾三个部分组成。（　）
64. 在数据状态下不能看到报表的单元公式，也不能修改报表的格式，但能看到一张完整的报表，包括报表的框架和具体的数据。（　）
65. 报表处理系统中的打开、关闭、保存等命令都是根据表页名进行处理的。（　）
66. 每个报表只包含一张表页。（　）
67. 报表文件是一个二维表。（　）
68. 表样单元对所有表页都有效，在格式状态下只能看到报表格式，不能看到报表数据。（　）
69. 数值单元的内容只能直接输入，而不能由单元公式生成。（　）
70. 区域是由一块相邻的单元组成的矩形块，最大的区域是一个表页所有的单元，最小的区域只包含一个单元格。（　）
71. 在描述一个区域时，在开始单元和结束单元之间用“-”号连接。（　）
72. 关键字用于唯一标识一个表页，所以每个报表只能有一个关键字。（　）
73. 在报表处理系统中，每一报表只能有一张表样格式，但可反复使用。（　）

74. 单元公式每次使用时都必须重新定义。 ( )

75. 报表系统中单元公式不必以“=”开始。 ( )

76. 对报表进行处理时将组合单元视为一个单元。 ( )

77. 若在月中进行报表生成时，只要所有报表公式都正确，就不会生成数据错误的报表。 ( )

78. 单元公式在输入时，凡涉及数学符号的均需在全角英文状态下输入。 ( )

79. 只要正确完成账簿的记账，就能生成正确的报表数据。 ( )

80. 同一张报表结构在同会计日期内多次生成报表，生成得到的结果可以是不相同的。 ( )

81. UFO 报表中，关键字的位置可以用偏移量来表示，负数表示向右偏移，正数表示向左偏移。 ( )

82. UFO 报表处理系统只能编制会计报表。 ( )

83. 从报表系统自身取数，是报表系统数据的主要来源。 ( )

84. 在 UFO 报表中，单元的名称是由其所在的列字母和行数字组成的。 ( )

85. 在报表系统中，数据状态下可以进行报表数据审核和舍位平衡计算。 ( )

86. 报表汇总功能可用于编制合并会计报表。 ( )

87. 表间取数公式“资产负债表！D30”表示引用资产负债表的第 4 行第 30 列单元的值。(否) ( )

88. 工资系统中的部门档案、人员档案如果在账务系统中已经进行过设置，在工资系统中就不需要再次进行设置，而可以直接使用。 ( )

89. 工资变动就是要对工资项目的具体数额在其发生变动时进行设置处理。 ( )

90. 工资系统中工资分摊所生成的凭证将传递到账务系统中，但是应该在工资系统中进行审核。 ( )

91. 工资系统中的工资项目信息可以由使用工资系统的各个单位自己自行设置。( )

92. 工资核算系统可以进行工资费用和“三费”等费用的分配设置，并自动根据设置产生转账凭证，传输到账务系统和成本系统。 ( )

93. 固定资产核算系统日常数据输入量少，数据处理方式较单纯。 ( )

94. 固定资产核算系统的引入，一个很重要的原因就是为了取代原来手工方式下的固定资产卡片管理功能。 ( )

95. 固定资产核算系统向成本核算系统提供的数据主要是固定资产的增加和减少数据，并据以计算产品成本。 ( )

96. 固定资产核算系统产生的凭证传递到账务系统后，要在账务系统进行签字、审核后记账，如果发现凭证错误可以在账务系统修改或删除凭证。 ( )

97. 一般情况下，经过账务系统的记账后，固定资产核算系统才应该和账务系统进行对账。 ( )

三、单选题：

1. 计算机具有超强的记忆存储能力，可以存储大量的会计资料并对它们进行处理，因此大大提高了会计工作的（ ）。

A. 能力　B. 效率和质量　C. 成本　D. 劳动强度

2. 科目编码结构为4222，表示（　）。

A. 每一会计科目必须设置到4级　B. 一级科目编码不得超过4位

C. 总位长为6　D. 二级科目的位长必须是2位

3. 增加操作人员是由（　）来完成的。

A. 会计主管　B. 系统管理员

C. 操作员自己　D. 任何人员

4. 给操作人员进行分工和权限设置的人员是（　）。

A. 会计主管　B. 软件自动分工

C. 操作员自己　D. 任何人员

5. 在会计软件中，拥有对所有账套进行管理的权限的人员是（　）。

A. 操作人员　B. 会计主管

C. 系统管理员　D. 单位领导

6. 在会计软件中，拥有对某一账套全部操作权限的人员是（　）。

A. 操作人员　B. 会计主管

C. 系统管理员　D. 单位领导

7. 在会计软件中，能进行初始化设置操作的人员是（　）。

A. 系统管理员　B. 会计主管

C. 会计　D. 所有人

8. 录入科目期初余额的方法是从（　）往上录。

A. 一级科目上录入　B. 二级科目上录入

C. 三级科目上录入　D. 末级科目上录入

9. 在录入期初余额时，非末级科目的期初余额（　）。

A. 必须录入　B. 可以录入

C. 不能录入　D. 能够删除

10. 期初余额录入完毕后试算结果不平衡，（　）。

A. 不能填制凭证　B. 能够填制凭证

C. 不能增设科目　D. 能够记账

11. 记账后期初余额（　）。

A. 不能修改　B. 能够修改

C. 能够录入新增设科目　D. 能够删除

12. 某账套科目级次为42 222，下面正确的科目编码是（　）。

A. 102　B. 10 021　C. 100 212　D. 1002 121

13. 损益类科目编码的开头都是（　）。

A. 1　B. 2　C. 3　D. 4

14. 当某一科目设置为部门往来核算时，可以再设置（　）。

A. 客户往来单位　B. 供应商往来　C. 部门核算　D. 项目核算

15. 建账后不能修改的是（　）。

A. 账套名称　B. 单位名称　C. 行业性质　D. 数据精度

16. 会计科目的编码结构，一级科目建账后就不能修改，二级以下科目（　　）。

A. 不能修改　　B. 一旦使用后就不能再进行修改

C. 可以任意修改　　D. 可以在日常业务处理中修改

17. 在凭证类别设置中，收款凭证选择了借方必有，限制科目中输入了1001和1002科目，则在填制凭证时借方科目（　　）。

A. 不能输入1001或1002　　B. 必须输入1001或1002

C. 必须输入1001或1002的末级科目　　D. 无限制性要求

18. 一个项目核算科目可以对应（　　）。

A. 一个项目大类　　B. 二个项目大类

C. 三个项目大类　　D. 多个项目大类

19. 项目编码的规则在（　　）。

A. 项目辅助核算科目中设置　　B. 项目栏目结构中设置

C. 项目大类定义时设置　　D. 项目分类定义时设置

20. 在填制凭证时，如果涉及项目辅助核算科目，输入的项目是（　　）。

A. 项目大类　　B. 项目分类

C. 项目目录　　D. 项目结构

21. 会计电算化账务处理中，工作量最大的是（　　）。

A. 账账核对环节　　B. 填制凭证环节

C. 记账处理环节　　D. 审核凭证环节

22. 填制凭证时输入的会计科目必须是（　　）。

A. 一级科目　　B. 二级科目

C. 末级科目　　D. 无限制

23. 当（　　）时，系统不能保存凭证。

A. 各行摘要不相同　　B. 附件没有填写

C. 借贷方金额不相等　　D. 制单人不是会计

24. 某一已填制完成的凭证编号栏显示“收0045 0002/0003”，表示（　　）。

A. 收款第45号凭证，共有2张分单　　B. 收款第45号凭证，共有3张分单

C. 收款第45号凭证，共有2笔分录　　D. 收款第45号凭证，共有3笔分录

25. 账务处理系统不允许填写（　　）。

A. 一借多贷凭证　　B. 一贷多借凭证

C. 多借多贷凭证　　D. 有借无贷凭证

26.（　　）的凭证不能修改。

A. 会计主管填制的凭证　　B. 有审核权和制单权人员填制的凭证

C. 系统管理员填制的凭证　　D. 已记账的凭证

27. 已审核凭证的标志是有（　　）。

A. 出纳人员的签字　　B. 制单人员的签字

C. 会计主管的签字　　D. 审核人员的签字

28. 取消审核标志只能由（　　）取消。

A. 会计主管　　B. 具有审核权的人员

C. 签字的审核员　　D. 制单人员

29. 在记账范围中录入“1－5，9”，记账时计算机处理的是（　　）。

A. 收款凭证1－5号，付款凭证9号

B. 收款凭证1号，付款凭证5号和转账凭证9号

C. 对应凭证类型的1－5号和9号凭证

D. 对应凭证类型的1、5、9号凭证

30. 对于“已存账套”，我们（　　）。

A. 可以修改　　B. 只能查看不能修改

C. 有权限的人可以修改　　D. 不能看也不能改

31. 在会计科目界面的“编辑”菜单中调用“指定科目”功能，指定银行存款总账科目，被指定的银行存款的科目是（　　）。

A. 银行存款　　B. 现金

C. 银行存款明细科目　　D. 现金流量科目

32. 有辅助核算的科目期初余额输入时，其余额（　　）。

A. 可以在期初余额栏直接录入　　B. 不能在期初余额栏直接录入

C. 由系统自动汇总产生　　D. 通过其他系统自动转入

33. 在凭证录入过程中，如果输入的科目还有下级科目，确认时系统（　　）。

A. 自动放入下级科目　　B. 提示错误

C. 列示该科目的所有下级科目　　D. 拒绝执行

34. 激活恢复记账前状态，需要进入（　　）功能。

A. 记账　　B. 对账　　C. 结账　　D. 审核凭证

35. 取消结账使用的组合键是（　　）。

A. 【Ctrl】＋H　　B. 【Ctrl】＋【Shift】＋H

C. 【Shift】＋H　　D. 【Ctrl】＋【Shift】＋【F6】

36. 对应结转功能结转的是（　　）。

A. 期初余额　　B. 发生额　　C. 期末余额　　D. 净发生额

37. 函数JE（）表示取科目的（　　）。

A. 期初余额　　B. 期末余额　　C. 发生额　　D. 净发生额

38. 本月结账后，下列（　　）操作不可进行。

A. 编制报表　　B. 填制本月凭证　　C. 填制下月凭证　　D. 查询凭证

39. 若有未（　　）的当月凭证，系统将不能结账。

A. 打印　　B. 查询　　C. 审核　　D. 输入

40. 期末转账业务的数据来源是（　　）。

A. 记账后的记账凭证文件　　B. 科目发生额汇总表文件

C. 记账前的记账凭证文件　　D. 上月的转账业务凭证

41. 定义的自动转账凭证与普通凭证的最大区别是（　　）。

A. 科目用实际数据表示　　B. 金额用计算公式表示

C. 摘要用实际情况表示　　D. 凭证类型用公式表示

42. 在结账时需要核对账簿，内容不包括（　　）。

A. 核对总账与明细账　　B. 核对总账与记账凭证
C. 核对总账与往来账　　D. 核对总账与部门账

43. 自动转账凭证的定义内容主要包括转账序号、凭证类型、摘要、科目代码、方向和（　　）等。
A. 金额　　B. 余额　　C. 金额计算公式　　D. 日期

44. 组成报表的最小单位是（　　）。
A. 组合单元　　B. 表页　　C. 区域　　D. 单元

45. UFO 报表系统的数据主要来源于（　　）。
A. 工资核算系统　　B. 应收应付系统
C. 财务系统　　D. 报表系统自身

46. （　　）是由一组相邻的单元组成的矩形块。
A. 字符　　B. 数字　　C. 区域　　D. 图形

47. 报表处理函数 QM 表示（　　）。
A. 取期初余额　　B. 取期末余额　　C. 取发生额　　D. 取净发生额

48. 在其他报表取数函数中，报表名与单元或单元区域之间的连接符是（　　）。
A. !　　B. @　　C. = >　　D. - >

49. （　　）是报表的格式，是在格式状态下输入的所有文字、符号和数字。
A. 字符单元　　B. 表格单元　　C. 组合单元　　D. 表样单元

50. 在格式状态下，所做的操作将对进入数据状态后的（　　）表页有效。
A. 所有　　B. 第一页　　C. 选定　　D. 部分

51. 下列符号，不属于比较运算符的是（　　）。
A. < >　　B. > =　　C. *　　D. =

52. 报表系统中，在定义报表公式时，必须定义的是（　　）。
A. 单元公式　　B. 审核公式　　C. 舍位平衡公式　　D. 校验公式

53. 舍位平衡计算是指（　　）。
A. 四舍五入　　B. 取整　　C. 改变计算单位　　D. 约等于

54. 为了区分不同月份的同一张报表，报表系统需要定义准确的信息是（　　）。
A. 表名　　B. 表头　　C. 表尾　　D. 关键字

55. 在报表系统中，新建一个报表时，所有单元类型均为（　　）型。
A. 数值　　B. 表样　　C. 字符　　D. 空

56. 在报表系统中，要生成有数据的报表，最重要的步骤是（　　）。
A. 录入关键字　　B. 定义审核公式
C. 组合单元　　D. 画表格线

57. 报表系统中的本表其他页取数函数是（　　）。
A. PTOTAL（ ）　　B. PAVG（ ）　　C. SELECT（ ）　　D. LFS（ ）

58. 在报表系统中，单元地址用于确定（　　）。
A. 单元在报表中的位置　　B. 单元在账簿中的位置
C. 单元在内存中的位置　　D. 单元在磁盘中的位置

59. 定义报表审核公式的作用是（　　）。

A. 检查数据输入是否正确　　B. 检查生成的报表是否正确

C. 检查账簿记录是否正确　　D. 检查凭证是否正确

60. 在报表系统中，通过取数函数不能取的数值是（　　）。

A. 本期发生额　　B. 期初余额　　C. 平均值　　D. 预期发生额

61. 一个报表的不同表页的计算公式（　　）。

A. 各不相同

B. 单元公式不相同，舍位平衡公式和审核公式完全相同

C. 完全相同

D. 单元公式完全相同，舍位平衡公式和审核公式不相同

62. 通常在实际中，（　　）系统和人事管理系统被合称为人力资源管理系统。

A. 成本系统　　B. 固定资产系统

C. 工资系统　　D. 材料核算系统

63. 工资系统在进行月末结账时，要进行清零处理，也就是要对（　　）项目进行清零处理，并重新输入下月新数据。

A. 固定项目　　B. 变动项目　　C. 基本项目　　D. 常用项目

64. 我国使用最早和使用最广泛的会计核算子系统是（　　）。

A. 账务子系统　　B. 固定资产子系统

C. 工资核算子系统　　D. 成本子系统

65. 固定资产发生减少的情况要通过（　　）功能进行处理。

A. 资产减少　　B. 变动单－原值减少

C. 资产增加　　D. 卡片管理

66. 固定资产系统向账务系统传递的转账凭证是根据（　　）生成的。

A. 折旧计提汇总表　　B. 固定资产折旧计算表

C. 固定资产折旧分配表　　D. 固定资产统计表

67. 下列系统与应收款系统没有直接联系的是（　　）。

A. 销售管理系统　　B. 财务处理系统

C. 存货管理系统　　D. 应付款系统

68. 在应收款系统中，输入的收款单若做了预收款处理，则此款以后可以用于（　　）。

A. 背书转让　　B. 预收冲预付

C. 贴现计息　　D. 核销或预收冲应收

69. 收回销售货款时应该填写相应的（　　），在填写时注意收款对应哪一笔业务。

A. 销售发票　　B. 收款单　　C. 采购合同　　D. 付款单

70. 如果企业会计和销售业务同时实现电算化，则业务发生后销售发票一般在（　　）中产生，然后自动传递到应收款系统中来，以实现作业分工和资源共享。

A. 账务处理系统　　B. 销售业务系统

C. 采购业务系统　　D. 库存管理系统

71. 在应收款系统中，对同一科目下同一客户某一会计期间全部未核销的往来业务的借方发生额等于贷方发生额的所有分录标注核销标记，这种核销方式称为（　　）。

A. 按业务号核销　　B. 逐月核销

C. 逐笔核销　　D. 总额核销

72. 在应收账款系统中，用于反映指定期间的相应往来单位应收款的期初余额，本期发生额合计及期末余额的报表是（　　）。

A. 应收款汇总表　　B. 应收款明细表

C. 到期债权列表　　D. 应计利息表

四、多选题：

1. 我国会计电算化发展趋势表现在（　　）。

A. 会计电算化向规范化、标准化发展

B. 会计电算化向"管理一体化"方向发展

C. 会计电算化向管理电算化方向发展

D. 会计电算化向决策电算化方向发展

2. 会计电算化后的工作岗位可分为（　　）。

A. 基本会计岗位　　B. 电算化会计岗位

C. 软件开发岗位　　D. 软件操作岗位

3. 配备会计软件主要有（　　）等方式。

A. 选择商品化会计软件

B. 定点开发会计软件

C. 定点开发和选择商品化会计软件相结合的方法

D. 鼓励单位自行开发会计软件

4. EXCEL 中可以进行自动填充的序列有（　　）。

A. 等差序列　　B. 日期　　C. 等比序列　　D. 任意序列

5. 会计电算化后的工作岗位可分为（　　）。

A. 基本会计岗位　　B. 电算化会计岗位

C. 会计核算岗位　　D. 稽核岗位

6. 系统软件的选择主要考虑（　　）。

A. 总体规划的要求　　B. 与所选计算机的兼容性

C. 与其他软件的兼容性　　D. 性能价格比

7. 计算机替代手工会计核算单位应具备的条件包括（　　）。

A. 配备了计算机等硬件设备　　B. 配备了专职操作人员

C. 使用的会计软件符合财政规定　　D. 会计基础工作达标

8. 下列会计档案中，保管期限为 5 年的有（　　）。

A. 银行对账单　　B. 银行存款余额调节表

C. 企业月、季度财务报告　　D. 财政总预算月、季度报表

9. 坚持会计准则是会计职业道德规范的一项重要内容，具体要求有（　　）。

A. 熟悉准则　　B. 掌握准则

C. 遵循准则　　D. 坚持准则

10. 某企业期末有关账户余额情况为"材料采购"借方余额 130 万元，"原材料"借方余额 300 万元，"发出商品"借方余额 280 万元，"工程物资"借方余额 80 万元，"生产成

本”借方余额235万元，则企业本期编制的资产负债表中“存货”项目的金额不正确的是（　　）元。

A. 745　　B. 945　　C. 790　　D. 66 541

11. 会计档案资料保管人员责任是（　　）。

A. 按会计档案管理有关规定行使职权

B. 负责本系统各类数据软盘、系统软盘及各类账簿、凭证、资料的存档保管工作

C. 各类数据、资料、凭证的安全保密工作

D. 按规定期限，向各电算化岗位人员催收有关软盘资料和账表、凭证等会计档案资料

12. 软件的售后服务包含（　　）等方面。

A. 日常维护　　B. 用户培训

C. 版本升级　　D. 软件价格下跌

13. 实现会计电算化的作用有（　　）。

A. 提高会计工作效率　　B. 增加会计人员的劳动强度

C. 提高会计人员素质　　D. 提高会计工作质量

14. 会计电算化数据的输出方式主要有（　　）。

A. 显示输出　　B. 打印输出

C. 磁盘输出　　D. 网络输出

15. 目前我国会计电算化软件常用的安全性保密措施主要有（　　）。

A. 用户识别控制　　B. 操作日志控制

C. 加密存储控制　　D. 数据存取权限控制

16. 保管期满，不得销毁的会计档案有（　　）。

A. 未结清的债权债务原始凭证

B. 正在建设期间的建设单位有关会计档案

C. 银行存款余额调节表

D. 超过保管期限但尚未报废的固定资产购买凭证

17. 企业财务报表应根据账簿记录资料（　　）。

A. 直接填列　　B. 经董事会讨论后填列

C. 经过分析、整理计算后填列　　D. 经审计后填列

18. 电算化账务处理的基本功能是（　　）。

A. 记账凭证处理　　B. 记账凭证审核

C. 记账处理　　D. 账簿、凭证输出

19. 电算化账务处理的辅助核算功能是（　　）。

A. 单位往来核算　　B. 个人往来核算

C. 部门核算　　D. 项目核算

20. 会计软件划分为（　　）。

A. 专用会计软件　　B. 通用会计软件

C. 商品化会计软件　　D. 定点开发会计软件

21. 在序时制单控制下填制凭证，同类凭证日期应（　　）。

A. 小于上一张凭证日期　　B. 等于上一张凭证日期

C. 大于上一张凭证日期　　D. 无任何限制

22. 下列属于自动转账定义模式的有（　　）。

A. 自定义结转　　B. 对应结转

C. 销售成本结转　　D. 期间损益结转

23. 期末业务中，每月必须进行的工作是（　　）。

A. 自动转账定义　　B. 转账生成　　C. 对账　　D. 结账

24. 结账过程中，显示的月度工作报告一般包括（　　）。

A. 本月账面试算平衡表　　B. 本月账账核对报告

C. 本月未记账凭证张数　　D. 本月损益类未结转为零的一级科目

25. 在销售成本结转设置中，要求（　　）科目的明细账结构必须一致。

A. 库存商品　　B. 主营业务收入

C. 生产成本　　D. 主营业务成本

26. 关于结账，下列说法正确的是（　　）等。

A. 上月未结账，则本月不能结账

B. 上月未结账，则本月不能记账，但可以填制凭证

C. 结账只能由有结账权的人进行

D. 本月仍有未记账凭证时，本月不能结账

27. 执行恢复记账前状态功能时，可供选择的恢复方式有（　　）。

A. 最近一次记账前状态　　B. 当前月初状态

C. 本年初状态　　D. 建账状态

28. 结账之前系统要进行的检查有（　　）。

A. 检查上月是否已结账

B. 检查本月业务是否已经全部记账

C. 检查总账与子系统数据是否一致

D. 检查总账之外的其他子系统是否已经结账

29. 总账系统期末业务主要包括（　　）。

A. 期末转账　　B. 试算平衡

C. 对账、结账　　D. 查询总账

30. 报表处理系统中，一般有两种状态，是（　　）和（　　）。

A. 格式　　B. 表样　　C. 字符　　D. 数据

31. 各种报表系统的功能基本相同，但基本功能结构却不尽相同，用友 UFO 报表系统的基本功能包括（　　）和二次开发等功能。

A. 文件管理　　B. 格式管理　　C. 数据处理　　D. 报表输出

32. 在报表文件中，确定一个数据所在位置的要素有（　　）。

A. 表页号　　B. 列标　　C. 行标　　D. 公式

33. 单元属性包括（　　）等。

A. 单元类型　　B. 字体图案　　C. 对齐方式　　D. 边框

34. 单元类型包括（　　）等。

A. 数值型　　B. 字符型　　C. 表样型　　D. 日期型

35. 定义单元公式时，进入公式编辑状态的方法有（　　）几种。

A. 按“=”键　　B. 选择【数据】→【编辑】→【单元公式】

C. 双击单元格　　D. 按工具栏中的定义公式按钮“FX”

36. UFO 报表公式主要包括（　　）几种。

A. 表页公式　　B. 审核公式　　C. 舍位平衡公式　　D. 单元公式

37. 必须在格式状态下完成的工作是（　　）。

A. 调用报表模板　　B. 设置关键字

C. 表格行列增加删除　　D. 表页的增加与删除

38. 必须在数据状态下完成的工作是（　　）。

A. 生成报表数据　　B. 表页排序

C. 联查明细账　　D. 报表审核

39. 用友财务软件中，（　　）是系统提供的默认关键字。

A. 单位名称　　B. 年　　C. 月　　D. 日

40. 报表系统的输出形式主要有（　　）。

A. 屏幕查询　　B. 网络传送　　C. 打印输出　　D. 磁盘输出

41. 用友报表系统中，报表数据文件的输出格式有（　　）。

A. *.txt　　B. *.xls　　C. *.exe　　D. *.mdb

42. 每月末编制报表前，应先完成下列业务（　　）。

A. 当月业务处理完毕并结账　　B. 日常业务的处理

C. 期末摊、提、结转业务的处理　　D. 报表输出

43. 报表格式定义中的表头部分包括（　　）。

A. 标题　　B. 编制日期

C. 编制单位　　D. 货币单位

44. 报表汇总一般适用于汇总（　　）。

A. 单位内部同一期间的不同报表　　B. 单位内部不同期间的同一种报表

C. 不同单位同一期间的同一报表　　D. 不同单位同一期间的不同报表

45. 工资系统主要是与（　　）系统之间存在数据联系。

A. 账务系统　　B. 固定资产系统

C. 成本系统　　D. 销售核算系统

46. 工资系统的特点有（　　）。

A. 数据来源分散　　B. 核算项目多

C. 政策性强　　D. 计算方法既复杂又固定

47. 固定资产系统与账务系统的对账，主要是通过设置对账科目（　　）来进行的。

A. 产品生产成本　　B. 固定资产

C. 累计折旧　　D. 在建工程

48. 下面应该填写“固定资产变动单”进行调整的情况有（　　）。

A. 部门转移　　B. 折旧方法变更

C. 原值变动　　D. 折旧年限延长

49. 进行固定资产折旧的处理时，应根据固定资产卡片每期计提折旧，折旧的计提应

该（　　）。

A. 一定在月末计提　　B. 一定一次批量计提

C. 不一定在月末计提　　D. 不一定一次批量计提

50. 固定资产核算系统主要与（　　）系统存在数据联系。

A. 成本子系统　　B. 销售子系统

C. 账务子系统　　D. 产成品子系统

51. 在应收款管理系统中应收款核销方式一般有（　　）。

A. 按客户核销方式　　B. 按余额核销方式

C. 按单据核销方式　　D. 按存货核销方式

52. 应收款系统初始化的主要工作包括（　　）。

A. 设置账套参数与核算规则　　B. 设置初始客户档案

C. 输入期初未核销的应收款业务　　D. 设置初始商品档案

53. 应收账款系统初始化必须录入期初数据，这些数据往往要按单据种类分别录入，其中主要单据有（　　）。

A. 销售发票　　B. 应收单

C. 预收单　　D. 应收票据

54. 在应收账款系统中，收款单记账的主要处理内容包括（　　）。

A. 查询和打印输出收款单　　B. 计提坏账准备

C. 更新客户、商品等总账　　D. 自动生成对应的记账凭证